Software-Sanierung

Sebastian Kübeck

Software-Sanierung

Weiterentwicklung, Testen und Refactoring bestehender Software

Bibliografische Information Der Deutschen Nationalbibliothek
Die Deutsche Nationalbibliothek verzeichnet diese Publikation in der
Deutschen Nationalbibliografie; detaillierte bibliografische
Daten sind im Internet über <http://dnb.d-nb.de> abrufbar.

Bei der Herstellung des Werkes haben wir uns zukunftsbewusst für
umweltverträgliche und wiederverwertbare Materialien entschieden.
Der Inhalt ist auf elementar chlorfreiem Papier gedruckt.

ISBN 978-3-8266-5072-7
1. Auflage 2009

E-Mail: kundenbetreuung@hjr-verlag.de

Telefon: +49 89/2183-7928
Telefax: +49 89/2183-7620

© 2009 mitp, eine Marke der Verlagsgruppe Hüthig Jehle Rehm GmbH
Heidelberg, München, Landsberg, Frechen, Hamburg

Dieses Werk, einschließlich aller seiner Teile, ist urheberrechtlich geschützt.
Jede Verwertung außerhalb der engen Grenzen des Urheberrechtsgesetzes ist
ohne Zustimmung des Verlages unzulässig und strafbar. Dies gilt insbesondere
für Vervielfältigungen, Übersetzungen, Mikroverfilmungen und die
Einspeicherung und Verarbeitung in elektronischen Systemen.

Lektorat: Sabine Schulz
Sprachkorrektorat: Petra Heubach-Erdmann
Satz: III-satz, Husby, www.drei-satz.de
Druck: Köppl & Schönfelder, Stadtbergen

Inhaltsverzeichnis

| | Einleitung | 11 |

| Teil I | **Grundlagen** | 27 |

1	**Objektorientierte Programmierung – diesmal richtig**	29
1.1	Die prozedurale Programmierung	29
1.2	Die objektorientierte Programmierung	30
	1.2.1 Abstraktion	32
	1.2.2 Datenkapselung	32
	1.2.3 Vererbung	32
	1.2.4 Polymorphie	33
1.3	Vorteile der objektorientierten Programmierung	36
1.4	Die mathematische Theorie der abstrakten Datentypen	37
1.5	Die objektorientierte Modellierung	37
1.6	UML	39
1.7	Das Problem mit dem Umlernen	40
1.8	Das Problem mit der Zweckentfremdung von Programmiersprachen	41

2	**Automatisierte Tests**	43
2.1	Fehler in Programmen	43
2.2	Methoden zum Aufspüren von Fehlern	44
2.3	Werkzeuge zur Laufzeitüberprüfung	45
2.4	SUnit und die testgetriebene Softwareentwicklung	46
2.5	JUnit	47
	2.5.1 Methoden zur Überprüfung von Testergebnissen	49
	2.5.2 Methoden für Vor- und Nacharbeiten	50
	2.5.3 Test-Suiten	50
2.6	Fallbeispiel: Maximum-Bestimmung	53
2.7	Testimplementierung (Test Double)	57
	2.7.1 Teststrunk (Test Stub)	60

	2.7.2	Testattrappe (Mock Object)	60
	2.7.3	Fake-Objekt (Fake Object)	60
	2.7.4	Dummy-Objekt (Dummy Object)	60
2.8	Arten von automatisierten Tests		61
	2.8.1	Entwicklertests	61
	2.8.2	Externe Tests	61
	2.8.3	Abnahmetests (Acceptance Tests)	61
	2.8.4	Integrationstests (Integration Tests)	62
	2.8.5	Lasttests (Load Tests, Performance Tests)	62
	2.8.6	Andere Arten der Kategorisierung	62
2.9	Eigenschaften guter Tests		63
	2.9.1	Sorgfältig	63
	2.9.2	(Voll-)Automatisch	63
	2.9.3	Performant	64
	2.9.4	Vollständig	64
	2.9.5	Wiederholbar	65
	2.9.6	Unabhängig	65
	2.9.7	Stabil	65

3		**Entwicklungsprinzipien der objektorientierten Programmierung**	69
3.1		Interface-Aufteilungsprinzip (Interface Segregation Principle)	69
3.2		Liskov-Substitutionsprinzip (Liskov Substitution Principle)	71
3.3		Abhängigkeits-Inversionsprinzip (Dependency-Inversion Principle)	73
3.4		Einzelzuständigkeitsprinzip (Single-Responsibility Principle)	75
3.5		Erweiterungsprinzip (Open-Closed Principle)	78

4	**Entwurfsmuster der objektorientierten Programmierung**	81
4.1	Abstrakte Fabrik (Abstract Factory)	82
4.2	Schablonenmethode (Template Method)	82
4.3	Wertobjekte (Value Object)	83
4.4	Null-Objekt (Null Object)	85
4.5	Stellvertreter (Proxy)	89
4.6	Adapter (Adaptor)	91
4.7	Beobachter (Observer)	91
4.8	Fassade (Facade)	95
4.9	Kommando (Command, Transaction, Operation)	99

4.10	Strategie (Strategy)	103
4.11	Weitere Entwurfsmuster	108
4.12	Wie man Entwurfsmuster nicht verwendet	108
5	**Refactoring**	**111**
5.1	Refactoring in unterschiedlichen Größenordnungen	113
5.2	Umbenennen von Bezeichnern	114
5.3	Methode extrahieren (Extract Method)	114
5.4	Methode auflösen (Inline Method)	116
5.5	Methode verschieben (Move Method)	116
5.6	Methode hochziehen (Pull-Up Method)	118
5.7	Interface extrahieren (Extract Interface)	120
5.8	Klasse extrahieren (Extract Class)	120
5.9	Ein Schritt nach dem anderen	121
5.10	Refactorings skizzieren	122
6	**Fehlerbehandlung**	**123**
6.1	Die Anfänge	123
6.2	Ausnahmebehandlung	126
6.3	Der dreiphasige Prozess	127
	6.3.1 Fehlerauslösung	128
	6.3.2 Fehlerweiterleitung	130
	6.3.3 Gruppieren von Fehlern	131
	6.3.4 Fehlerprotokollierung und Kompensation	131
6.4	Ein Beispiel	132

Teil II	**Weiterentwicklung bestehender Systeme ohne vorhandene Tests**	**135**
7	**Bestehende Systeme mit Tests erweitern**	**137**
7.1	Irgendwo muss man anfangen	137
7.2	Fachlogik unabhängig vom Bestandssystem entwickeln	138
7.3	Bestandssystem gegen Testimplementierung entwickeln	149
7.4	Beispiel mit komplexerer Fassade	151
7.5	Schritt für Schritt zu besserem Code	152
8	**Abschotten neuer Funktionalitäten durch implizite Tests**	**155**
8.1	Währungsobjekt mit unzureichender Parametervalidierung	155
8.2	Verbesserte Kommunikation durch implizite Tests	163

Inhaltsverzeichnis

Teil III Bestehende Systeme mit Tests absichern 165

9		Hindernisse beim Anbringen von Tests	167
9.1		Abhängigkeiten	167
	9.1.1	Statische Abhängigkeiten	167
	9.1.2	Laufzeitabhängigkeiten	168
	9.1.3	Überprüfung von Laufzeitabhängigkeiten vor der Programmausführung	168
	9.1.4	Überprüfen von Laufzeitabhängigkeiten in der Produktion	173
	9.1.5	Eingebettete Sprachen und öffentliche APIs	174
	9.1.6	Abhängigkeiten, die die Erstellung von Tests behindern	174
9.2		Wo sollte man zuerst Tests anbringen?	175
9.3		Wenn Sie einen Fehler finden	176
10		Auflösen von Abhängigkeiten mithilfe von Testimplementierungen	177
10.1		Fallbeispiel: Sequenz-Generator	177
10.2		Verbessern der Testabdeckung durch Beobachter	183
11		Auflösen von Abhängigkeiten durch Ableitung (Object Seam)	189
11.1		Fallbeispiel: Authentifizierung an LDAP-Verzeichnis	189
11.2		Tests für die Fehlerbehandlung	199
12		Auflösen von Abhängigkeiten durch Beibehalten der Signatur (Link Seam)	203
12.1		Fallbeispiel: Java-Mail-API	203
12.2		Entfernen von unnötigen Duplikaten	215
13		Automatisches Generieren von Tests	221
13.1		Einweg-Generatoren	221
13.2		Regenerierende Generatoren	224
13.3		Round-Trip-Generatoren	225
13.4		Entwickeln von Testgeneratoren	225

Teil IV Refactoring bestehender Systeme 231

14		Erste Schritte hin zu besserem Code	233
14.1		Refactoring oder Reengineering?	233

14.2	Wo sollte man mit dem Refactoring beginnen?	234
14.3	Die »tägliche Hygiene«	234
14.4	Aufteilen großer Klassen	235
14.5	Zusammenfassen von Parametern durch Wertobjekte	238

15 Entfernen von Duplikaten ... 243

15.1	Entfernen von Duplikaten durch Vererbung	244
15.2	Entfernen von Duplikaten durch Delegation	247
15.3	Automatisches Aufspüren von Duplikaten	252
15.4	Duplikate außerhalb des Quellcodes	252

16 Aufteilung bedingter Logik ... 253

16.1	Umwandeln von Typcodes in Objekte	253
16.2	Aufteilen von Verteilern durch Kommandos	257
16.3	Aufteilen von Algorithmen durch Strategie	271

17 Refactoring von Logging und Fehlerbehandlung ... 285

17.1	Ersetzen von Logging durch Beobachter	285
17.2	Ersetzen mangelhafter Fehlerbehandlung durch Exceptions	292

18 Refactoring der Datenzugriffsschicht ... 301

18.1	Aufteilen von Active Records	301
18.2	Zusammenfassen von Finder-Methoden durch Filter	322
	18.2.1 Einschub: Erweiterte Filter	339

Teil V Anhang ... 345

A.1	Software-Sanierung – Ein nicht zu unterschätzender Aufwand	345
	A.1.1 Damit es nicht wieder soweit kommt	346
A.2	Referenzen	347
	A.2.1 Einleitung	347
	A.2.2 Teil 1 – Grundlagen	347
	A.2.3 Teil 2 – Weiterentwicklung bestehender Systeme ohne vorhandene Tests	350
	A.2.4 Teil 3 – Bestehende Systeme mit Tests absichern	350
	A.2.5 Teil 4 – Refactoring bestehender Systeme	351

Stichwortverzeichnis ... 353

Einleitung

Es erscheint möglicherweise seltsam, den Begriff »Sanierung« in Zusammenhang mit Software zu verwenden. Das Wort Sanierung kommt ja von »Heilen« und Software wird bekanntermaßen weder krank, noch geht sie kaputt – zumindest nicht, solange sie nicht unsachgemäß verändert wurde. Im Gegensatz zu Objekten der makroskopischen, physischen Welt ist sie auch keinerlei Alterungsprozess oder Verschleiß ausgeliefert – ganz im Gegensatz zu den Speichermedien, auf denen sie untergebracht ist.

Es sind zwar schon zahlreiche Lochkarten verrottet, Magnetbänder zerkratzt und Festplatten durch diverse mechanische Defekte unbrauchbar gemacht worden, die darauf gespeicherte Software wird auf diese Weise jedoch nicht unbedingt beeinträchtigt: Solange die Software zumindest auf einem Medium vollständig vorhanden ist oder sich aus einem oder mehreren beschädigten Medien rekonstruieren lässt, ist sie, genau wie jede andere Art von Information, gewissermaßen unsterblich.

Es gibt in der Softwareentwicklung jedoch ein Phänomen, das dem physischen Verschleiß in seiner Auswirkung nahekommt: Mit zunehmenden Alter wird es immer schwieriger und teurer, Software an geänderte Gegebenheiten anzupassen. Meist schleichen sich auch immer mehr Fehler ein und die Zufriedenheit der Benutzer nimmt stetig ab.

Die Ursache dafür ist – wie Sie noch sehen werden – die fortwährende Veränderung der Software selbst und der damit einhergehende sprunghafte Anstieg ihrer Komplexität. Änderungen hinterlassen mit der Zeit nämlich deutliche Spuren in der Software selbst. Diese lassen sich weder ganz vermeiden, noch sind sie ohne Weiteres zu beseitigen.

Spuren der Veränderungen sind heute in nahezu jeder Art von Software allgegenwärtig. Selbst in neu entwickelter Software sind sie zu finden, da sich auch hier die Anforderungen während der Entwicklung ändern können, was dann zwangsläufig wiederum zur Änderung des bereits entwickelten Codes führt.

In den letzten Jahren suchte ich intensiv nach Methoden, mit solchen Altlasten belastete Software so weit in Ordnung bringen zu können (also zu »sanieren«), dass Änderungen wieder mit vertretbarem Aufwand möglich waren.

Einleitung

Interessanterweise haben meine Recherchen ergeben, dass die Sanierung bestehender Software ein relativ neues Gebiet ist, für das erst in den letzten Jahren brauchbare Literatur entstanden ist. Das liegt wohl daran, dass Software in der Vergangenheit eher neu entwickelt wurde, als dass man sie saniert hätte. Die Neuentwicklung ist auch heute noch eine Option, obwohl dies erfahrungsgemäß selten ohne erhebliche Schwierigkeiten und enorme Kostenüberschreitungen einhergeht.

Das älteste, mir bekannte Buch zum Thema Verbesserung bestehender Software ist Martin Fowlers »Refactoring: Improving the Design of Existing Code« [M. Fowler 1999]. Es beschreibt einen als *Refactoring* bezeichneten Prozess (dieser wird im ersten Teil beschrieben), mit dessen Hilfe man Software ohne Veränderung ihres Verhaltens strukturell verbessern kann. Leider setzt dieser Prozess das Vorhandensein automatisierter Tests voraus (diese werden ebenfalls im ersten Teil beschrieben) – ein Luxus, den man wohl selten in bestehender Software antrifft.

Erst mit dem Erscheinen von Michael Feathers Buch »Working Effectively with Legacy Code« [Feathers 2004] konnte ich die Refactoring-Methoden in Martin Fowlers Buch sicher anwenden (siehe Teil 3). Es beschreibt nämlich Techniken, mit denen man automatisierte Tests auch an bestehender Software anbringen kann. Schlussendlich bin ich dann noch auf Joshua Kerievskys Buch »Refactoring to Patterns« [Kerievsky 2004] gestoßen, welches die in Martin Fowlers Buch geschilderten Methoden auf größere Umstrukturierungen von Software ausweitet (siehe Teil 4).

Diese Bücher bilden neben meinen eigenen Erfahrungen die Grundlage für die weiteren Ausführungen. Das vorliegende Buch ist allerdings nicht chronologisch, also nach der Entstehungszeit der jeweiligen Technik organisiert, sondern nach den Voraussetzungen, die für das Verständnis und die Verwendung der jeweiligen Technik notwendig sind.

In den vergangenen Jahren hatte ich in mehreren Projekten die Gelegenheit, die genannten Techniken einzusetzen und kann durchaus behaupten, dass sich der Aufwand, bestehende Software zu sanieren, wirklich lohnt. Ich kann gar nicht beschreiben, welcher Komfort damit verbunden ist, mit einer sanierten Anwendung zu arbeiten. Der Unterschied ist in etwa wie der zwischen einer Reise in einem Ruderboot und in einer Luxusjacht. Sollten Sie diese Techniken ebenfalls eines Tages einsetzen und die ersten Schritte der Sanierung geschafft haben, werden Sie den damit verbundenen Luxus nicht mehr missen wollen.

Mein Dank gilt allen Autoren, die sich dieses Wissen erst durch zahlreiche Versuche und Fehlschläge aneignen haben müssen und uns damit völlig neue Perspektiven der Softwareentwicklung eröffnet haben. Natürlich danke ich auch Frau Sabine Schulz von der Verlagsgruppe Hüthig Jehle Rehm GmbH für ihre Unterstützung und ihre wertvollen Anregungen.

Keine Frage des Prozesses

In den letzten Jahren kam es zu einer gewissen Spaltung der Entwicklergemeinde in Verfechter der traditionellen Softwareentwicklung (Wasserfall-Prozess und dessen Variationen, wie das V-Modell) und ebensolche der agilen Softwareentwicklung. Obwohl ich in diesem Buch häufig auf Literatur der agilen Softwareentwicklung Bezug nehme, können die beschriebenen Methoden ohne Weiteres auch im Rahmen traditioneller Entwicklungsprozesse verwendet werden – auch wenn Refactoring und Testautomatisierung oft als »agile Methoden« bezeichnet werden.

Verwenden Sie jedoch einen agilen Entwicklungsprozess wie Scrum oder Extreme Programming oder planen Sie, einen solchen einzuführen, führt früher oder später kein Weg an einer Sanierung Ihres Bestandssystems vorbei – sofern Sie natürlich ein solches besitzen und keine ausreichende automatisierte Testabdeckung dafür vorhanden ist. Scrum schreibt zwar keine Entwicklungsmethoden explizit vor, die Erfinder von Scrum lassen jedoch keinen Zweifel daran, dass die gewünschten Effekte hinsichtlich Qualitäts- und Produktivitätssteigerung ohne Refactoring und Testautomatisierung nicht zu erwarten sind. Das liegt daran, dass der Code laufend umfangreichen Veränderungen ausgesetzt ist, wenn er im Rahmen eines agilen Prozesses entwickelt wird. Diese Änderungen führen dann natürlich schon bald zu den zuvor beschriebenen Problemen, allerdings treten sie deutlich früher auf, als würde innerhalb eines Wasserfall-Prozesses entwickelt (das ist übrigens kein Nachteil der agilen Softwareentwicklung, sondern eine Konsequenz aus dem Bestreben, Probleme möglichst frühzeitig zu erkennen und zu eliminieren). Mit den in diesem Buch beschriebenen Techniken können Sie die geforderte Testabdeckung nachvollziehen und den Code so weit verbessern, dass Sie diese ständigen Veränderungen auch längerfristig durchhalten können, ohne dass die Qualität und Produktivität darunter leidet.

Für wen ist dieses Buch?

Das Buch wendet sich in erster Linie an professionelle Softwareentwickler und Manager, die es satt haben, mit mangelhafter Software leben zu müssen und stattdessen Techniken erlernen wollen, die die Situation nachhaltig verbessern. Die beschriebenen Methoden haben nachweislich in vielen Projekten Verbesserungen in Bezug auf die Qualität und Produktivität der Entwicklung gebracht. Überdies sind sie mit etwas Übung relativ leicht zu erlernen, so dass sie auch von weniger erfahrenen Entwicklern angewendet werden können.

Nötige Vorkenntnisse

Um das Nachvollziehen der Beispiele zu erleichtern, wurden sie alle in Java implementiert. Dank der hervorragenden Werkzeuge, die es inzwischen für Java gibt, sind Sanierungsprojekte in dieser Sprache vergleichsweise einfach durchzuführen. Es werden also fortgeschrittene Programmierkenntnisse in Java sowie Kenntnisse im Umgang mit aktuellen Entwicklungsumgebungen vorausgesetzt. Auch schadet es nicht, wenn Kenntnisse des JUnit Frameworks (Version 3 genügt) vorhanden sind. Darüber hinaus ist es von Vorteil, wenn Sie Grundkenntnisse in der Erstellung von Unit-Tests mitbringen und mit grundlegenden Refactorings vertraut sind. Einfache Refactorings können aktuelle Entwicklungsumgebungen (Eclipse, IDEA) bereits automatisch durchführen, was Refactoring-Aktivitäten generell stark vereinfacht.

Aufteilung des Buches

Die Aufteilung orientiert sich an den Schritten, in denen eine Sanierung sinnvollerweise durchgeführt wird. Zuerst werden die notwendigen Basiskenntnisse vermittelt beziehungsweise wiederholt. Danach werden die Schritte zur Sanierung in eigenen Teilen beschrieben. Es ist dabei nicht unbedingt nötig, alle Schritte hintereinander auszuführen. Worauf zu achten ist, wenn man spätere Schritte vorzieht, wird in den einzelnen Kapiteln erörtert. Jedem Schritt ist in diesem Buch ein eigener Teil gewidmet.

Teil 1 – Grundlagen

Im ersten Teil werden die Grundlagen für die später folgenden Sanierungstechniken vermittelt und einige gängige Missverständnisse – besonders im Zusammenhang mit objektorientierter Programmierung, Entwurfsmustern und Testautomatisierung – ausgeräumt. Wenn Sie die erwähnten Techniken bereits beherrschen, können Sie diesen Teil getrost überspringen und mit dem darauf folgenden fortfahren.

Teil 2 – Weiterentwicklung bestehender Systeme ohne vorhandene Tests

In diesem Teil wird erörtert, wie man bestehende Software mithilfe von Tests sicher weiterentwickelt. Dabei ändert sich zwar noch nichts am Bestandssystem, es wird jedoch sichergestellt, dass wenigstens künftige Entwicklungen mit Tests umgesetzt werden. Damit schafft man das Fundament für veränderbaren Code. Im diesem Zusammenhang können auch Kenntnisse auf dem Gebiet der Softwareentwicklung mit Tests sowie der schrittweisen Umsetzung von Refactoring-Maßnahmen trainiert werden.

Teil 3 – Bestehende Systeme mit Tests absichern

Dies ist der wohl wichtigste Teil eines Sanierungsprojekts. Es wird beschrieben, wie man externe Abhängigkeiten zum Beispiel in Konfigurationsdateien durch Tests absichert und wie man Abhängigkeiten zwischen einzelnen Komponenten so auflöst, dass man Tests zielgerichtet anbringen kann, ohne dass Fremdsysteme wie Datenbanken, externe Services etc. in die Tests mit einbezogen werden müssen.

Teil 4 – Refactoring bestehender Systeme

In vierten Teil werden Methoden beschrieben, mit denen man bestehende Software besser strukturiert. Dabei wird die Umwandlung von meist prozeduralen Entwicklungsmustern in objektorientierte beschrieben. Letztere haben den Vorteil, dass unterschiedliche Funktionalitäten in getrennte Klassen und Methoden aufgeteilt werden können. Dadurch wird die Software übersichtlicher und lässt sich später leichter erweitern.

Zu den Beispielen

Da dieses Buch primär für Praktiker geschrieben wurde, habe ich besonderes Augenmerk auf ausführliche Beispiele gelegt. Soweit es möglich war, wurden vollständige Beispiele ausgearbeitet, mit denen sich die vorgestellten Techniken nachvollziehen lassen. Speziell bei bestehlenden Systemen ist man oft mit umfangreichen Methoden und Klassen konfrontiert. Diese kann man natürlich so nicht abdrucken, denn dann wäre der Leser gezwungen, durch ständiges Vor- und Zurückblättern die eigentlich interessante Stelle finden. Auf Code-Auszüge, in denen vieles ausgelassen und durch Punkte angedeutet wird, wollte ich weitestgehend verzichten, damit der Leser die vorgestellten Techniken selber nachvollziehen kann. Punkte werden nur verwendet, um bereits abgedruckte Code-Stellen nicht nochmals abdrucken zu müssen: So kann sich der Leser auf das Wesentliche, also die Änderung selbst konzentrieren. Außerdem wollte ich fachliche Voraussetzungen ebenfalls so weit wie möglich vermeiden, damit die Beispiele für möglichst jeden Entwickler unmittelbar verständlich sind. Mein Ziel war es, Beispiele zu finden, die kurz genug sind, um die Geduld des Lesers nicht unnötig zu strapazieren, aber dennoch genügend Aussagekraft besitzen, um die vorgestellten Methoden möglichst klar und verständlich zu schildern. Trotz des beschränkten Umfangs der Beispiele haben sich die beschriebenen Methoden in der Praxis auch bei der Sanierung von umfangreichen Anwendungen bestens bewährt, so dass die Kürze der Beispiele keine Einschränkung darstellen sollte.

Den Quellcode der Beispiele können Sie kostenlos herunterladen unter `www.it-fachportal.de/5072` oder in der Newsgroup `http://de.groups.yahoo.com/group/software-sanierung/`.

Einleitung

Die Komplexität von Software

Die große Herausforderung bei der Erstellung und Weiterentwicklung von Software ist ihre Komplexität. Frederick Brooks [Brooks 2003] unterscheidet zwischen zwei Arten von Komplexität: der *substanziellen* und der *akzidentiellen* Komplexität. Diese Bezeichnungen sind der Metaphysik des Aristoteles entliehen. Der Einfachheit halber verwenden wir stattdessen die Begriffe *natürliche* und *künstliche* Komplexität. Die natürliche Komplexität liegt in der Komplexität des zu Grunde liegenden Problems begründet: Ein Programm kann nicht einfacher sein, als das Problem, welches es löst. Die künstliche Komplexität ist jene, die bei der Entwicklung unweigerlich dazukommt, aber nichts zur Lösung des Problems selbst beiträgt. Machen wir uns das an folgendem Gedankenexperiment klar:

Nehmen wir an, wir säßen irgendwann in der Zukunft vor einem imaginären, futuristischen Computer, der alles kann, außer Gedanken lesen. Wir wollen, dass der Computer mit uns das einfache Spiel »Tic-Tac-Toe« (auch bekannt als Drei gewinnt, Kreis und Kreuz oder Dodelschach) spielt und fragen uns, was wir ihm mitteilen müssten, damit er uns diesen Wunsch erfüllt. Der Computer weiß vorweg nichts über dieses Spiel (die Schöpfer des Computers fanden das Spiel zu trivial, um den Computer damit zu belästigen). Die einfache Eingabe: »Spiel mit mir das Spiel Tic-Tac-Toe!« wird ihm also nicht weiterhelfen, egal, wie fortgeschritten seine Technik ist. Wir müssen ihm also wohl oder übel die Regeln des Spiels mitteilen – in welcher Form auch immer. Der kleinstmögliche Umfang an Informationen, die nötig sind, um das Spiel vollständig zu beschreiben, definiert die natürliche Komplexität des Problems. Man kann ihr nicht entfliehen, unabhängig davon, welche ausgefeilten Techniken der Computer beherrscht.

Leider verfügen wir nicht über Computer, denen wir nur das absolut Notwendige mitteilen müssen, um ein Problem vollständig zu definieren. Wir müssen mit dem auskommen, was wir haben. Dadurch ergibt sich ein zusätzlicher Aufwand, der sich als künstliche Komplexität auswirkt.

Mit künstlicher Komplexität ist also der Ballast gemeint, der nötig ist, um Programme unter den gegebenen Rahmenbedingungen und mit den Kenntnissen der Programmierer zu realisieren. Im Gegensatz zur natürlichen Komplexität lässt sich die künstliche sehr wohl reduzieren. Auf diesem Gebiet hat es in den letzten Jahrzehnten große Fortschritte gegeben, besonders durch die Verwendung von Hochsprachen, vorgefertigten Bibliotheken und ausgefeilten Entwicklungswerkzeugen.

Betrachten wir nun, wie sich die Komplexität verändert, wenn wir ein Programm erweitern. Die künstliche Komplexität wird im Allgemeinen deutlich stärker ansteigen als die natürliche. Besonders dann, wenn es sich um Änderungen handelt, die bei der ursprünglichen Erstellung des Programms nicht als mögliche Option berücksichtigt waren. Das ist unmittelbar einleuchtend – das Programm war schließlich nicht für diese Art Änderungen vorgesehen und niemand wird ein Programm komplett neu entwickeln, sobald eine Änderung ansteht.

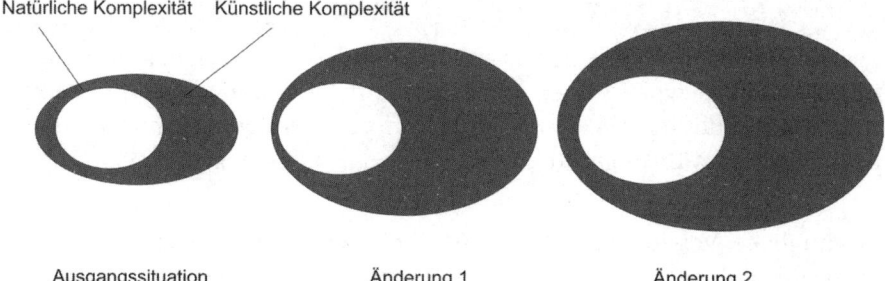

Abb. E.1: Überproportionales Ansteigen der künstlichen Komplexität durch Änderungen

Wir haben zwei Möglichkeiten, um den Anstieg der Komplexität durch unvorhergesehene Änderungen zu vermeiden: Wir umgehen unvorhersehbare Änderungen von vornherein, indem wir die Software auf alles, was noch gefordert werden könnte, vorbereiten, oder wir programmieren Software so, dass wir die durch Änderungen hinzukommende Komplexität jederzeit auf das Notwendigste reduzieren können. Den ersten Ansatz, nämlich von vornherein alles richtig zu machen, können wir nach über fünfzig Jahren erfolglosen Bemühens wohl endgültig begraben. Es bleibt uns also nur noch letzterer Ansatz, und genau dieser ist Gegenstand dieses Buches.

Alterung von Software

Mit »Alterung« beschreiben wir im Folgenden das bereits beschriebene Phänomen des überproportionalen Zuwachses der künstlichen Komplexität durch laufende Änderungen. An der natürlichen Komplexität können wir als Programmierer ja offensichtlich nichts ändern, also bleibt nur die Möglichkeit, die künstliche Komplexität zu reduzieren und – wie wir noch sehen werden – ist genau *das* mit *Software-Sanierung* gemeint.

Fallbeispiel: Einkommensteuerrechner

Jedem erfahrenen Programmierer ist klar, dass die Art und Weise, wie Änderungen durchgeführt werden, entscheidenden Einfluss auf die Komplexität eines Programms hat und damit auch auf den Widerstand, den das Programm künftigen Veränderungen entgegensetzt. Hier spielen zahlreiche Faktoren eine Rolle, wie beispielsweise die Fähigkeiten der Programmierer und die organisatorischen Rahmenbedingungen. Als Beispiel betrachten wir den Werdegang eines einfachen Einkommensteuerrechners. Das Beispiel dient natürlich nur der Illustration. Ein tieferes Verständnis der zugrunde liegenden Berechnungsmethoden ist nicht erforderlich.

> **Vorsicht**
>
> Das Beispiel ist keinesfalls für die tatsächliche Verwendung geeignet. Im Gegensatz zu folgendem Beispiel sollten Sie aufgrund der Rundungsfehlerproblematik von der Verwendung von `double` für Währungsbeträge Abstand nehmen. `BigDecimal` ist für Währungsbeträge im Allgemeinen besser geeignet.

Die ursprüngliche Version berechnete die Einkommensteuer nach dem österreichischen Recht des Jahres 2004 (natürlich spiegelt die vorgestellte Implementierung nicht die ganze Wahrheit wider).

```java
public class IncomeTaxCalculator {
    public static double calculateTax(double income) {
        double tax = 0.0;
        double part = 0.0;
        double rest = 0.0;

        rest = Math.max(income - 3640, 0);

        if(rest > 0.0) {
            part = Math.min(rest, 3630.0);
            tax = part * 0.21;
            rest = Math.max(rest - part, 0.0);
        }

        if(rest > 0.0) {
            part = Math.min(rest, 14530.0);
            tax += part * 0.31;
            rest = Math.max(rest - part, 0.0);
        }

        if(rest > 0.0) {
            part = Math.min(rest, 29070.0);
            tax += part * 0.41;
            rest = Math.max(rest - part, 0.0);
        }

        if(rest > 0.0) {
            tax += rest * 0.50;
        }
```

```
        return Math.max(0, tax);
    }
}
```

Listing E.1: Einkommensteuer – Ausgangssituation

Nach der Produktivsetzung und kurz vor Jahresende 2004 erreichte den Entwickler dieser Anwendung die Meldung, dass sich die Berechnung für das Jahr 2005 grundsätzlich ändern würde. Eine schnelle Erweiterung behob das Problem (Änderungen gegenüber dem vorigen Listing sind fett gedruckt):

```
public class IncomeTaxCalculator {
    public static double calculateTax(double income,
            int year) {
        double tax = 0.0;
        double part = 0.0;
        double rest = 0.0;

        if (year < 2005) {
            rest = Math.max(income - 3640, 0);

            if (rest > 0.0) {
                part = Math.min(rest, 3630.0);
                tax = part * 0.21;
                rest = Math.max(rest - part, 0.0);
            }

            if (rest > 0.0) {
                part = Math.min(rest, 14530.0);
                tax += part * 0.31;
                rest = Math.max(rest - part, 0.0);
            }

            if (rest > 0.0) {
                part = Math.min(rest, 29070.0);
                tax += part * 0.41;
                rest = Math.max(rest - part, 0.0);
            }

            if (rest > 0.0) {
                tax += rest * 0.50;
            }
        } else {
            if (income < 10001.0) {
```

```
            tax = 0.0;
        } else if (income < 25001.0) {
            tax = ((income - 10000) * 5750.0) / 15000.0;
        } else if (income < 51001.0) {
            tax = 5750.0 + ((income - 25000) * 11335.0) / 26000.0;
        } else {
            tax = 17085.0 + (income - 51000.0) * 0.5;
        }
    }
    return Math.max(tax, 0.0);
  }
}
```

Listing E.2: Einkommensteuer – Erweiterung 2005

Im Folgenden sollte die Software auch im deutschen Markt eingesetzt werden. Nach dem bekannten Muster wurde die deutsche Einkommensteuerberechnung dann auch noch ergänzt:

```
public class IncomeTaxCalculator {
    public static double calculateTax(double income,
            int year, String country) {
        double tax = 0.0;
        double part = 0.0;
        double rest = 0.0;

        if (country.equals("AT")) {
            if (year < 2005) {
                rest = Math.max(income - 3640, 0);

                if (rest > 0.0) {
                    part = Math.min(rest, 3630.0);
                    tax = part * 0.21;
                    rest = Math.max(rest - part, 0.0);
                }

                if (rest > 0.0) {
                    part = Math.min(rest, 14530.0);
                    tax += part * 0.31;
                    rest = Math.max(rest - part, 0.0);
                }

                if (rest > 0.0) {
                    part = Math.min(rest, 29070.0);
                    tax += part * 0.41;
```

```
                rest = Math.max(rest - part, 0.0);
            }

            if (rest > 0.0) {
                tax += rest * 0.50;
            }
        } else {
            if (income < 10001.0) {
                tax = 0.0;
            } else if (income < 25001.0) {
                tax = ((income - 10000) * 5750.0) / 15000.0;
            } else if (income < 51001.0) {
                tax = 5750.0 + ((income - 25000) * 11335.0) / 26000.0;
            } else {
                tax = 17085.0 + (income - 51000.0) * 0.5;
            }
        }
    } else if (country.equals("DE")) {
        if (year >= 2008) {
            double x = Math.floor(income);
            double y = (x - 7664.0) / 10000.0;
            double z = (x - 12739.0) / 10000.0;

            if (income < 7665.0) {
                tax = 0.0;
            } else if (income >= 7665.0
                    && income < 12740.0) {
                tax = (883.74 * y + 1500.0) * y;
            } else if (income >= 12741.0
                    && income < 52151.0) {
                tax = (228.74 * z + 2.397) * z + 989.0;
            } else if (income >= 52151.0
                    && income < 250001.0) {
                tax = 0.42 * x - 7914.0;
            } else if (income >= 250001.0) {
                tax = 0.45 * x - 15414.0;
            }
        }
    }

    return tax;
    }
}
```

Listing E.3: Einkommensteuer – Erweiterung für Deutschland

Wir stellen fest, dass sich der Umfang des Programms deutlich erhöht hat. Es ist auch nicht mehr so einfach, festzustellen, was das Programm nun unter welchen Umständen tut. Wir können außerdem unschwer vorhersagen, was passiert, wenn wir Berechnungen für sämtliche EU-Länder auf diese Weise hinzufügen: Wir werden viel Zeit aufwenden müssen, um die Funktionalität dieses Programms vorhersagen zu können und gehen ein hohes Risiko ein, den einen oder anderen Aspekt der Funktionalität falsch zu verstehen. Diese Art von Missverständnissen sind klarerweise der Nährboden für Fehler, von denen wir höchstwahrscheinlich nicht verschont bleiben würden, würden wir so weitermachen.

> **Hinweis**
> Im vierten Teil dieses Buches werden Sie Verfahren kennenlernen, mit denen Sie dieses Programm dahingehend verändern können, dass Erweiterungen ohne diesen überbordenden Komplexitätszuwachs möglich sind.

Auswirkungen auf die Produktivität

Die zunehmende Komplexität alternder Software wirkt sich erfahrungsgemäß maßgeblich auf die Weiterentwicklung der Software aus, und zwar in Form sinkender Produktivität und dem vermehrten Auftreten von Fehlern. Die Ausführung des Programms durch den Computer ist dabei weniger das Problem als die zunehmende Schwierigkeit, die Funktionalität des Programms zu verstehen und Auswirkungen von Änderungen vorhersagen zu können. Das vermehrte Auftreten von Fehlern und oft auch Sicherheitsproblemen ist die logische Konsequenz aus diesen Schwierigkeiten.

Um das Ganze zu verdeutlichen sei hier das Beispiel von Microsofts Windows Vista genannt [Sutherland 2006]. Vista hat angeblich 50 Millionen Quellcodezeilen, Windows XP hat 40 Millionen. (Entgegen anders lautenden Aussagen war das Vista-Projekt nicht das umfangreichste Softwareprojekt aller Zeiten. Laut Jim Coplien gibt es einige Projekte mit über 100 Millionen Quellcodezeilen.) An Windows arbeiten ungefähr zweitausend Entwickler. Die Zeit zwischen der Auslieferung von XP und Vista betrug etwa 5 Jahre, das ergibt ca. *tausend Zeilen pro Entwickler und Jahr*. Die Heerscharen von Testern, die sich permanent um Windows kümmern, sind hierbei nicht mitgerechnet. Es ist natürlich klar, dass die Entwickler inzwischen auch Fehler in XP behoben und 64-Bit-XP herausgebracht haben, dennoch scheint das Ergebnis erschreckend. Als Vergleich sei an dieser Stelle das Borland-Quattro-Pro-Team genannt: Die haben tausend Zeilen Quellcode pro Woche geschafft! Noch bedenklicher ist jedoch der Umstand, dass das Vista-Team im nationalen Vergleich gar nicht so schlecht dasteht. Die Anzahl der Quellcodezeilen pro Entwickler in den USA sank kontinuierlich von 9.000 im Jahr 1999 auf 6.200 im Jahr 2006. Natürlich ist das nicht alles nur den Problemen mit den Bestandssystemen zuzuschreiben, aber Artikel der (ehemaligen) Microsoft-Mitarbeiter Philip Su und Moishe Lettvin [Su 2006] deuten darauf hin, dass klassische Probleme von Bestandssystemen hier eine zentrale Rolle spielten. In anderen Teams außerhalb der USA wird die Situation nicht viel besser aussehen.

Behebung von Problemen alternder Software

In den letzten Jahren sind Techniken entwickelt worden, mit denen man Missstände in bestehender Software mit einem vertretbaren Maß an Risiko beheben kann. Ganz allgemein gibt es dabei zwei konträre Ansätze, die sich allerdings bei Bedarf auch kombinieren lassen:

Reengineering

Beim *Reengineering* wird im Unterschied zur Sanierung ein gänzlich neues System entwickelt, welches nach Fertigstellung das bestehende System vollständig ersetzt. Dies war bisher der gängige Weg, um Mängel, die sich durch Veränderung eines Bestandssystems angehäuft haben, zu entfernen.

In vielen Fällen ist das nach wie vor eine sinnvolle Option. Besonders dann, wenn man große Teile einer Anwendung durch Fremdsysteme ersetzen kann. So ist es durchaus sinnvoll, ein selbst entwickeltes Content-Management-System durch ein zeitgemäßes externes Produkt zu ersetzen und darauf aufbauend die zusätzlichen Features des Bestandssystems hinzuzufügen. So kann man die Wartung des Fremdsystems anderen überlassen und sich ausschließlich auf die Erweiterungen der spezifischen Fähigkeiten des eigenen Produkts konzentrieren.

Die Nachteile des Reengineerings sind mitunter hohe Kosten und Risiken. Schließlich bindet das neue System Ressourcen und liefert so lange keinen Mehrwert (neudeutsch: Business Value), bis die gesamte Funktionalität des Bestandssystems auf das neue System übertragen ist. Ein weiteres Problem ist der Umstand, dass es im Allgemeinen schwierig ist, die Funktionalität eines Bestandssystems in seiner Gesamtheit zu erfassen: Das Wissen um sämtliche Funktionalitäten ist oft schon lange verloren gegangen. Das System selbst wird nicht selten zur einzigen verfügbaren Spezifikation, so dass es bei seiner Ablöse zu unliebsamen »Überraschungen« kommen kann, was nicht selten dazu führt, dass schlussendlich wieder auf das alte System zurück migriert werden muss. Dann verliert man allerdings alle Investitionen in das neue System und ein neuerlicher Anlauf, das Altsystem zu ersetzen, entschwindet in weite Ferne.

Außerdem gibt es keine Garantie, dass das neue System strukturell so viel besser wird als das bestehende – man darf ja nicht vergessen, dass das Bestandssystem meist auch weiterentwickelt wird und diese Änderungen im neuen System nachgezogen werden müssen. Es entwickelt sich dann eine Art Wettbewerb zwischen den Systemen (in dem es meist nur Verlierer gibt), wodurch das neue System genauso Veränderungen unterworfen ist wie das alte. Damit stehen die Chancen gut, dass das neue System ebenfalls rasch altert – sofern man bei dessen Entwicklung nicht von vornherein konsequent auf automatisierte Testabdeckung und begleitendes Refactoring setzt.

Software-Sanierung

In der Literatur gibt es unterschiedliche Definitionen für den Begriff *Software-Sanierung*. In diesem Buch wird damit die Zusammenfassung aller Aktivitäten bezeichnet, die dazu führen, dass Änderungen an einem bestehenden System mit möglichst geringem Aufwand und Risiko umgesetzt werden können. Im Gegensatz zum zuvor beschriebenen Reengineering wird der bestehende Quellcode verbessert, ohne dass alles komplett neu entwickelt wird. Die Funktionalität des Bestandssystems wird dabei durch automatisierte Tests dokumentiert und bei allen Änderungen automatisch überprüft.

Technisches Defizit

In Zusammenhang mit alternder Software wird oft von *technischem Defizit* gesprochen. Die Idee dahinter ist die, Mängel in der Software ähnlich wie finanzielle Defizite zu betrachten. Nach diesem Modell nimmt der Entwickler jedes Mal einen kleinen Kredit auf, wenn er zum Beispiel durch Zeitdruck auf eine »ordentliche« Implementierung verzichtet und dafür eine Abkürzung nimmt. Für diesen Kredit müssen Zinsen gezahlt werden. So definierte Zinsen sind alle Kosten, die anfallen, ohne dass das eigentliche Problem gelöst wird. Beispiele dafür sind Kosten durch Telefonate mit unzufriedenen Kunden sowie der Aufwand, der durch Ausfälle verursacht wird.

Genau wie in der Finanzwelt gibt es auch in der Technik zahlreiche Risiken. Wenn man ein bekanntes Sicherheitsproblem nicht schließt, spart man unter Umständen viel Zeit und kann früher ausliefern. Wird das Risiko jedoch schlagend und das Sicherheitsproblem wird ausgenutzt, kann dies zu enormen »realen« Kosten führen, die schon so manche Firma in den Ruin getrieben haben. Wie in der Finanzwelt kommt man auch in der Softwareentwicklung selten ganz ohne Kredite aus.

In der Softwareentwicklung ist es generell billiger, anstehende Probleme laufend zu beheben. Tut man das nicht, schaukelt sich das Defizit unweigerlich auf. Wenn eine Software-Sanierung nötig ist, hat das Defizit bereits eine kritische Höhe erreicht; hoch genug jedenfalls um die Kosten einer Sanierung zu rechtfertigen. Mit den Kosten der Sanierung deckt man nach diesem Modell also ein Konto ab, das, obwohl bereits signifikant überzogen, nirgends in der Buchhaltung aufscheint. Letzterer Umstand macht es in vielen Unternehmen so schwierig, Sanierungsmaßnahmen bewilligt zu bekommen. Erst wenn es unvermeidbar ist, werden Maßnahmen eingeleitet. Dann ist es allerdings am teuersten.

Wann ist Software sanierungsbedürftig?

Bedauerlicherweise fehlt es in vielen Organisationen am Problembewusstsein, wenn es um die Alterung von Software geht. Viele Programmierer und IT-Manager sind der Meinung, dass die Probleme, die sich durch die Alterung der Software ergeben, prinzipiell unvermeidlich sind und dass man ohnehin nichts dagegen tun könne. Auch herrscht das Vorurteil vor, dass Investitionen in bessere Qualität zwangsläufig zu hohen Kosten und einer Verringerung der Produktivität führen. Neuere Studien, unter anderem von IBM und Microsoft, zeigen hier allerdings ein gänzlich anderes Bild [Sanchez 2007] [Nagappan 2008].

Darüber hinaus ist die Meinung verbreitet, dass die Konzentration auf die Bedürfnisse des Kunden wichtiger sei als Investitionen in Qualität. In letzterer Aussage wird ein Widerspruch formuliert, der in der Praxis völlig haltlos ist. Welcher Kunde verwendet schon freiwillig mangelhafte Software? Kommen Sie allerdings nicht auf die Idee, bezüglich der Qualität der Software den Rat des Kunden einzuholen. Mangels geeignetem Fachwissen hat der Kunde nämlich keine Möglichkeit, die Risiken, die sich aus Qualitätsmängeln in der Software ergeben, auch nur annähernd abzuschätzen. Es gehört daher zu den wichtigsten Aufgaben von IT-Managern, Programmierern und Testern, diese Risiken durch geeignete Maßnahmen in Schach zu halten.

Ein Elchtest für Software

In Analogie zu dem berühmten Elchtest, der in Schweden für neue Fahrzeuge zwingend vorgeschrieben ist, um einem Elch auf der Fahrbahn gefahrlos ausweichen zu können, möchte ich einen Test vorstellen, anhand dessen Sie feststellen können, ob Ihre Software sanierungsbedürftig ist oder nicht: Wenn Sie zumindest eine dieser Fragen mit »Ja« beantworten müssen, ist Ihre Software zweifelsfrei sanierungsbedürftig:

1. Treten häufig Fehler auf und ziehen Maßnahmen zur Fehlerbehebung öfter Folgefehler nach sich?
2. Verbringen Programmierer viel Zeit mit der Fehlersuche?
3. Ist der Quellcode für Programmierer schwer verständlich?
4. Sind Änderungen umständlich umzusetzen und treten dabei häufig Fehler auf?
5. Haben Sie keine automatisierten Tests oder eine geringe Testabdeckung?
6. Setzen Sie selten oder nie Refactoring ein, um die Software an neue Gegebenheiten anzupassen?

Sollten Sie eine oder mehrere Fragen nicht beantworten können, weil Sie den einen oder anderen Begriff darin nicht verstehen, ist Ihre Software auf jeden Fall sanierungsbedürftig. Natürlich gibt es keine Regel ohne Ausnahme: Eine Sanierung zahlt sich wahrscheinlich *nicht* aus ...

1. wenn die Software in nächster Zeit durch eine andere ersetzt wird.
2. wenn die Software nicht mehr weiterentwickelt wird und Sie mit den darin enthaltenen Fehlern leben können.
3. wenn die Software von einem stark eingeschränkten Benutzerkreis verwendet wird und Fehler in der Software Ihrer Einschätzung nach keine negativen Auswirkungen haben.

Teil I

Grundlagen

In diesem Teil:

- **Kapitel 1**
  Objektorientierte Programmierung – diesmal richtig 29

- **Kapitel 2**
  Automatisierte Tests 43

- **Kapitel 3**
  Entwicklungsprinzipien der objektorientierten Programmierung 69

- **Kapitel 4**
  Entwurfsmuster der objektorientierten Programmierung 81

- **Kapitel 5**
  Refactoring 111

- **Kapitel 6**
  Fehlerbehandlung 123

Kapitel 1

Objektorientierte Programmierung – diesmal richtig

Da es im Zusammenhang mit der objektorientierten Programmierung immer wieder zu Missverständnissen kommt, möchte ich die Grundlagen dieser Technik kurz beschreiben. Erfahrungsgemäß trägt ein historischer Rückblick zum Verständnis dieser Methode bei, weshalb wir am Anfang beginnen wollen – nicht ganz am Anfang, aber dennoch früh genug.

1.1 Die prozedurale Programmierung

Die erste Programmiersprache, die die prozedurale Programmierung unterstützte, war FORTRAN (FORmula TRANslator), eine Programmiersprache, die in den fünfziger Jahren des vorigen Jahrhunderts zur Lösung mathematischer Probleme bei IBM entwickelt wurde. 1985 wurden mit FORTRAN II Sprachmittel zur prozeduralen Programmierung wie Unterprogramme (SUBROUTINE, FUNCTION) und Schleifen (DO) eingeführt. Das war ein großer Fortschritt gegenüber der Verwendung von absoluten und relativen Sprüngen (GOTO, JUMP). Bei der prozeduralen Programmierung wird ein Programm in Unterprogramme (Prozeduren, Funktionen) aufgeteilt. Daneben kennt ein prozedurales Programm lokale und globale Variablen. Erstere sind nur innerhalb eines Unterprogramms gültig, auf globale Variablen hingegen können alle Unterprogramme zugreifen.

In den darauf folgenden Jahrzehnten entstanden zahlreiche weitere prozedurale Programmiersprachen wie Algol, PASCAL, MODULA und C. Kein anderes Paradigma (Musterbeispiel) hat eine so weite Verbreitung unter Programmierern gefunden wie die prozedurale Programmierung.

Hier ein Beispiel für ein prozedurales Programm. Um Duplikate zu vermeiden, wird der Mechanismus zum Erzeugen der Tierlaute in der Funktion `letSpeak` zusammengefasst:

```
public class AnimalSounds {
   static void letSpeak(String animal) {
      if (animal.equals("dog")) {
         System.out.println("bark");
      } else if (animal.equals("cat")) {
```

```
            System.out.println("miaow");
        } else {
            System.err.println("No idea what " + animal
                + " speaks");
        }
    }

    public static void main(String[] args) {
        letSpeak("dog");
        letSpeak("cat");
    }
}
```

Listing 1.1: Beispiel für prozedurale Programmierung

Dem Vorteil der Einfachheit dieses Paradigmas standen aber schon bald seine Nachteile entgegen, die sich besonders in großen Programmen auswirkten. Da der Zugriff auf globale Variablen von jeder Stelle des Programms aus möglich war, verlor man leicht den Überblick darüber, welches Unterprogramm auf welche Variablen zugriff. Darüber hinaus konnten Unterprogramme einander beliebig gegenseitig aufrufen, was zu komplexen Abhängigkeiten zwischen den Unterprogrammen führte. Die geschilderten Nachteile der prozeduralen Programmierung und der Sprachen, die sie unterstützte, verhinderten eine Modularisierung von Programmen in größerem Umfang. Umfangreiche Programme konnten dadurch nur mit großer Mühe erweitert werden. Mit der mangelnden Übersicht wurde natürlich auch das Hinzuziehen und Schulen neuer Programmierer immer aufwändiger, sobald die Programme eine gewisse Größe erreicht hatten. Allerorten war der gefürchtete »Spaghetti-Code« die Folge. Zur Lösung dieser Probleme wurden unterschiedliche Spracherweiterungen wie das Zusammenfassen von Funktionen in Module vorgeschlagen und umgesetzt. Geholfen hat das nur bedingt, weshalb sich Programmierer bald nach anderen Paradigmen umsahen.

1.2 Die objektorientierte Programmierung

Die erste Programmiersprache, die die objektorientierte Programmierung unterstützte, war SIMULA I, die in den Jahren 1962-65 am Norwegian Computing Center in Oslo von Ole-Johan Dahl und Kristen Nygaard entwickelt wurde. Sie wurde (wie der Name schon vermuten lässt) vornehmlich zur Durchführung von Simulationen entwickelt und genutzt. Obwohl sie in einigen Nischen bis heute verwendet wird, war ihr kein großer Erfolg beschieden. Erst mit der ungeheuren Popularität der Programmiersprache C++ in den späten achtziger Jahren und erst recht mit der der Sprache Java in den neunziger Jahren des vorigen Jahrhunderts wurde die objektorientierte Programmierung zum dominierenden Paradigma. Die Aufteilung von objektorientierten Programmen war vollkommen anders als die der prozeduralen. Daten und Verhalten wurden in *Objekten* gekapselt, die über *Methoden* (objektgebundene Unterprogramme) Nachrichten austauschen konnten, weshalb sie auch als *Akteure* (Schauspieler) bezeichnet wurden. Das ganze entsprach dem Modellierungsansatz, den man bei Simulationen wählt: Komplexe Systeme werden in Untersysteme (*Objekte*) aufgeteilt und die Kommunikation dieser Untersysteme miteinander untersucht. Die Kapselung von Daten in Objekten bewirkte auch, dass Objekte nur über Methodenaufrufe auf die Daten anderer Objekte zugreifen konnten. Zusätzlich wurde die Technik der *Vererbung* eingeführt. Mit ihr konnten spezialisierte Objekte von allgemeineren abgeleitet werden. Kindobjekte konnten damit die Funktionalitäten der Elternobjekte um spezifische eigene Funktionalitäten erweitern.

Zur objektorientierten Variante des vorigen Beispiels: Die einzelnen Tierobjekte werden in der Klasse `Animal` zusammengefasst (abstrahiert). Der Laut, den das jeweilige Tier erzeugt, wird erst im jeweiligen Tierobjekt definiert. Die Methode `main` erzeugt jeweils ein solches Tierobjekt und weist es an, Laut zu geben (speak).

```java
public class AnimalSounds {
    static interface Animal {
        void speak();
    }

    static class Dog implements Animal {
        public void speak() {
            System.out.println("bark");
        }
    }

    static class Cat implements Animal {
        public void speak() {
            System.out.println("miaow");
        }
    }

    public static void main(String[] args) {
        Dog bello = new Dog();
        bello.speak();
        Cat tom = new Cat();
        tom.speak();
    }
}
```

Listing 1.2: Beispiel für objektorientierte Programmierung

> **Hinweis**
>
> In diesem einfachen Beispiel ergibt sich kein offensichtlicher Vorteil gegenüber der prozeduralen Version. Das ändert sich mit zunehmender Komplexität allerdings rasch.

Die objektorientierte Programmierung wird durch folgende Paradigmen gekennzeichnet:

1.2.1 Abstraktion

Jedes Objekt im System kann als *Akteur* betrachtet werden, der andere Objekte erzeugen und Nachrichten an andere Objekte senden sowie von ihnen empfangen kann. Das Objekt *kann* dabei anderen Objekten seinen eigenen inneren *Zustand* durch Methodenaufrufe mitteilen. Die konkrete Implementierung eines Objekts ist unterdessen allen anderen Objekten unbekannt. Eine Abstraktion dieser Art kann entweder als *Klasse* oder direkt durch Erzeugen eines Objekts implementiert werden. In Java (und auch in den meisten anderen objektorientierten Programmiersprachen) finden Klassen Verwendung. Es handelt sich hierbei um Datentypen, aus denen zur Laufzeit Objekte generiert werden. Das Verhalten eines Objekts wird in *Methoden* definiert. Der Zustand des Objekts wird in *Attributen* (*Feldern* bzw. *Membern*) gespeichert.

1.2.2 Datenkapselung

Als *Datenkapselung* bezeichnet man das Verbergen der internen Daten des Objekts. Eine Änderung des Objektzustands eines Objekts erfolgt ausschließlich über dessen Methoden. Dadurch hat das Objekt jederzeit die vollständige Kontrolle über seinen internen Zustand. Im Gegensatz zur reinen Lehre der objektorientierten Programmierung kann man in Java Daten öffentlich zugänglich machen, indem man öffentliche Felder definiert und damit die Datenkapselung bricht. Davon sollte man aber generell absehen, es sei denn, das Feld ist konstant (`public static final`) oder es kann nur im Konstruktor gesetzt werden (`public final`).

1.2.3 Vererbung

Der Begriff *Vererbung* wird hier etwas anders definiert als im herkömmlichen Sprachgebrauch. Der Sinn der Vererbung ist es nicht, vor dem Ableben eines Objekts irgendetwas an ein anderes weiterzugeben, vielmehr ist mit Vererbung in diesem Fall *Spezialisierung* gemeint und das geschieht auf Klassenebene (sofern die Programmiersprache Klassen besitzt, wovon wir künftig ausgehen). Bei der Vererbung übernimmt (erbt) das Kindobjekt die Daten und das Verhalten des

Elternobjekts und erweitert es gegebenenfalls um neue Daten und neues Verhalten. Dabei kann das Verhalten der Elternklasse teilweise oder ganz vom Verhalten der Kindklasse überlagert werden. In Java (und vielen anderen objektorientierten Programmiersprachen) kann die Elternklasse festlegen, auf welche Felder die Kindklasse zugreifen darf und welche Methoden es überlagern darf. Der Begriff *Klasse* wird hier als Überbegriff für die Java-Sprachkonstrukte *Interface, abstrakte Klasse* und *konkrete Klasse* verwendet.

1.2.4 Polymorphie

In Java kommt der Begriff *Polymorphie* in Zusammenhang mit Objekten und Methoden vor. Wir betrachten hier erst einmal die Polymorphie für Objekte. Eigentlich ist der Begriff Polymorphie (Vielgestaltigkeit) in diesem Fall irreführend, da sich die Gestalt, also die äußere Schnittstelle nicht ändert, sondern lediglich die Implementierung. Wie wir bereits besprochen haben, können Objekte Methoden anderer Objekte (die Zielobjekte) aufrufen und dabei wiederum Objekte als Parameter übergeben (Parameterobjekte). Ein Objekt muss sich dabei allerdings nicht an die Vorgaben der Methode des Zielobjekts halten. Es kann auch ein Kindobjekt des geforderten Datentyps übergeben. Die Methode des Zielobjekts verwendet dann die Methodensignatur (Schnittstelle) des Parameterobjekts, obwohl intern die Methoden des Kindobjekts dieses Parameterobjekts verwendet werden. Das Kindobjekt kommt also in »Verkleidung« des Elternobjekts daher. Die Methode des Zielobjekts braucht dazu in keinster Weise verändert zu werden: Die Programmiersprache kümmert sich automatisch darum, dass die richtige Methode (die des Kindobjekts oder die des Elternobjekts, abhängig davon, ob das Kindobjekt besagte Methode überlädt oder nicht) aufgerufen wird. Das Ganze klingt viel komplizierter, als es in Wahrheit ist. Vielmehr ist es das Verhalten, das man ohnehin erwarten würde und ohne das die ganze Vererbung eher nutzlos wäre.

Im folgenden Beispiel ruft die Methode `letSpeak` die Methode `speak` des übergebenen Tieres (Implementierung von `Animal`) auf:

```
public class AnimalSounds {
    static interface Animal {
        void speak();
    }

    static class Dog implements Animal {
        public void speak() {
            System.out.println("bark");
        }
    }
```

Kapitel 1
Objektorientierte Programmierung – diesmal richtig

```java
    static class Cat implements Animal {
        public void speak() {
            System.out.println("miaow");
        }
    }

    static void letSpeak(Animal animal) {
        animal.speak();
    }

    public static void main(String[] args) {
        Dog bello = new Dog();
        letSpeak(bello);
        Cat tom = new Cat();
        letSpeak(tom);
    }
}
```

Listing 1.3: Beispiel für Polymorphie

Je nachdem, ob ein Hund oder eine Katze übergeben wird, werden unterschiedliche Laute ausgegeben. Die Ausgabe des Programms ist somit:

```
bark
miaow
```

Listing 1.4: Beispiel für Polymorphie – Ergebnis

Das Ganze funktioniert auch mit abstrakten und konkreten Klassen, wie die folgende Erweiterung unseres Beispiels verdeutlicht.

> **Hinweis**
>
> Die Definitionen aus dem vorigen Beispiel werden unverändert übernommen, das deuten die Punkte ... an. Alles, was neu hinzugekommen ist, ist fett gedruckt.

```java
public class AnimalSounds {
    ...

    static class SleepingCat extends Cat {
        public void speak() {
            System.out.println("zzz");
        }
```

```
    }

    static void letSpeak(Animal animal) {
        animal.speak();
    }

    public static void main(String[] args) {
        Dog bello = new Dog();
        letSpeak(bello);
        Cat tom = new Cat();
        letSpeak(tom);
        Cat garfield = new SleepingCat();
        letSpeak(garfield);
    }
}
```

Listing 1.5: Erweitertes Beispiel für Polymorphie

Die Ausgabe des Programms ist jetzt natürlich:

```
bark
miaow
zzz
```

Listing 1.6: Erweitertes Beispiel für Polymorphie – Ergebnis

Die Polymorphie funktioniert auch für Rückgabeparameter, so habe ich `garfield` gleich als `Cat` und nicht als `SleepingCat` definieren können. Java sorgt dafür, dass immer die richtige Methode in der Vererbungshierarchie aufgerufen wird.

Wir werden in den folgenden Kapiteln noch viele Beispiele für die Anwendung dieses Paradigmas sehen. So werden wir beispielsweise bestehendem Code »gefälschte« Objekte unterjubeln, um diesen Code in einem Test ausführen zu können. In Java gibt es den Begriff Polymorphie noch im Zusammenhang mit Methoden. Es können ja Methoden mit demselben Namen in Java mehrfach definiert werden, sofern sie nur unterschiedliche Parametersignaturen haben (die Anzahl und/oder die Datentypen müssen unterschiedlich sein, damit man Methoden gleichen Namens eindeutig unterscheiden kann). Das wird ebenfalls als Polymorphie, nämlich als *Methodenpolymorphie* bezeichnet und dieses Mal stimmt der Vergleich mit der unterschiedlichen Gestalt auch.

Ein Beispiel für Polymorphie im Zusammenhang mit Methoden:

```
public class MethodPolymorphism {
    static int sum(int a, int b) {
        return a + b;
```

```
    }

    static int sum(int a, int b, int c) {
        return a + b + c;
    }

    static double sum(double a, double b) {
        return a + b;
    }

    public static void main(String[] args) {
        System.out.println(sum(1, 2));
        System.out.println(sum(1, 2, 3));
        System.out.println(sum(1.5, 2.5));
    }
}
```

Listing 1.7: Methodenpolymorphie

Obwohl sum dreimal definiert wird, findet Java anhand der Parametersignatur die richtige Methode. Die Ausgabe lautet richtigerweise:

```
3
6
4.0
```

Listing 1.8: Methodenpolymorphie – Ergebnis

1.3 Vorteile der objektorientierten Programmierung

Es sei hier ausdrücklich betont, dass man mit einer Universalsprache (alle gängigen Programmiersprachen sind Universalsprachen) keine Funktionalität implementieren kann, die man nicht auch mit einer anderen implementieren könnte, egal, welchem Paradigma die eine oder die andere folgt. Das lässt sich leicht beweisen: Man könnte ja jederzeit einen Interpreter der einen Sprache in einer anderen schreiben, wodurch die Sprache, in der der Interpreter implementiert ist, alle Fähigkeiten der anderen Sprache übernimmt. Der Vorteil der objektorientierten Programmierung liegt eindeutig in der hohen *Flexibilität*, die objektorientierte Programme erreichen können. Wie wir noch sehen werden, können objektorientierte Programme leichter automatisierten Tests unterzogen werden. Auch reduzieren sich die Auswirkungen von Änderungen auf üblicherweise wenige Klassen, wohingegen bei prozeduralen Programmen schon kleine Erweiterungen umfangreiche Änderungen an vielen Stellen im Quelltext zur Folge haben.

1.4 Die mathematische Theorie der abstrakten Datentypen

Abstrakte Datentypen (kurz ADTs) sind eine mathematische Theorie, die die zuvor beschriebenen Prinzipien mathematisch beschreibt. Man kann sich einen abstrakten Datentyp als mathematisches Pendant zu einem Typ eines Objekts – also einer Klasse – vorstellen. Für jeden abstrakten Datentyp werden Funktionen definiert, die an den ADT gebunden sind. Diese Funktionen entsprechen den Methoden in der objektorientierten Programmierung. Im Gegensatz zur objektorientierten Programmierung wird das Verhalten und der Zustand nicht direkt durch die Implementierung von Zustand und Methoden definiert, sondern durch Anfangsbedingungen und Axiome – sozusagen »von außen« – festgelegt. Anfangsbedingungen legen dabei den anfänglichen Zustand des ADTs fest. Dies geschieht dadurch, dass man das Ergebnis von Abfragefunktionen (das sind Funktionen, die Informationen über den internen Zustand des ADTs zurückgeben, den Zustand selbst jedoch unverändert lassen) festlegt, noch bevor der interne Zustand des ADTs verändert wurde. Axiome legen das Verhalten des ADTs durch unterschiedliche Kombinationen von Aufrufen der einzelnen Funktionen und das Vorschreiben der Ergebnisse dieser Aufrufkette fest. Es werden genauso viele Axiome definiert, wie für die vollständige Beschreibung des Verhaltens des ADTs nötig sind. Da der innere Zustand eines ADTs gar nicht explizit definiert wird, ist die Eigenschaft der Kapselung automatisch gegeben. Die Kenntnis der Theorie der abstrakten Datentypen ist für die objektorientierte Programmierung allerdings nicht wirklich nötig. Es ist jedoch bemerkenswert, dass man das Verhalten von Datentypen allein aus der Kommunikation mit ihrer Umwelt vollständig definieren kann, ohne sich über die Implementierung Gedanken machen zu müssen. In der objektorientierten Programmierung geht man allerdings nicht so weit. Hier wird die Funktion eines Objekts durch seine Programmierung definiert.

1.5 Die objektorientierte Modellierung

Gestärkt von der Popularität der objektorientierten Programmierung übernahmen Experten auf dem Gebiet der Datenmodellierung das Prinzip der Vererbung, mischten es mit Aspekten der relationalen Modellierung (Modellierung der Beziehungen der Objekte zueinander) und nannten das ganze *objektorientierte Modellierung*. Es ist äußerst wichtig, hier zwischen der objektorientierten Programmierung und der objektorientierten Modellierung zu unterscheiden, denn bei Letzterer wird ein Objekt im Sinne der Mengenlehre als Summe seiner *Eigenschaften* und Beziehungen zu anderen Objekten verstanden. Dieser Ansatz eignet sich jedoch nicht wirklich für die Entwicklung von objektorientierten Programmen, da die Frage der richtigen Aufteilung der Logik unter den Objekten mit diesem Ansatz nicht gelöst werden kann, ganz im Gegensatz zum kommunikationsbasierten Ansatz in der objektorientierten Programmierung.

> **Hinweis**
>
> Ein Übungsbeispiel für Hartgesottene: Erstellen Sie ein einfaches Klassendiagramm für ein kleines Programm mit einem CASE-Tool Ihrer Wahl (zum Beispiel IBM Rational Clear Case oder Borland Together) und lassen Sie es den Code dazu generieren. Programmieren Sie daraufhin das Programm fertig, ohne dass Sie Klassen, Felder oder Methoden hinzufügen, abändern oder entfernen. Wenn Sie das schaffen und das Programm kein vollkommenes Chaos ist, gehören Sie zu den wenigen Auserwählten, die das können. Ich für meinen Teil und die Mehrzahl der weniger begabten Entwickler werden das Modell schon bald verwerfen und im Wesentlichen neu, diesmal aber ohne CASE-Tool entwickeln.

Diese unterschiedlichen Definitionen des Wortes »Objektorientierung« führen leider bis heute zu Missverständnissen. Um den Bedürfnissen der objektorientierten Programmierung hinsichtlich der Kommunikation nachzukommen, wurden Interaktionsdiagramme im Nachhinein in die Unified Modelling Language (UML) aufgenommen, die zuvor nur Diagramme zur objektorientierten Modellierung (Klassendiagramme etc.) kannte. Verstehen Sie mich nicht falsch: Klassendiagramme sind auch im Zusammenhang mit der objektorientierten Programmierung durchaus nützlich, sie sollten aber besser nicht als Ausgangsbasis für ein objektorientiertes Programm verwendet werden. Man kann damit nämlich keine Interaktion zwischen Objekten modellieren, doch diese Interaktion ist ja eigentlich die Essenz der objektorientierten Programmierung.

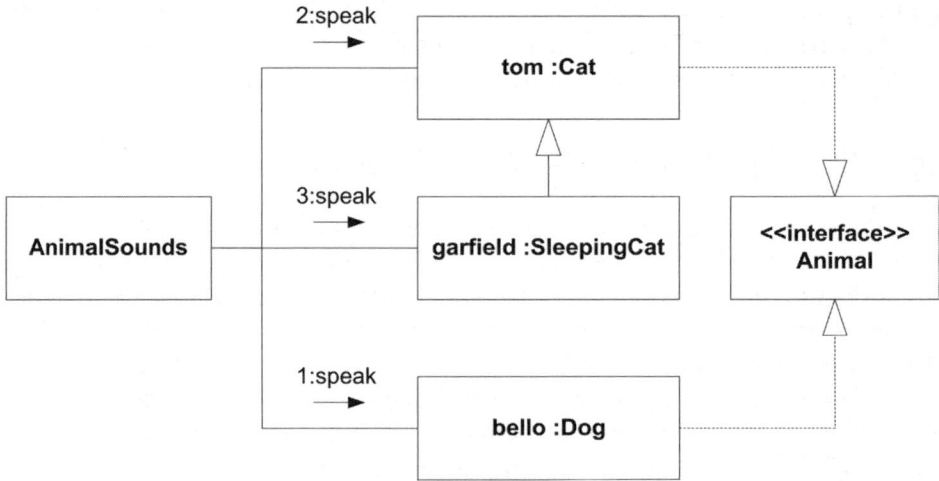

Abb. 1.1: Beispiel für ein Kommunikationsdiagramm

> **Tipp**
>
> Sie können einen erfahrenen von einem weniger erfahrenen objektorientierten Programmierer unter anderem dadurch unterscheiden, welches Diagramm er als Erstes zeichnet. Beginnt er mit einem *Kommunikations-* oder *Sequenzdiagramm*, hat er die objektorientierte Programmierung verstanden. Beginnt er mit einem *Klassendiagramm*, gibt es wahrscheinlich noch Schulungsbedarf.

1.6 UML

Ich möchte hier auf die ausführliche Beschreibung von UML verzichten, da es zahlreiche exzellente Bücher zu diesem Thema gibt. In der folgenden Tabelle finden Sie nur jene UML-Symbole, die für das Verständnis der UML-Diagramme in diesem Buch nötig sind.

Symbol	Beschreibung
A	Klasse mit Namen A
<<interface>> A	Interface mit Namen A
<<interface>> A ◁----- B	Realisierung: Klasse B implementiert Interface A.
A ◁----- B	Generalisierung: Die Klasse B ist von Klasse A abgeleitet.
A ←----- B	Abhängigkeit: Die Klasse B hängt von Klasse A ab.
:A	Anonymes Objekt der Klasse A
a :A	Objekt mit Namen a der Klasse A
:A --n:f--> :B	Objekt A ruft die Methode f des Objekts B auf. Die Zahl n steht für die Reihenfolge, in der die Methoden aufgerufen werden.

Tabelle 1.1: Auswahl der UML-Symbole

Symbol	Beschreibung
A (abgegrenzter Bereich)	Abgegrenzter Bereich mit Namen A
A (abgerundetes Rechteck)	Zustand A
●→	Anfangs-Pseudozustand
A —b→ B	Zustand A geht über in den Zustand B, wenn Bedingung b erfüllt ist.

Tabelle 1.1: Auswahl der UML-Symbole (Forts.)

1.7 Das Problem mit dem Umlernen

Obwohl die objektorientierte Programmierung bereits ein Methusalem in punkto Maßstab der schnelllebigen Informationstechnologie ist, haben viele Programmierer Probleme, sich mit der objektorientierten Programmierung anzufreunden. Ein Grund dafür ist häufig die langjährige Erfahrung der Programmierer mit der prozeduralen Programmierung, die sie dazu verleitet, jedes Problem in dieser Richtung zu abstrahieren. In der prozeduralen Programmierung ist nämlich die grundsätzliche Herangehensweise eine völlig andere als in der objektorientierten. Die erste Frage, die sich ein prozeduraler Programmierer stellt, ist: »Was ist zu tun?« Diese Frage beantwortet er mit einer Reihe von Aktivitäten, die ausgeführt werden müssen, um zum Ziel, nämlich der Lösung des Problems zu gelangen. Damit wird das Programm eine Art TODO-Liste. Man kann sich so ein Programm auch wie ein Kochrezept für eine Maschine vorstellen. Da eine Maschine natürlich keine Intelligenz im menschlichen Sinne besitzt, müssen die Anweisungen extrem detailreich sein und dürfen keinerlei Vorbildung oder Mitdenken voraussetzen.

In der objektorientierten Programmierung lautet die erste Frage hingegen: »Wer tut was?« Die Arbeit wird an hochspezialisierte Objekte delegiert, die miteinander kommunizieren. Wir könnten die Frage auch anders als »Wer tut was mit wem?« formulieren, um den Kommunikationscharakter zu verdeutlichen. Die Anweisungen sind immer als Kommunikation zwischen Objekten zu verstehen. Es gibt ein Objekt, das Anweisungen ausgibt und einen Adressaten dieser Anweisung, der dasselbe oder ein anderes Objekt ist. Das Kochrezept wird also nicht als eine Reihe von Anweisungen für einen Koch verstanden, sondern als Anweisungen für einzelne, hochspezialisierte Küchenhelfer. Jeder dieser Helfer bekommt einen Teil des Rezeptes, in dem nur der für ihn wichtige Teil dokumentiert ist. (Der Spruch »viele Köche verderben den Brei« gilt hier nur unter der Voraussetzung, dass die einzelnen Tätigkeiten der Köche nicht koordiniert sind oder sich Zuständigkeiten überlappen. Wir widmen uns diesem Problem im Zusammenhang mit dem Einzelzuständigkeitsprinzip im Kapitel »Entwurfsprinzipien der objektorientierten Programmierung«). Ein objektorientiertes Programm kann man sich auch als eine Art Theaterstück für mehrere Schauspieler vorstellen – daher der Begriff »Akteur« – während ein prozedurales eher einem Ein-Personen-Stück gleicht. Es sei hier natürlich darauf hingewiesen, dass jede Analogie ihre Grenzen hat. Analogien können jedoch dabei helfen, individuelle Strategien zu finden, um abstrakte Sachverhalte einfacher zu verstehen.

1.8 Das Problem mit der Zweckentfremdung von Programmiersprachen

Viele Programmierer behalten die grundsätzlichen Denkmuster bei, wenn sie von einer Programmiersprache auf eine andere umlernen. So versuchen viele Programmierer, die objektorientierte Programmierung erst gar nicht zu verstehen und programmieren so weiter, wie sie es in prozeduralen Sprachen gemacht haben. Leider stößt das bei manchen objektorientierten Programmiersprachen auf Grenzen. Inwiefern man in einer objektorientierten Programmiersprache sinnvoll prozedural programmieren kann, hängt nämlich davon ab, inwieweit die Programmiersprache die prozedurale Programmierung durch geeignete Sprachmittel unterstützt. So ist es hilfreich, wenn man Prozeduren und Funktionen außerhalb von Klassen definieren kann. Darüber hinaus sollte man eigene Datentypen definieren können, die keine Klassen oder Interfaces sind. Aus all dem ergibt sich die Einsicht, dass sich Java schlecht für die prozedurale Programmierung eignet. Das geht noch eher mit C++, C# oder Object-Pascal (das sich auch in Delphi oder Free-Pascal findet).

Das Fehlen von prozeduralen Sprachmitteln in Java ist allerdings nur dann ein Problem, wenn man unbedingt an der prozeduralen Programmierung festhalten möchte. Dafür gibt es jedoch keinen zwingenden Grund, da es keinesfalls schwieriger ist, objektorientiert zu programmieren als prozedural. Im Gegenteil: In größeren Programmen, die regelmäßig modifiziert und erweitert werden müssen, fällt die objektorientierte Programmierung viel leichter als die prozedurale. Um noch einmal auf das Kochrezept zurückzukommen: Wollen Sie das prozedurale Kochrezept ändern, müssen Sie dem Koch ein neues Exemplar zur Verfügung stellen. Da das objektorientierte Kochrezept aufgeteilt ist, genügt es meist, wenn Sie nur an einige Küchenhelfer neue Rezepte austeilen. Die anderen können die alten weiterverwenden. Änderungen bleiben dadurch auf einige Objekte (Küchenhelfer) begrenzt, dadurch skaliert der objektorientierte Ansatz besser. Hier stößt die Analogie allerdings an ihre Grenzen, da Programme um Größenordnungen komplexer sind als Kochrezepte. Wir haben es schon in kleineren Programmen mit einer ganzen Armee von Helfern zu tun – und hier ist es ganz offensichtlich von Vorteil, wenn Änderungen auf möglichst wenige Helfer (also Objekte) begrenzt bleiben.

Kapitel 2

Automatisierte Tests

2.1 Fehler in Programmen

Ein Grund, warum Programme überhaupt fehlerhaft sind, ist der, dass es praktisch unmöglich ist, den vollen Umfang der Funktionalität eines nicht trivialen Programms durch das Studieren seines Quellcodes allein richtig vorherzusagen. Man hat eigentlich eine genaue Vorstellung davon, wie ein Programm funktionieren soll, doch kaum startet man es, verhält es sich oft völlig anders, als man das eigentlich geplant hatte. Zur Demonstration sehen Sie sich bitte das folgende Miniprogramm an. Die Funktion `Maximum.of` nimmt einen Array aus Integerzahlen entgegen und soll den höchsten Wert dieses Arrays zurückgeben.

```java
public class Maximum {
    public static int of(int[] n) {
        int max = 0;
        for(int i = 1; i < n.length; ++i) {
            if(n[i] > max) {
                max = n[i];
            }
        }
        return max;
    }
}
```

Listing 2.1:   Beispiel Maximum-Berechnung

Eigentlich ja eine triviale Angelegenheit. Können Sie allerdings durch Ansehen des Listings allein feststellen, was die Funktion `Maximum.of` für alle denkbaren Werte von n zurückgibt?

Es ist bemerkenswert, dass selbst die begabtesten Programmierer mit oft mehr als einem halben Jahrhundert an Programmiererfahrung nicht in der Lage sind, fehlerfreie Programme zu schreiben. Wir können also die Hoffnung, jemals fehlerfreie Programme zu schreiben, getrost aufgeben, ohne dadurch einen Gesichtsverlust zu erleiden. Das ist allerdings noch lange kein Grund für Verzweiflung oder gar Resignation. Es gibt ja inzwischen unterschiedliche Möglichkeiten, den menschlichen Unzulänglichkeiten (zumindest was Programmierfehler betrifft) auf die Sprünge zu helfen und zumindest den größten Teil der Fehler in unseren Programmen zu finden.

Wussten Sie übrigens, dass es bereits Programmierfehler gab, als der Computer noch gar nicht erfunden war? Charles Babbage schrieb schon im neunzehnten Jahrhundert Programme für einen nicht existenten Computer. Seine Mitarbeiterin Ada Lovelace (nach der die Programmiersprache Ada benannt ist) schrieb nicht nur selber Programme, sie fand und korrigierte auch Fehler in Charles Babbages Programmen. Wirklich brisant wurde das Problem der Fehler in Programmen aber erst, als Computer für immer wichtigere Aufgaben eingesetzt wurden.

2.2 Methoden zum Aufspüren von Fehlern

Eine der ursprünglichsten Arten, Fehler zu entdecken, war neben dem Überprüfen des Quellcodes (neudeutsch *Code Review*) das *manuelle Testen*. Dazu wurde meist eigenes Personal, die *Tester*, abgestellt. Für jeden Tester wurde ein Testplan erstellt, der Anweisungen enthielt, welche Funktionalität in dem zu testenden Programm mit welchen Eingabedaten aufzurufen war und was das Programm darauf auszugeben hatte.

Stieß der Tester auf eine Ausgabe, die nicht den Vorgaben entsprach, wurde ein Programmierer über das Testergebnis informiert. Er behob das Problem und der Tester überprüfte das korrigierte Programm erneut.

Diese Praxis ist immer noch weit verbreitet, hat aber zahlreiche Schwächen. So ist das manuelle Testen auch für den diszipliniertesten Tester auf die Dauer eine äußerst langweilige Angelegenheit, ganz abgesehen davon, dass die Personalkosten in Schwindel erregende Höhen schnellen, wenn man dieses Verfahren konsequent einsetzt. Natürlich können sich auch Tester irren. In diesem Fall ist es oft nicht so einfach, festzustellen, ob der Tester eine falsche (also nicht dem Testplan entsprechende) Eingabe gemacht hat oder ob das Programm fehlerhaft arbeitet.

Da Computer mit der Zeit immer billiger und leistungsfähiger wurden, lag es natürlich auf der Hand, Programme zu entwickeln, die bei der Fehlerdiagnose behilflich waren. Genau wie bei der manuellen Überprüfung von Programmen kann man auch bei der automatischen Variante zwischen der Überprüfung auf Quellcode-Ebene (auch *statische Überprüfung* oder *Static Analysis* genannt) und der Überprüfung zur Laufzeit (*Laufzeitüberprüfung* oder *Dynamic Analysis*) unterscheiden.

Programme, die den Quellcode untersuchen, um Fehler zu finden, haben den entscheidenden Vorteil, dass Ergebnisse schnell vorliegen, da sie das Programm ja nicht ausführen müssen, um es zu analysieren. Diese Werkzeuge sind heute weit verbreitet, auch wenn man sie oft gar nicht mehr als eigenständige Werkzeuge wahrnimmt. Der Java-Compiler ist beispielsweise ein solches. Daneben überprüfen alle gängigen Entwicklungsumgebungen den Quellcode laufend auf Fehler. (Weit verbreitete Werkzeuge dieser Art für Java sind auch PMD und FindBugs, auf die wir im vierten Teil noch zurückkommen werden.) Die Verwendung von Werkzeugen zur statischen Überprüfung ist allerdings nicht ausreichend, um die Fehlerfreiheit von Programmen zu gewährleisten, da es auch bei der automatischen Überprüfung des Quellcodes nur begrenzt möglich ist, auf das Verhalten des Programms zu schließen, ohne dass man es ausführt.

Werkzeuge, die Programme während ihrer Ausführung untersuchen, haben den entscheidenden Vorteil, dass sie meist bedeutend einfacher zu entwickeln sind als Werkzeuge zur statischen Überprüfung. Auf sie treffen die Beschränkungen der statischen Überprüfung nicht zu, weshalb sie eine ideale Ergänzung zur statischen Überprüfung darstellen. Der größte Nachteil dieser Verfahren ist der oft enorme Zeitaufwand, der erforderlich ist, um die Funktionalität eines Programms hinreichend zu testen. Dieses Problem kann man allerdings teilweise dadurch verringern, dass man nicht immer das ganze Programm, sondern nur Teile davon überprüft. So kann man einen großen Teil der Fehler vorweg eliminieren, ohne auf das Ergebnis eines langen Testlaufs warten zu müssen. Wie das im Detail funktioniert, werden wir später noch näher untersuchen. Vorerst werden wir uns zwei Vertreter zur Laufzeitüberprüfung von Programmen näher ansehen: Debugger und Werkzeuge zur Erstellung von automatisierten Tests.

2.3 Werkzeuge zur Laufzeitüberprüfung

Debugger (zu Deutsch »Entwanzer«) halten leider nicht, was ihr Name verspricht. Vielmehr dienen sie dazu, dass Verständnis der Funktionsweise eines Programms zu verbessern. Man fügt dabei Haltepunkte in den Quelltext ein und lässt das Programm im Debugger ablaufen. Dieser friert den Programmablauf ein, sobald das Programm den Haltepunkt erreicht. Dann kann man den *Zustand* des Programms am Haltepunkt analysieren, das heißt, man kann den Inhalt aller Variablen des Programms am Haltepunkt einsehen. Die Fehler muss man anschließend allerdings selber finden. Ein Nachteil dieser Vorgehensweise ist, dass diese Art der Fehlersuche nicht nachhaltig ist: Bei jeder Änderung des Programms muss man die Zustände erneut überprüfen. Erschwerend kommt hinzu, dass sich der Zustand an einem Haltepunkt laufend ändert, wenn sich dieser innerhalb einer Schleife befindet.

Die andere Gruppe von Werkzeugen dient der Erstellung von automatisierten Tests. Dabei wird das Programm oder Teile davon automatisch mit unterschiedlichen Eingaben gefüttert. Die Ergebnisse des Testlaufs werden dann – ebenfalls automatisch – mit den Vorgaben verglichen. Weichen die Ergebnisse von den Vorgaben ab, gilt der Test als fehlgeschlagen. Zum Abschluss wird ein Bericht generiert, der die erfolgreich bestandenen sowie die fehlgeschlagenen Tests anzeigt. Auch diese Werkzeuge finden Fehler nicht direkt. Man kann mit ihnen lediglich feststellen, ob das, was man auf eine Eingabe bekommt, auch den Vorgaben entspricht. Ist das nicht der Fall, muss man den Fehler wieder selbst finden. Automatisierte Tests haben aber den unschätzbaren Vorteil, dass sie vollkommen automatisch ablaufen. Mit ihrer Hilfe kann man das Verhalten eines Programms einmal festlegen und danach zu jedem beliebigen Zeitpunkt überprüfen. Was sich auf den ersten Blick trivial anhört, hat jedoch – wie wir noch sehen werden – weitreichende Konsequenzen.

2.4 SUnit und die testgetriebene Softwareentwicklung

In den vergangenen Jahrzehnten ist eine Vielzahl von Testwerkzeugen entstanden. Um das Jahr 1994 entwickelte Kent Beck ein Werkzeug zur Erstellung von automatisierten Tests in Smalltalk namens *SUnit* (Smalltalk ist eine objektorientierte Programmiersprache, die allerdings keine allzu große Verbreitung gefunden hat). Zusammen mit der Entwicklung von SUnit erarbeitete Kent Beck auch eine völlig neue Art der Softwareentwicklung, die heute als eine der erfolgreichsten gilt: die *testgetriebene Softwareentwicklung (Test Driven Development)*. Zur Motivation, die Art und Weise der Erstellung von Software grundlegend zu ändern, müssen wir uns vor Augen halten, dass Smalltalk eine Skriptsprache wie JavaScript oder PHP ist. Diese Sprachen zeichnen sich unter anderem dadurch aus, dass Datentypen erst zur Laufzeit bekannt sind. Man kann also aus einer Methodensignatur nicht schließen, welche Datentypen tatsächlich übergeben werden. Speziell in größeren Programmen verliert man da schnell den Überblick und die Fehlersuche gerät oft zum Ratespiel.

Irgendwann scheint es Kent Beck zu dumm geworden zu sein, keinen Überblick über die Funktion seiner Programme zu haben, weshalb er seine Arbeitsweise grundlegend umstellte. Er begann, Programme nur noch in kleinen Schritten zu erstellen. Für jeden Schritt erstellte er zahlreiche Tests, so dass er einen erheblichen Teil aller möglichen Zustände seiner Programme durch diese Tests automatisch überprüfen konnte. Führten nun Änderungen zu unerwünschtem Verhalten in einem beliebigen Teil seiner Programme, wurde er sogleich durch fehlgeschlagene Tests auf diesen Umstand aufmerksam gemacht. Dadurch konnte er fehlerhafte Änderungen schnell korrigieren. Die Tests selbst erstellte er direkt in Smalltalk. Jeder seiner Tests überprüfte das Verhalten von üblicherweise nur ein paar Quellcodezeilen (der *Unit*, daher die Namen *Unit-Test* und *SUnit*). Der Test selbst wurde dabei in unmittelbarer Nähe der zu testenden Klasse platziert, damit er von einem fehlgeschlagenen Test schnell auf die Ursache des Problems schließen konnte. Trotz des Mehraufwands durch die Erstellung der zahlreichen Tests stellte er überrascht fest, dass sich nicht nur die Anzahl der Fehler reduzierte, sondern dass er auch deutlich schneller mit seiner Arbeit vorankam. Im Laufe der Jahre systematisierte er das Verfahren und entwickelte es mit Kollegen schrittweise weiter.

Irgendwann ging er dann dazu über, neue Tests *vor* der Erweiterung des eigentlichen Programms zu erstellen, was seine Produktivität noch weiter erhöhte. Diesen »Trick« hatte er aus einem Buch aus einer Zeit übernommen, als Programme noch in Lochkarten gestanzt wurden (das Buch ist inzwischen leider verloren gegangen und er kann sich auch nicht mehr an den Titel erinnern). Die in diesem Buch vorgestellte Methodik schrieb vor, erst die Lochkarte mit dem gewünschten Ergebnis zu stanzen und danach sicherzustellen, dass das Programm genau das ausgab, was sich auf der zuvor gestanzten Lochkarte befand.

Damit war ein wichtiger Teil der *testgetriebenen Softwareentwicklung*, wie wir sie heute kennen, entstanden. Er vervollständigte diese Technik noch durch eine weitere namens *Refactoring*, die wir im gleichnamigen Kapitel noch kennenlernen werden.

2.5 JUnit

Anders als Smalltalk erfreute sich Java schon früh großer Beliebtheit. Java hat zwar ein statisches Typsystem, das heißt, es ist schon beim Kompilieren bekannt, welche Variable welchen Datentyp besitzt, jedoch wurde auch hier schnell der Ruf nach einem einfach zu verwendenden Testwerkzeug laut. Um das Jahr 1998 portierten Kent Beck und Erich Gamma deshalb SUnit nach Java und passten das Werkzeug an die Besonderheiten der Programmiersprache Java an. Damit hielt auch die testgetriebene Softwareentwicklung in Java Einzug. Sie hat allerdings erst in den letzten Jahren eine weite Verbreitung unter Java-Entwicklern gefunden. Trotz der Einfachheit von *JUnit* – die Beschreibung hätte auch auf einem Waschzettel Platz – wird dieses Werkzeug auch für Tests an umfangreichen und komplexen Anwendungen erfolgreich eingesetzt.

Die Funktionsweise von JUnit ist schnell erklärt: JUnit ist eigentlich eine Programmbibliothek. Diese Bibliothek enthält aber auch das Programm, das Tests ausführen und das Ergebnis des Testlaufs darstellen kann. Das ausführende Programm nennt sich *Test-Runner*. Zu testende Klassen bekommen üblicherweise Testklassen zur Seite gestellt, welche die eigentlichen Tests beinhalten. Man bezeichnet diese Testklassen sinnvollerweise ähnlich wie die zu testende Klasse, so bekommt beispielsweise die Klasse `Maximum` des obigen Beispiels die Klasse `MaximumTest` zur Seite gestellt. Die Testklasse wird dabei von `junit.framework.TestCase` abgeleitet. Sie enthält unter anderem Methoden, mit denen man Testergebnisse überprüfen kann. Einzelne Tests werden als öffentliche Methoden

Kapitel 2
Automatisierte Tests

ohne Übergabeparameter implementiert. Ihre Namen müssen mit `test` beginnen, damit sie JUnit von »normalen« Methoden unterscheiden kann.

Sehen wir uns dazu ein Beispiel an:

```java
import junit.framework.TestCase;

public class MaximumTest extends TestCase {
   public void testPositiveNumbers() {
      int max = Maximum.of(new int[]{1, 2, 3});
      assertEquals(3, max);
   }
}
```

Listing 2.2: Ein erster Test für die Maximum-Berechnung

Die Methode `testPositiveNumbers` soll sicherstellen, dass die Methode `Maximum.of` auch wirklich die höchste Zahl zurückliefert, wenn sie mit positiven Zahlen gespeist wird. Dafür füttern wir die Methode `Maximum.of` mit dem Array {1, 2, 3} und speichern das Ergebnis in die Variable `max`. Die Methode `assertEquals(3, max)` überprüft nun, ob `max` wirklich den Wert 3 hat. Der zu überprüfende Wert (`max`) wird dabei immer hinter dem erwarteten Wert (3) übergeben. Nun wollen wir den Test ausführen und dazu muss sich die JUnit-Bibliothek im Klassenpfad der Anwendung befinden. Ausführen kann man den Test-Runner aus der Entwicklungsumgebung, von der Kommandozeile aus oder aus einer Applikation heraus. So können wir beispielsweise unsere Testklasse zu einer Applikation erweitern:

```java
import junit.framework.TestCase;
import junit.textui.TestRunner;

public class MaximumTest extends TestCase {
   public void testPositiveNumbers() {
      assertEquals(3, Maximum.of(new int[]{1, 2, 3}));
   }

   public static void main(String[] args) {
      TestRunner.run(MaximumTest.class);
   }
}
```

Listing 2.3: Unit-Test als Anwendung

Jetzt können wir diese Applikation ausführen und bekommen folgendes Ergebnis:

```
.
Time: 0,033

OK (1 test)
```

Listing 2.4: Ergebnis des Unit-Tests

> **Wichtig**
>
> Im Folgenden empfehle ich jedoch dringend, Tests aus der Entwicklungsumgebung heraus auszuführen, es sei denn, Sie starten den Test-Runner in einer Umgebung, in der keine Entwicklungsumgebung zur Verfügung steht (beispielsweise auf einem Testserver).

2.5.1 Methoden zur Überprüfung von Testergebnissen

Die abstrakte Klasse »TestCase« von JUnit stellt unterschiedliche Methoden zur Überprüfung von Testergebnissen zur Verfügung. Jene, die wir für künftige Erörterungen benötigen, sind in der folgenden Tabelle zusammengefasst:

Methode	Beschreibung
assertEquals(ergebnis, wert)	Vergleicht ergebnis mit wert und wirft einen AssertionFailedError, sollte der Vergleich fehlschlagen. Der Test-Runner fängt den Fehler ab und stellt den Test als fehlgeschlagen dar. Wird kein Fehler geworfen, gilt der Test als erfolgreich bestanden.
assertEquals(beschreibung, ergebnis, wert)	Verhält sich genauso wie die zuvor beschriebene Methode, jedoch mit dem Unterschied, dass man in beschreibung eine eigene Beschreibung des Fehlers anführen kann. Diese Beschreibung wird dann vom Test-Runner ausgegeben.
assertTrue(ergebnis, wert) bzw. assertTrue(beschreibung, wert)	Entspricht assertEquals(true, wert)
assertFalse(ergebnis, wert) bzw. assertFalse(beschreibung, wert)	Entspricht assertEquals(false, wert)

Tabelle 2.1: Methoden von TestCase zur Überprüfung von Testergebnissen

Methode	Beschreibung
`fail()` bzw. `fail(beschreibung);`	Entsprechen `assertTrue(false)`. Der Test schlägt also in jedem Fall fehl, wenn diese Methode ausgeführt wird. Damit kann man unerwünschte Ausführungspfade eines Programms aufspüren.
`assertSame(ergebnis, wert)` bzw. `assertSame(beschreibung, wert)`	Entspricht `assertTrue(ergebnis == wert)`. Es wird also die *Identität* von Objekten verglichen. Im Gegensatz dazu entspricht es `assertEquals` `assertTrue(ergebnis.equals(wert))`, wenn man es auf Objekte anwendet.
`assertEquals(ergebnis, wert, genauigkeit)` bzw. `assertEquals(beschreibung, ergebnis, wert, genauigkeit)`	Diese Variante von `assertEquals` wird nur bei den Datentypen `float` und `double` angewendet. Bei der Berechnung von Fließkommazahlen entstehen ja häufig Rundungsfehler. Im Parameter `Genauigkeit` kann man die Genauigkeit dieser Überprüfung angeben, beispielsweise 0.0001, wenn man will, dass die Werte mindestens auf drei Stellen genau verglichen werden sollen.

Tabelle 2.1: Methoden von `TestCase` zur Überprüfung von Testergebnissen (Forts.)

2.5.2 Methoden für Vor- und Nacharbeiten

Oft möchte man gewisse Vorarbeiten leisten – zum Beispiel Variablen initialisieren –, bevor die Tests ausgeführt werden. Auch ist es manchmal nötig, nach einem Test »zusammenzuräumen«, beispielsweise um offene Datenbankverbindungen zu schließen. Dazu dienen die folgenden Methoden von `TestCase`:

Methode	Beschreibung
`setUp()`	Kann von einer Testklasse überladen werden. Diese Methode wird *vor* jeder Testmethode ausgeführt. Das Vorbereiten von Tests wird in der Literatur häufig als *Fixture (Aufspannvorrichtung)* bezeichnet.
`tearDown()`	Kann ebenfalls von einer Testklasse überladen werden. Diese Methode wird *nach* jeder Ausführung einer Testmethode ausgeführt.

2.5.3 Test-Suiten

Hat man erst einmal mehrere Testklassen beisammen, möchte man natürlich nicht jede Klasse für sich im Test-Runner ausführen. Dazu stellt JUnit *Test-Suiten* zur Verfügung. Eine Test-Suite ist auch eine Klasse, die allerdings nicht von `TestCase` erbt. Stattdessen stellt sie die statische Methode `suite` zur Verfügung, welche vom Test-Runner ausgeführt wird. In besagter Methode werden die einzelnen Klassen zu einer Suite zusammengebaut:

```
import junit.framework.Test;
import junit.framework.TestSuite;

public class AllTests {
    public static Test suite() {
        TestSuite suite = new TestSuite(
            "All tests");
        suite.addTestSuite(MaximumTest.class);
        return suite;
    }
}
```

Listing 2.5: Beispiel für eine Test-Suite

Sinnvollerweise erstellt man für jedes Java-Package eine eigene Suite zusammen. Diese Suiten verbindet man dann zu einer Gesamt-Suite für alle Tests der Anwendung:

```
import junit.framework.Test;
import junit.framework.TestSuite;

public class AllApplicationTests {
    public static Test suite() {
        TestSuite suite = new TestSuite(
            "All application test");
        suite.addTest(AllTests.suite());
        return suite;
    }
}
```

Listing 2.6: Suite für alle Tests

Es ist generell sinnvoll, Unit-Tests im selben Package abzulegen, in dem sich auch die zu testenden Klassen befinden. Es ist jedoch nicht unbedingt nötig, Tests und das zu testende System im selben Verzeichnis abzulegen. Beispielsweise könnte die Verzeichnisstruktur auch so aussehen:

```
Projekt/
    src/
        org/
            example/
                project/
                    ClassA.java
```

```
                ClassB.java
    test/
        org/
            example/
                project/
                    AllTests.java
                    ClassATest.java
                    ClassBTest.java
```

Listing 2.7: Verzeichnisstruktur mit eigenem Verzeichnis für Tests

In der obigen Verzeichnisstruktur sind Tests und das zu testende System in zwei unterschiedlichen Verzeichnissen organisiert. Der Vorteil dabei ist, dass man Test-Code klar als solchen erkennen kann. Der Nachteil dieser Vorgehensweise besteht darin, dass in größeren Projekten die Klasse und ihr Test ziemlich weit voneinander entfernt sind. Dies bewirkt, dass man bei der Implementierung zwischen Klasse und Test hin- und herscrollen muss. Ein weiterer Nachteil liegt darin, dass ein Test wahrscheinlich eher nachgezogen wird, wenn er sich direkt neben der zu testenden Klasse befindet. Befindet sich der Test in einem anderen Verzeichnis, kann er schneller übersehen werden. Die obige Verzeichnisstruktur würde wie folgt aussehen, wenn sich die Tests und die zu testenden Klassen im selben Verzeichnis befänden:

```
Projekt/
    src/
        org/
            example/
                project/
                    ClassA.java
                    ClassB.java
                    AllTests.java
                    ClassATest.java
                    ClassBTest.java
```

Listing 2.8: Tests und Produktiv-Code im selben Verzeichnis

> **Wichtig**
>
> Welcher Methode Sie den Vorzug geben, ist aber letztlich eine Frage, die nur in der jeweiligen Situation beantwortet werden kann. Wenn bereits ein bestehendes System vorhanden ist und Tests erst nachgezogen werden müssen, ist es oft sinnvoll, die Tests in einem separaten Verzeichnis zu platzieren. Entwickeln Sie ein Programm von Beginn an mit Tests, spricht nichts dagegen, die Tests gleich neben den Klassen zu platzieren. Wie auch immer sie sich entscheiden, sie sollten beide Konventionen auf keinen Fall vermischen, da das nur unnötige Verwirrung stiftet.

2.6 Fallbeispiel: Maximum-Bestimmung

In der Einführung dieses Kapitels haben wir uns mit dem Problem befasst, dass es für Programmierer äußerst schwierig ist, festzustellen, was ihre Programme in welcher Situation eigentlich tun. Dann haben wir Kent Becks Lösungsansatz kennengelernt: automatisierte Tests auf Quellcode-Ebene. Wir haben auch das zugehörige Werkzeug JUnit kennengelernt. Nun wollen wir das Verhalten der Methode Maximum.of mithilfe von Unit-Tests untersuchen. Damit können Sie überprüfen, ob Sie alle Fehler in dieser Implementierung gefunden haben. Das systematische »Erforschen« des Verhaltens eines bestehenden Programms mithilfe von Tests wird auch als *exploratives Testen* bezeichnet. Sehen wir uns dazu noch einmal die Klasse Maximum an:

```java
public class Maximum {
    public static int of(int[] n) {
        int max = 0;
        for(int i = 1; i < n.length; ++i) {
            if(n[i] > max) {
                max = n[i];
            }
        }
        return max;
    }
}
```
Listing 2.9: Fallbeispiel: Maximum-Berechnung

Wir haben dafür ja schon einen Test erstellt. Nun fügen wir einen zweiten Test hinzu, der das Maximum des umgedrehten Arrays {3, 2, 1} überprüft. Ich habe der Einfachheit halber die temporäre Variable max weggelassen und die Berechnung des Maximums direkt in den Aufruf der Methode assertEquals verlegt. An der Funktionalität ändert sich dabei natürlich nichts.

```java
import junit.framework.TestCase;
import junit.textui.TestRunner;

public class MaximumTest extends TestCase {
    public void testPositiveNumbers() {
        assertEquals(3, Maximum.of(new int[]{1, 2, 3}));
        assertEquals(3, Maximum.of(new int[]{3, 2, 1}));
    }

    public static void main(String[] args) {
        TestRunner.run(MaximumTest.class);
    }
}
```
Listing 2.10: Erweiterter Test für die Maximum-Berechnung

Die Reihenfolge der Werte sollte ja für die Maximum-Bestimmung keine Rolle spielen, oder? Überprüfen wir diese Annahme, indem wir den Test durchlaufen lassen:

```
.F
Time: 0,006
There was 1 failure:
1) testPositiveNumbers(MaximumTest)junit.framework.AssertionFailedError:
    expected:<3> but was:<2>
   at MaximumTest.testPositiveNumbers(MaximumTest.java:9)
   at sun.reflect.NativeMethodAccessorImpl.invoke0(Native Method)
   at sun.reflect.NativeMethodAccessorImpl.invoke(
      NativeMethodAccessorImpl.java:39)
   at sun.reflect.DelegatingMethodAccessorImpl.invoke(
      DelegatingMethodAccessorImpl.java:25)
   at MaximumTest.main(MaximumTest.java:13)


FAILURES!!!
Tests run: 1,  Failures: 1,  Errors: 0
```

Listing 2.11: Test für die Maximum-Berechnung – Ausgabe

Die Ausgabe FAILURES!!! und der Stack Trace verheißen schon mal nichts Gutes. Eine nähere Inspektion der Methode `Maximum.of` fördert einen klassischen *Off-By-One-Fehler* in der Schleife zutage: Sie beginnt mit 1 und nicht mit 0, dadurch wird das erste Element nicht berücksichtigt. Dieser Fehler ist auch als *Lattenzaunproblem* [Hunt 1999] bekannt: Man muss sich entscheiden, ob man die Latten des Zauns abzählt oder die Zwischenräume zwischen den Latten. Wir korrigieren erst einmal den Fehler:

```java
public class Maximum {
    public static int of(int[] n) {
        int max = 0;
        for(int i = 0; i < n.length; ++i) {
            if(n[i] > max) {
                max = n[i];
            }
        }
        return max;
    }
}
```

Listing 2.12: Korrektur des Anfangswertes der Maximum-Berechnung

Jetzt läuft der Test einwandfrei durch und wir können uns in einem weiteren Test um den Fall von negativen Zahlen im Array kümmern:

2.6 Fallbeispiel: Maximum-Bestimmung

```java
import junit.framework.TestCase;

public class MaximumTest extends TestCase {
    public void testPositiveNumbers() {
        assertEquals(3, Maximum.of(new int[]{1, 2, 3}));
        assertEquals(3, Maximum.of(new int[]{3, 2, 1}));
    }

    public void testNegativeNumbers() {
        assertEquals(-1, Maximum.of(new int[]{-1, -2, -3}));
    }
}
```

Listing 2.13: Test für negative Zahlen

Dieser Test schlägt ebenfalls fehl: Interessanterweise liefert die Methode Maximum.of eine Null zurück, obwohl dieser Wert im Array gar nicht vorkommt. Eine Untersuchung der Implementierung liefert einen Initialisierungsfehler. Da die Variable max mit Null initialisiert wird, wird diese Null auch zurückgegeben, wenn alle Werte im Array kleiner als Null sind. Wir beheben das Problem, indem wir den Wert anfänglich auf den kleinstmöglichen Wert für int, nämlich Integer.MIN_VALUE setzen:

```java
public class Maximum {
    public static int of(int[] n) {
        int max = Integer.MIN_VALUE;
        for(int i = 0; i < n.length; ++i) {
            if(n[i] > max) {
                max = n[i];
            }
        }
        return max;
    }
}
```

Listing 2.14: Korrektur für negative Zahlen

Eine weitere Ausführung des Tests gibt uns die Gewissheit, dass die Geschichte nun ordnungsgemäß funktioniert. Haben wir damit alle Grenzfälle berücksichtigt? Leider nicht: Was passiert eigentlich, wenn wir einen leeren Array übergeben? Schreiben wir dazu einen Test, der definiert, was wir eigentlich erwarten:

```java
public class MaximumTest extends TestCase {
    ...

    public void testEmptyArray() {
```

```
            try {
                Maximum.of(new int[0]);
                fail("should throw an IllegalArgumentException");
            } catch(IllegalArgumentException e) {}
        }
    }
```

Listing 2.15: Test für leere Arrays

Eine Überprüfung, ob eine Exception geworfen wird, funktioniert nur indirekt, indem wir überprüfen, ob nach der Ausführung von `Maximum.of` noch weitere Anweisungen verarbeitet werden. Wenn ja, wurde die Exception nicht geworfen und der Test ist in jedem Fall fehlgeschlagen. Wird eine andere Exception geworfen als die, die wir abfangen, wird sie vom Test-Runner ebenfalls als Fehler gewertet. Die Ausführung des Tests führt erwartungsgemäß zu einem Fehler. Jetzt müssen wir noch die Methode `Maximum.of` so anpassen, dass sie die erwartete `IllegalArgumentException` wirft, wenn ein leerer Array übergeben wird:

```
public class Maximum {
    public static int of(int[] n) {
        if(n.length == 0) {
            throw new IllegalArgumentException(
                "Cannot calculate the maximum of an empty array");
        }

        int max = Integer.MIN_VALUE;
        for(int i = 0; i < n.length; ++i) {
            if(n[i] > max) {
                max = n[i];
            }
        }
        return max;
    }
}
```

Listing 2.16: Vorabüberprüfung auf leere Arrays

Ein abschließender Testlauf bestätigt, dass die Exception nun bei der Übergabe eines leeren Arrays geworfen wird. Es ist zu beachten, dass wir jedes Mal alle Tests ausgeführt haben.

Wir haben damit sichergestellt, dass wir mit den Korrekturen keine zusätzlichen Probleme einschleppen. Wir haben ebenfalls erkannt, wie schwierig es ist, die Funktion eines Programms aus dem Quelltext allein vorherzusagen. Wir haben durch systematisches, automatisiertes Testen der Grenzfälle Fehler aufgedeckt und behoben. Wir werfen die Tests nach getaner Arbeit nicht weg, sondern führen sie jedes Mal aus, wenn wir eine Änderung vornehmen.

Vielleicht haben Sie bemerkt, dass wir den Fall, dass n null ist, nicht extra berücksichtigt haben. In diesem Fall wird eine NullPointerException geworfen, wenn n.length aufgerufen wird. Man kann das so als gewünschtes Verhalten ansehen, da diese Exception ja augenscheinlich korrekt und unmissverständlich auf das Problem hinweist. Sie können dafür allerdings auch eine eigene Abfrage vorsehen, wenn Ihnen diese Implementierung zu wenig transparent erscheint.

> **Hinweis**
>
> Dieses Beispiel ist dem Buch »Pragmatic Unit Testing in Java with JUnit« [Hunt 2003] entlehnt, das jeder gute Programmierer in seiner Bibliothek haben sollte. Es ist auch auf Deutsch erschienen, damit gibt es keine Ausreden gibt, es aufgrund mangelnder Englischkenntnisse nicht zu lesen.

2.7 Testimplementierung (Test Double)

In manchen Fällen ist es schwierig, einen Test an einem bestehenden Programm anzubringen. So kann man zum Beispiel folgende Methode nicht testen, da sie immer einen anderen Wert zurückliefert:

```java
import java.util.Random;

public class IDGenerator {
    public static String generateID() {
        return "ID" + new Random().nextInt();
    }
}
```

Listing 2.17: ID-Generator

Ein Test gelingt jedoch, wenn wir die Klasse etwas umbauen. Wir müssen dazu die Generierung der Zufallszahl auslagern. Das geht wie folgt: Wir erstellen ein Interface für einen Zufallszahlengenerator und eine Implementierung, die auch tatsächlich Zufallszahlen generiert:

```java
public interface RandomNumberGenerator {
    public int nextInt();
}

import java.util.Random;
```

```
public class RealRandomNumberGenerator implements RandomNumberGenerator {
    public int nextInt() {
        return new Random().nextInt();
    }
}
```
Listing 2.18: Ausgelagerter Zufallszahlengenerator

Jetzt müssen wir dem `IDGenerator` noch beibringen, statt `Random` das Interface `RandomNumberGenerator` zu benutzen. Zudem soll noch die Implementierung des Interfaces zur Laufzeit austauschbar sein:

```
public class IDGenerator {
    private static RandomNumberGenerator generator =
        new RealRandomNumberGenerator();

    public static void setGenerator(RandomNumberGenerator generator) {
        IDGenerator.generator = generator;
    }

    public static String generateID() {
        return "ID" + generator.nextInt();
    }
}
```
Listing 2.19: ID-Generator mit austauschbarem Zufallszahlengenerator

Damit können wir dem `IDGenerator` mithilfe der Methode `setGenerator` natürlich auch eine andere Implementierung als `RealRandomNumberGenerator` übergeben, und zwar eine, die nicht dauernd ihren Wert ändert. Letztere ist natürlich nur innerhalb eines Tests interessant. Das laufende Programm muss auf jeden Fall echte Zufallszahlen generieren. Diese Implementierung, die ausschließlich zu Testzwecken erstellt wird, wird *Testimplementierung* oder *Test Double* [Meszaros 2007] genannt:

```
class TestRandomGenerator implements RandomNumberGenerator {
    public int nextInt() {
        return 1234567;
    }
}
```
Listing 2.20: Testimplementierung für den Zufallszahlengenerator

Mit dieser Testimplementierung gelingt auch ein Test und der läuft bei jedem Aufruf einwandfrei durch, da `nextInt` immer denselben Wert zurückliefert:

2.7 Testimplementierung (Test Double)

```
import junit.framework.TestCase;

public class IDGeneratorTest extends TestCase {
    protected void setUp() throws Exception {
        IDGenerator.setGenerator(new TestRandomGenerator());
    }

    public void testCurrent() {
        assertEquals("ID1234567", IDGenerator.generateID());
    }

    protected void tearDown() throws Exception {
        IDGenerator.setGenerator(new RealRandomNumberGenerator());
    }
}
```

Listing 2.21: Test für den ID-Generator

In der Methode `setUp`, die bekanntlich vor jedem Einzeltest ausgeführt wird, wird dem ID-Generator die Testimplementierung (`TestRandomGenerator`) des Zufallszahlengenerators übergeben. Diese wird dann für den eigentlichen Test verwendet und liefert immer 1234567 zurück. Zum Abschluss wird in `tearDown` wieder der echte Zufallszahlengenerator übergeben.

Die folgenden Kommunikationsdiagramme illustrieren die Funktionsweise des ID-Generators im Produktiv- und im Testbetrieb:

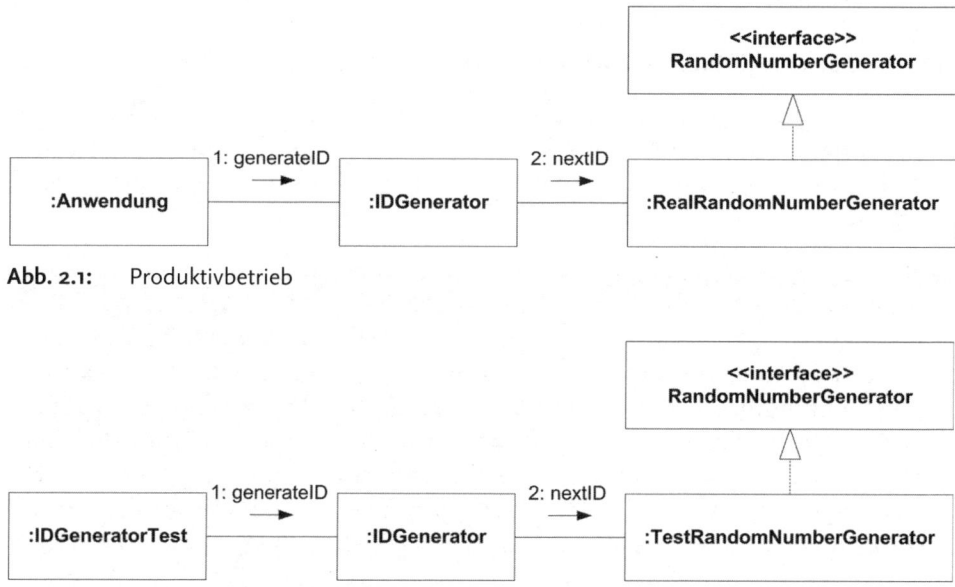

Abb. 2.1: Produktivbetrieb

Abb. 2.2: Testbetrieb

Wir werden Testimplementierungen wie diese in den folgenden Kapiteln noch häufiger verwenden, um bestehende Programme testbar zu machen. Die im Beispiel vorgestellte Variante einer Testimplementierung wird übrigens auch als *Teststrunk* bezeichnet. Es gibt allerdings noch weitere Varianten von Testimplementierungen, die ich im Folgenden kurz vorstellen möchte:

2.7.1 Teststrunk (Test Stub)

Eine Testimplementierung, die als Ersatz für eine »echte« Implementierung verwendet wird und Testdaten an das zu testende Programm zurückgibt, so dass das Programm ungehindert weiterlaufen kann.

2.7.2 Testattrappe (Mock Object)

Erweitert den Teststrunk dahingehend, dass die Testattrappe einen Validierungsmechanismus enthält, der die Daten prüft, die vom zu testenden Programm übergeben werden.

2.7.3 Fake-Objekt (Fake Object)

Erweitert den Teststrunk dahingehend, dass er das tatsächliche Verhalten der »echten« Implementierung nachahmt, soweit das für die Ausführung der Tests nötig ist. So kann man zum Beispiel zu Testzwecken Daten in eine Liste im Hauptspeicher speichern und erspart sich dadurch den Zugriff auf die Datenbank während der Tests. Das vereinfacht naturgemäß die Erstellung und Ausführung der Tests. Die Ausführungsgeschwindigkeit der Tests ohne Datenbankzugriffe ist darüber hinaus bedeutend höher, wenn keine Datenbankzugriffe nötig sind.

2.7.4 Dummy-Objekt (Dummy Object)

Manchmal muss man ein Objekt übergeben das dann allerdings von dem zu testenden Programm gar nicht wirklich verwendet wird. In diesem Fall kann man eine »leere« Implementierung (ein sogenanntes *Null-Objekt*) oder direkt `null` übergeben.

> **Hinweis**
>
> Es ist in der Praxis oft schwierig festzustellen, welcher Variante eine verwendete Testimplementierung entspricht. Die Unterscheidung ist dabei weder für die Erstellung noch für die Verwendung von Testimplementierungen wirklich von Bedeutung, daher wird im Folgenden auf eine Differenzierung verzichtet und generell die Bezeichnung *Testimplementierung* verwendet. Es soll auch erwähnt werden, dass es Bibliotheken gibt, die die Erstellung von Testimplementierungen unter Umständen erheblich erleichtern (zum Beispiel Easy Mock und

Mockito). Für den Anfang empfehle ich jedoch dringend, Testimplementierungen von Hand zu erstellen, da diese Tools bei unsachgemäßer Verwendung erhebliche Schwierigkeiten verursachen können.

2.8 Arten von automatisierten Tests

Wir haben uns in diesem Kapitel ausschließlich mit Unit-Tests befasst. Diese Tests gehören der Gruppe der *Entwicklertests* an, da sie vorwiegend von Entwicklern erstellt werden. Darüber hinaus gibt es noch die große Gruppe der *externen Tests* (auch als *Kunden-* oder *Konsumententests* bekannt). Letztere werden üblicherweise nicht von Entwicklern, sondern von Testern zur Qualitätssicherung erstellt. Sie werden ebenfalls automatisiert ausgeführt. Wir wollen im Folgenden die unterschiedlichen Arten von Tests genauer ansehen.

2.8.1 Entwicklertests

Entwicklertests werden begleitend zur eigentlichen Entwicklung erstellt. Sie testen immer nur kleine Quellcodebereiche, die sogenannten *Units*. Da sie die am häufigsten ausgeführten Tests sind, werden sie auf hohe Geschwindigkeit optimiert. Als Konsequenz daraus greifen sie nie auf langsame Komponenten wie Datenbanken, Mailserver, Hostsysteme etc. (im Folgenden *Infrastruktur* genannt) zu. Einzeltests werden zu sogenannten *Test-Suiten* zusammengefasst. So kann man alle Tests einer Suite mit einem Mausklick testen. In der Regel checkt man Änderungen erst dann in die Quellcodeverwaltung ein, wenn alle Tests einwandfrei durchlaufen.

2.8.2 Externe Tests

Im Gegensatz zu Entwicklertests testen externe Tests die Anwendung unter möglichst realen Bedingungen. Dazu ist sinnvollerweise eine spezielle Testumgebung vorhanden, in die die gesamte Infrastruktur einbezogen werden kann. Man kann sie auch mit JUnit erstellen. Dafür gibt es zahllose Erweiterungen wie HTTPUnit, JSPUnit. Externe Tests sind naturgemäß aufwändiger zu erstellen als die zuvor geschilderten Entwicklertests und sie werden üblicherweise nicht so oft ausgeführt wie Letztere. Abhängig von der Dauer eines Testlaufs alle paar Stunden oder einmal pro Tag. In der Literatur werden folgende externe Tests unterschieden:

2.8.3 Abnahmetests (Acceptance Tests)

Mit Abnahmetests wird sichergestellt, dass eine Anwendung auch den Anforderungen des Kunden beziehungsweise Produkteigners entspricht. Der Entwicklungsprozess *Extreme Programming* schreibt sogar vor, dass diese Tests zuvor entweder vom Kunden (Produkteigner) selbst oder unter dessen Aufsicht erstellt werden. Entwickelt wird dann gerade so viel, dass die Abnahmetests einwandfrei durchlaufen. Da Nicht-Techniker mit Test-Tools wie JUnit nichts anfangen können, gibt es eigene Werkzeuge für diese Tests wie *Fitnesse*, eine Webanwendung, die Tests automatisch ausführt und die Ergebnisse tabellarisch im Browser anzeigt.

2.8.4 Integrationstests (Integration Tests)

Integrationstests testen die Anwendung mitsamt ihrer Infrastruktur. Sie dienen dazu, Aspekte zu testen, die mit Entwicklertests nicht getestet werden können. Es wird damit auch überprüft, ob alle Komponenten korrekt zusammenspielen, um einen reibungslosen Betrieb beim Kunden zu ermöglichen.

2.8.5 Lasttests (Load Tests, Performance Tests)

Erfahrungsgemäß verhalten sich Anwendungen unter hoher Last völlig anders als unter geringer Last. Der Grund dafür ist das Nebenläufigkeitsverhalten von Anwendungen und deren Infrastruktur, das stark von der Last abhängt. Dieses Verhalten lässt sich durch Unit-Tests leider nicht vollständig überprüfen. In Lasttests werden üblicherweise typische Arbeitsabläufe durchgespielt. Die Tests werden dabei parallel durchgeführt, um die Auswirkungen von zahlreichen Benutzern nachzustellen. Wichtig dabei ist, dass man am besten frühzeitig in der Entwicklung mit Lasttests beginnt und sie möglichst häufig ausführt, da Nebenläufigkeitsprobleme in komplexen Anwendungen äußerst schwierig zu identifizieren und zu beheben sind.

2.8.6 Andere Arten der Kategorisierung

Leider gibt es kein einheitliches Schema, nach dem Testarten kategorisiert werden. In der Literatur werden oft auch unterschiedliche Definitionen für ein und dieselbe Bezeichnung vorgenommen. Eine andere Art der Kategorisierung ist zum Beispiel die nach der Art der zu testenden Anforderungen. *Funktionale Tests* sind nach diesem Schema Abnahmetests, da sie funktionale Anforderungen (*was das Programm eigentlich tut*) überprüfen. *Nicht funktionale Tests* wären danach alle Tests, die die nicht funktionalen Anforderungen (Eigenschaften, Rahmenbedingungen) überprüfen. Das wären im vorigen Schema Integrations- und Lasttests. Unit-Tests stehen hier außerhalb des Schemas, da sie *nur* für Entwickler von Bedeutung sind (auch wenn sie vornehmlich funktionale Aspekte testen). Ich werde mich im Folgenden an das erstere Schema halten, da nähere Betrachtungen zum Thema Anforderungsmanagement nicht Bestandteil dieses Buches sind.

Wir werden uns im künftig hauptsächlich mit Entwicklertests befassen. Das soll nicht bedeuten, dass andere Tests weniger wichtig sind, es ist allerdings so, dass wir für die vorgestellten Sanierungsmaßnahmen möglichst rasches Feedback benötigen. Das leisten aber nur Entwicklertests und durch dieses unmittelbare Feedback können Sie sofort gegensteuern, wenn während der Sanierungsarbeiten unerwünschte Nebeneffekte auftreten.

2.9 Eigenschaften guter Tests

Wie bei jeder Technik kann man auch im Zusammenhang mit Tests einiges falsch machen. Tests sollten daher die folgenden Eigenschaften haben, damit sie bei der Entwicklung wirklich eine Hilfe und keine zusätzliche Last darstellen:

2.9.1 Sorgfältig

Um Tests wirkungsvoll einsetzen zu können, sollten sie mit der gleichen Sorgfalt entwickelt und gepflegt werden wie jeder andere Bestandteil der Software. Sie sollten kein Stiefmütterchen-Dasein fristen. Bedenken Sie, dass Tests genauso degenerieren können wie bestehende Systeme.

2.9.2 (Voll-)Automatisch

Tests sollten ohne vorherige manuelle Vorarbeiten ablaufen. Man sollte Entwicklertests am besten ohne weiteres Zutun ausführen können, sobald man ein Projekt ausgecheckt hat. Manuelle Vorarbeiten sorgen oft dafür, dass Tests nicht regelmäßig ausgeführt werden. Dadurch werden sie allerdings ihrer Vorzüge beraubt. Bei externen Tests ist die Sache etwas schwieriger, da diese eine funktionierende Infrastruktur benötigen, um ausgeführt werden zu können. Es ist daher sinnvoll, eine möglichst produktionsnahe Testumgebung zur Verfügung zu haben. Zusätzlich sollten neue Versionen der Anwendung und der Tests automatisch auf dieser Testumgebung eingespielt und die Tests wiederum automatisch ausgeführt werden.

Letztere Vorgehensweise wird als *kontinuierliche Integration* oder *Continuous Integration* bezeichnet. Es gibt inzwischen zahlreiche Werkzeuge (Cruise Control, Anthill), die diese Vorgehensweise unterstützen.

> **Wichtig**
>
> Beachten Sie bitte, dass es erfahrungsgemäß einen direkten Zusammenhang zwischen der Häufigkeit gibt, mit der Tests ausgeführt werden und der Anzahl von Fehlern in einem Programm sowie der Produktivität eines Entwicklungsteams. Es lohnt sich also, möglichst alle Tests so häufig wie möglich auszuführen. Das geht am einfachsten, indem man möglichst alle Schritte bis zum fertigen Testergebnis automatisiert.

2.9.3 Performant

Aus der Beobachtung, dass es einen Zusammenhang zwischen der Test- und der Fehlerhäufigkeit einer Funktionalität gibt, folgt unmittelbar, dass die Tests möglichst schnell ablaufen sollten. Das erreicht man unter anderem durch die beschriebene Trennung zwischen Entwicklertests und externen Tests. Entwicklertests sollten auch in großen Projekten in wenigen Sekunden durchlaufen. Nur so tragen Tests zur Steigerung der Produktivität bei. Benötigt ein Test mehrere Minuten oder gar Stunden, kann er logischerweise weniger häufig ausgeführt werden und die Entwickler verschwenden die meiste Zeit damit, auf die Ergebnisse der Tests zu warten.

2.9.4 Vollständig

Gute Tests testen alles, was schief gehen kann. Das heißt im Optimalfall: Jede Quellcodezeile, jede Exception, jede Verzweigung und jeden Zustand. Natürlich gibt es hier Grenzen, so kann zum Beispiel im Fall unseres Maximum-Tests nicht jeder mögliche Array getestet werden. Allgemein ausgedrückt: Es kann nicht jeder mögliche Zustand getestet werden.

Im Allgemeinen genügt es, einige typische Fälle zu überprüfen und besonders Randfälle abzudecken. Man kann auch durch eine geschickte Implementierung des zu testenden Systems die Anzahl der möglichen Zustände reduzieren, indem man beispielsweise die passenden Datentypen für Eingabeparameter wählt (beispielsweise `int`, wenn nur ganze Zahlen erlaubt sind, anstatt `String`) und ungültige Werte von vornherein ausschließt (beispielsweise durch Werfen einer Exception, wie wir das bei der Maximum-Implementierung gemacht haben).

Bei größeren Test-Suiten ist es schwierig, den Überblick darüber zu behalten, welche Verzweigungen durch Tests abgedeckt sind und welche nicht. Daher gibt es inzwischen sogenannte *Code-Coverage-Werkzeuge*, die die Testabdeckung überprüfen und Lücken darin aufspüren können. Diese gibt es inzwischen für alle gängigen Entwicklungsumgebungen (beispielsweise EclEmma für Eclipse, siehe Referenzen).

Hier ist allerdings anzumerken, dass Code-Coverage-Werkzeuge lediglich eine Aussage darüber treffen, welche Codezeilen bei einer Ausführung der Tests durchlaufen werden. Sie sagen nichts darüber aus, ob alle Zustände in den Tests berücksichtigt werden. Deshalb ist der Prozentsatz an Code-Abdeckung, welcher von diesen Tools generiert wird, mit Vorsicht zu genießen. Hundert Prozent Testabdeckung heißt nicht, dass alles getestet wird, was schief gehen kann. Die Vollständigkeit sollte darüber hinaus permanent gegeben sein, das heißt, dass man Tests begleitend zur Entwicklung erstellen sollte. Anhänger der testgetriebenen Softwareentwicklung schreiben Tests, bevor sie die eigene Funktionalität implementieren, dadurch werden sie zu einer Art Vorabspezifikation des Verhaltens eines Programms.

> **Wichtig**
>
> Ein klassischer Anfängerfehler ist der, einige Klassen zu implementieren und die zugehörigen Tests erst später nachzuziehen. Das Nachziehen wird jedoch immer schwieriger, je mehr zuvor ungetestet entwickelt wurde. Im ungünstigsten Fall muss die ganze Funktionalität, die man geistig schon abgehakt hatte, neu implementiert werden, damit man Tests überhaupt unterbringen kann. Auch sollte man Code erst dann einchecken, wenn alle Tests ohne Fehler durchlaufen. Checkt man »Halbfertigprodukte« ein, ist jeder Entwickler, der diesen Code auscheckt, gezwungen, die fehlerhaften Tests zu reparieren. Das wiederum widerspricht aber entschieden der zuvor besprochenen Eigenschaft der Sorgfalt.

2.9.5 Wiederholbar

Im Beispiel des ID-Generators haben wir gesehen, dass wiederholbare Tests nicht in allen Fällen möglich sind. Wir haben eine Testimplementierung verwendet, um die Tests wiederholbar zu machen. Tests, die einmal durchlaufen und ein anderes Mal wieder nicht, sind nutzlos, da man keine wirkliche Aussage darüber treffen kann, ob ein Test aufgrund eines Fehlers fehlgeschlagen ist oder weil sich ständig ändernde Bedingungen über Erfolg oder Fehlschlag entschieden haben.

2.9.6 Unabhängig

Stellen Sie sich vor, Sie nehmen eine kleine Änderung an Ihrem Programm vor und auf einmal schlägt ein großer Teil der Tests fehl. Dann müssen Sie erst einmal mühsam herausfinden, welcher Test der eigentliche Verursacher des Fehlschlags ist. Generell ist eine solche Suche Zeitverschwendung, weshalb Tests unterschiedliche Aspekte des Programms möglichst unabhängig voneinander testen sollten. Speziell Unit-Tests sollten unabhängig von der Infrastruktur lauffähig sein, damit sie sich auf die eigentliche Funktionalität der Anwendung konzentrieren können. Bei externen Tests kann man spezielle Varianten vorziehen, die erst einmal die Funktionalität der Infrastruktur sicherstellen. Erst dann sollten die Tests durchlaufen, die sich auf die Funktionalität beziehen. Dadurch ist es wesentlich einfacher, die Ursache eines fehlgeschlagenen Testlaufs zu isolieren.

2.9.7 Stabil

Mit stabil ist hier das Gegenteil von *fragil* gemeint. Ein Test ist umso fragiler, je mehr mögliche Ursachen es gibt, dass ein Test fehlschlägt. Die zuvor beschriebenen Eigenschaften *Wiederholbar* und *Unabhängig* sind bereits notwendige Bedingungen zur Verhinderung von Fragilität. Des Weiteren wird ein Test umso fragiler, je umfangreicher der Code ist, der durch den Test abgedeckt wird. Das Gegenteil trifft ebenso zu: Je weniger Quellcodezeilen und damit Funktionalität er abdeckt, desto stabiler wird er. Ebenso spielt es eine Rolle, wie eindeutig das Ergebnis eines Tests bestimmt werden kann.

Stellen wir uns zum Beispiel eine einfache Webapplikation vor, die einen simplen Taschenrechner darstellt. Nun wollen wir sicherstellen, dass der Taschenrechner richtig rechnet. Dazu haben wir mehrere Möglichkeiten:

1. Wir können mittels VB-Script den Browser fernsteuern und das Ergebnis mithilfe eines Abgleichs des Screenshots überprüfen. (Alternativ könnten wir auch Selenium einsetzen, ein Testwerkzeug für Benutzerschnittstellentests.)
2. Wir könnten einen HTTP-Client in Java implementieren und das Ergebnis durch Abgleich der HTML-Seiten bewerkstelligen, die die Anwendung zurückliefert. (Es existiert eine Erweiterung von JUnit namens HTTPUnit, die das bewerkstelligt.)
3. Wir können einen Webservice implementieren, der die Anwendung fernsteuert und den Taschenrechner über einen Webservice-Client testet. (Fitnesse, ein Testwerkzeug für Abnahmetests, geht neuerdings diesen Weg.)
4. Wir können die Taschenrechneranwendung so aufteilen, dass wir die Berechnungsfunktionalität direkt, also ohne Webserver testen können.

Alle vorgeschlagenen Vorgehensweisen stellen einen korrekten Test dar. Die beschriebenen Testvarianten werden jedoch immer stabiler, je weniger Infrastruktur zwischen dem Test und der zu testenden Funktionalität vorhanden ist.

Das ist unmittelbar einsichtig, da zum Beispiel schon eine kleine Änderung in der Darstellung, beispielsweise eine geänderte Hintergrundfarbe, die ersten beiden Varianten zu einem Fehlschlag veranlasst, wohingegen die letzten zwei weiterhin einwandfrei durchlaufen. Infrastrukturkomponenten wie Datenbanken liefern ein ganzes Arsenal von Ursachen, die einen Test fehlschlagen lassen können. So kann es sein, dass die Datenbankanwendung nicht läuft oder nicht erreichbar ist, dass die letzten Schema-Änderungen nicht eingespielt sind, dass es Optimierungsprobleme gibt, die Abfragen extrem langsam machen, um nur einen kleinen Teil dieser Ursachen zu nennen.

Wichtig
Generell gilt, dass man möglichst viel Funktionalität über stabile Tests abdeckt und fragile Tests wie die ersten beiden in der obigen Liste wirklich nur dort einsetzt, wo es unbedingt nötig ist. Also beispielsweise zur Überprüfung der Darstellung oder zum Testen der Datenbankschicht ohne Berücksichtigung der Fachlogik oder der Darstellung. (Mit dem Begriff der *Fachlogik* ist die eigentliche »Intelligenz« des Programms gemeint. Wir werden diesen Begriff im zweiten noch Teil ausführlich erörtern.)

Bei externen Tests kann man sich dadurch behelfen, dass man die einwandfreie Funktion der Infrastrukturkomponenten durch eigene Tests vorweg einmal überprüft, bevor man die eigentlichen Tests abfährt. (Tests, die diese Vorabüberprüfungen durchführen, werden auch *Smoke Tests* genannt: Wenn es in der Infrastruktur »raucht«, macht es keinen Sinn, mit Tests fortzufahren, die auf eine funktionierende Infrastruktur angewiesen sind.) Mithilfe dieser Smoke Tests kann man viel Zeit bei der Fehlersuche sparen.

Man kann den Aufwand für die Testauswertung und Wartung der Tests um Größenordnungen reduzieren, wenn man es fertigbringt, möglichst viel mithilfe stabiler Tests zu überprüfen. Die Qualität der Testabdeckung ist durch diese Trennung nicht beeinträchtigt.

Alles Gesagte gilt natürlich auch für manuelle Tests. Wenn manuelle Tests nur noch dazu nötig sind, die Rechtschreibung der Fehlermeldungen sowie die Ästhetik der Darstellung zu kontrollieren, ist das Ziel der Testautomatisierung im Rahmen des Möglichen erreicht – zumindest bis die künstliche Intelligenz soweit fortgeschritten ist, die letztgenannten Aufgaben auch noch zu übernehmen.

Kapitel 3

Entwicklungsprinzipien der objektorientierten Programmierung

Wie wir gesehen haben, ist die objektorientierte Programmierung nicht gerade neu. Aus der Erfahrung aus zahlreichen Entwicklungsprojekten haben sich einige zentrale Entwicklungsprinzipien herauskristallisiert, deren Anwendung nachweislich eine Verbesserung der Qualität der Software mit sich bringt. Sie werden vielen dieser Prinzipien bereits begegnet sein, wenn Sie sich gängige Programmbibliotheken einmal näher angesehen haben.

Ähnlich wie die objektorientierte Programmierung sind diese Prinzipien auch nicht wirklich neu. Die meisten stammen aus den neunziger Jahren des vorigen Jahrhunderts. Umso trauriger ist es, dass viele Programmierer noch keine Notiz von ihnen genommen haben. Eines möchte ich noch vorwegschicken: Entwicklungsprinzipien sind keine einfachen Regeln, denen man blind folgen kann. Oft muss man das eine oder andere Prinzip teilweise opfern, um ein gutes Design zu erreichen. Man braucht auch etwas Übung, um die Prinzipien beziehungsweise deren Verletzung im Quelltext zu erkennen. Im dritten und vierten Teil werde ich daher ausdrücklich darauf hinweisen, wo welches Prinzip eingesetzt wird und was man tut, wenn Prinzipien im bestehenden Code verletzt werden. Fangen wir gleich mit dem Prinzip an, dass wahrscheinlich am einfachsten zu verstehen ist: dem *Interface-Aufteilungsprinzip* [R. C. Martin 2002].

3.1 Interface-Aufteilungsprinzip (Interface Segregation Principle)

Haben Sie schon einmal das `Iterator`-Interface der Java-Standardbibliothek implementiert und sich geärgert, dass Sie auch die Methode `remove` implementieren mussten? Folgendes Beispiel zeigt eine Implementierung, bei der die Methode `remove` unsinnig ist:

```
import java.util.Iterator;
import java.util.NoSuchElementException;

public class ArrayIterator implements Iterator {
   Object[] array;
```

```java
    int count = 0;

    public ArrayIterator(Object[] array) {
        this.array = array;
    }

    public boolean hasNext() {
        return count < array.length;
    }

    public Object next() {
        if(!hasNext()) {
            throw new NoSuchElementException();
        }
        return array[count++];
    }

    public void remove() {
        throw new IllegalStateException();
    }
}
```

Listing 3.1: Beispiel Interface-Aufteilungsprinzip

Der `ArrayIterator` liefert der Reihe nach alle Werte des Arrays zurück. Hier werfen wird der Dokumentation des Interfaces folgend eine `IllegalStateException`. Wir könnten das aktuelle Element auch auf `null` setzen, wenn die Methode `remove` aufgerufen wird. Der Sinn dieser Implementierung wäre aber mehr als fragwürdig. Am liebsten würden wir diese Methode gar nicht erst implementieren wollen. Leider geht das aber nicht, da wir dieses Interface nicht ändern können. Könnten wir das tun, würden wir es wahrscheinlich wie folgt aufteilen:

```java
public interface Iterator {
    boolean hasNext();
    Object next();
    void remove();
}

public interface RemovingIterator extends Iterator {
    void remove();
}
```

Listing 3.2: Getrennte Interfaces

Der letzte Schritt war auch schon die Anwendung des Interface-Aufteilungsprinzips: Interfaces sollten nur so viele Methoden haben, wie für die Ausführung einer Aufgabe unbedingt nötig sind. Können zusätzliche Methoden zur Verfügung gestellt werden, die aber nicht in jedem Fall benötigt werden, sollte man das Interface aufteilen. Das Gesagte gilt natürlich auch für abstrakte Klassen. Mit Interfaces ist die Aufteilung besonders einfach, da mit ihnen Mehrfachvererbung möglich ist.

> **Wichtig**
>
> Die Nachteile der Verletzung des Interface-Aufteilungsprinzips: Jeder, der ein überfrachtetes Interface verwendet, wird mit Methoden »zwangsbeglückt«, die er eigentlich nicht implementieren möchte. Das schränkt die Wiederverwendung stark ein und macht den Aufruf einer Methode zum Ratespiel, da man erst zur Laufzeit weiß, wie sie auf einen Aufruf reagiert.

3.2 Liskov-Substitutionsprinzip (Liskov Substitution Principle)

Das Liskov-Substitutionsprinzip [R. C. Martin 2002] ist mit dem Interface-Aufteilungsprinzip eng verwandt. Es fordert, dass jede Erweiterung einer Klasse die Elternklasse vollständig ersetzen soll. Das betrifft abstrakte Klassen naturgemäß nicht, da diese per Definition nur einzelne Aspekte ihrer Elternklasse implementieren. Es betrifft allerdings auch die Implementierung von Interfaces. Das Liskov-Substitutionsprinzip wurde von Barbara Liskov eingeführt und im Jahr 1988 erstmals beschrieben. (Die exakte Formulierung ist etwas gewöhnungsbedürftig, weshalb ich sie hier nicht wiederhole. Interessierte Leser finden sie beispielsweise in [R. C. Martin 2002]). Im vorigen Beispiel hat uns die Verletzung des Interface-Aufteilungsprinzips dazu gezwungen, auch das Liskov-Substitutionsprinzip zu verletzen.

> **Wichtig**
>
> Der Nachteil der Verletzung des Liskov-Substitutionsprinzip liegt in der Erwartungshaltung an eine Erweiterung einer Klasse. Da man dank der Polymorphie unter Umständen nur mit der Elternklasse arbeitet, ohne zu wissen, dass man es eigentlich mit einer Ableitung zu tun hat, ist es äußerst unangenehm, wenn sich diese Klasse ganz anders verhält als die Elternklasse.

Man kann sich unter Umständen damit behelfen, dass man eben nicht ableitet, sondern eine neue Klasse erstellt und Methodenaufrufe auf die ursprüngliche

Klasse weiterleitet. Diese Vorgehensweise wird *Delegation* genannt. Sehen wir uns dazu ein Beispiel an:

```java
public interface IDs {
    public void add(int id);
    public int[] toArray();
}

import java.util.Iterator;
import java.util.LinkedHashSet;
import java.util.Set;

public class IDSet implements IDs {
    private final Set ids = new LinkedHashSet();

    public void add(int id) {
        Integer item = new Integer(id);
        if(ids.contains(item)) {
            throw new IllegalArgumentException(
                "ID " + id +
                " already exists");
        }

        ids.add(item);
    }

    public int[] toArray() {
        int[] idArray = new int[ids.size()];
        int i = 0;
        for(Iterator items = ids.iterator();
            items.hasNext();) {
            idArray[i++] =
                ((Integer)items.next()).intValue();
        }
        return idArray;
    }
}
```

Listing 3.3: Beispiel für Delegation

Die Klasse `IDSet` delegiert alle Methodenaufrufe an die Klasse `LinkedHashSet` weiter. Sie macht das allerdings nicht direkt, da sich das Verhalten der Klasse

IDSet von dem der Klasse `LinkedHashSet` unterscheidet (IDSet akzeptiert keine doppelten IDs). Es sei für unseren gedachten Anwendungsfall ausreichend, nur die zwei Methoden add und toArray in das Interface IDs aufzunehmen. Durch diese Selbstbeschränkung ist es viel einfacher, neue Implementierungen von IDs zu erstellen. Das Interface Set hingegen hat eine große Anzahl an Methoden, die in jeder Implementierung korrekt implementiert werden müssen. Durch Delegation kann man sich oft auch das lästige Konvertieren von Datentypen ersparen, da die Methode add keine beliebigen Objekte, sondern nur den passenden Datentyp entgegennimmt.

3.3 Abhängigkeits-Inversionsprinzip (Dependency-Inversion Principle)

Das Abhängigkeits-Inversionsprinzip [R. C. Martin 2002] schreibt vor, dass Klassen möglichst nicht von konkreten Implementierungen anderer Klassen, sondern von deren Interfaces abhängig sein sollen. Die Abhängigkeit wird von der konkreten Klasse auf ein Interface umgelegt. Die Implementierung des Interfaces hängt ihrerseits nur vom Interface selbst ab. Der Vorteil dabei ist, dass man die Implementierung bei Bedarf ändern kann. Wir haben dieses Prinzip schon im Zusammenhang mit Testimplementierungen angewendet. Der Einsatz des Abhängigkeits-Inversionsprinzips macht den Einsatz von Testimplementierungen erst möglich. Sehen wir uns dazu noch einmal das Beispiel mit dem Zufallszahlengenerator an. Die ursprüngliche Implementierung hing direkt von der Klasse Random ab:

```java
import java.util.Random;

public class IDGenerator {
    public static String generateID() {
        return "ID" + new Random().nextInt();
    }
}
```

Listing 3.4: Direkte Abhängigkeit

Die Konsequenz daraus war, dass wir keinen Test für diese Klasse implementieren konnten, da der Zufallsgenerator per Definition jedes Mal eine andere Zahl zurückliefert. Die Lösung des Problems war, ein Interface für den Zufallszahlengenerator zu definieren und zwei Implementierungen zu erstellen: eine für den Produktivbetrieb – die wirklich Zufallszahlen zurückliefert – und eine für den Testbetrieb:

Kapitel 3
Entwicklungsprinzipien der objektorientierten Programmierung

```java
public interface RandomNumberGenerator {
    public int nextInt();
}

import java.util.Random;

public class RealRandomNumberGenerator implements RandomNumberGenerator {
    public int nextInt() {
        return new Random().nextInt();
    }
}

class TestRandomGenerator implements RandomNumberGenerator {
    public int nextInt() {
        return 1234567;
    }
}
```

Listing 3.5: Implementierungen des Zufallszahlengenerators für Test- und Produktivbetrieb

In der geänderten Implementierung des ID-Generators kann die Zufallszahlengenerator-Implementierung zur Laufzeit über die Methode `setGenerator` geändert beziehungsweise *injiziert* werden. Dieses Vorgehen wird daher als *Abhängigkeits-Injektion* oder *Dependency Injection* bezeichnet:

```java
public class IDGenerator {
    private static RandomNumberGenerator generator;

    public static void setGenerator(RandomNumberGenerator generator) {
        IDGenerator.generator = generator;
    }

    public static String generateID() {
        return "ID" + generator.nextInt();
    }
}
```

Listing 3.6: Beispiel für Abhängigkeits-Injektion

Abb. 3.1: Ohne Abhängigkeits-Inversion (direkte Abhängigkeit zwischen ID-Generator und Random)

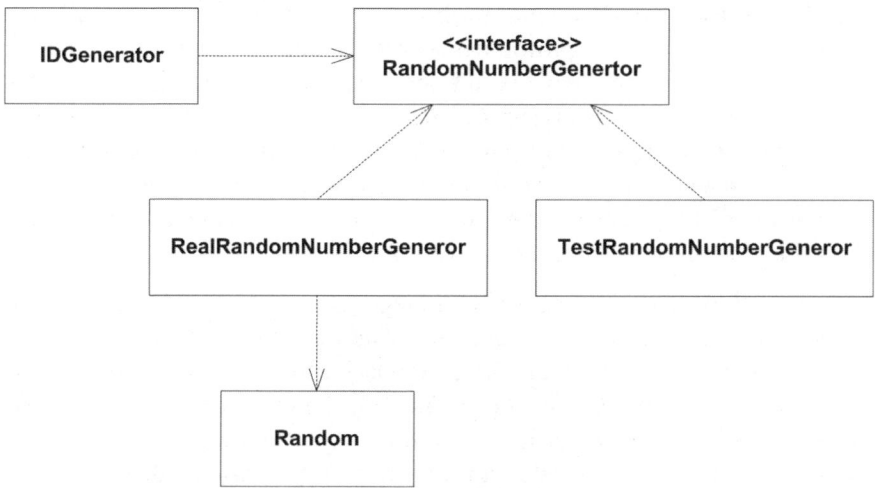

Abb. 3.2: Mit Abhängigkeits-Inversion (keine Abhängigkeit zwischen ID-Generator und Random)

> **Vorsicht**
> Man kann es mit der Anwendung des Abhängigkeits-Inversionsprinzips allerdings auch übertreiben, so gibt es immer noch Entwickler, die für jede Klasse ein eigenes Interface entwickeln. Davon sollte man aber tunlichst Abstand nehmen, da unnötige Abstraktion genauso schädlich ist wie ein Mangel an Abstraktion. Im Allgemeinen ist es sinnvoll, erst dann ein Interface einzuführen, wenn dazu auch wirklich mindestens zwei potenzielle Implementierungen vorhanden sind.

Der Einsatz einer Testimplementierung wie im Beispiel des ID-Generators ist so ein Fall, der ein Interface zweifelsfrei rechtfertigt. Man kann Interfaces ohne größeren Aufwand auch im Nachhinein einführen, wenn man zu einem späteren Zeitpunkt mehr Flexibilität benötigt. Wie das geht, wird im Kapitel »Refactoring« und besonders im dritten Teil dieses Buches behandelt.

3.4 Einzelzuständigkeitsprinzip (Single-Responsibility Principle)

Aus dem Blickwinkel des Ingenieurs betrachtet, stellt die Aufteilung der Zuständigkeiten der Organe des menschlichen Körpers ein Mysterium dar. Die Organe übernehmen unterschiedlichste Aufgaben, die eigentlich gar nichts miteinander zu tun haben. So ist die Niere für die Abscheidung des Harns aus dem Blut zuständig. Die Nebennierenrinde produziert darüber hinaus Hormone, die an gänzlich anderen Stellen des Körpers Verwendung finden. Mit der Leber sieht es ähnlich aus: Sie dient nicht nur der Entgiftung des Körpers, sondern kümmert sich auch noch um den Fettstoffwechsel. Je weiter die medizinische Forschung voranschreitet, desto mehr Aufgaben identifiziert sie für die einzelnen Organe. Einzig das Herz scheint hier eine Ausnahme zu sein. Diese Art der Aufteilung ist ein Produkt der Evolution und hat sich über Jahrmillionen so entwickelt. Für Softwareentwickler ist es allerdings nicht ratsam, dem Beispiel der Natur folgend unterschiedlichste Funktionalitäten in einer Klasse zu vereinen.

Das Einzelzuständigkeitsprinzip schreibt hingegen vor, dass eine Klasse nur für eine einzige Sache zuständig sein soll. Tom DeMarco und Mailir Page-Jones beschrieben erstmals eine erstrebenswerte Eigenschaft von Programmen, die sie »Kohäsion« nannten. Robert C. Martin formulierte darauf aufbauend das *Single-Responsibility Principle* (zu Deutsch *Einzelzuständigkeitsprinzip*) [R. C. Martin 2002], das diese Eigenschaft herbeiführt und formulierte es wie folgt:

Für eine Klasse sollte es nur einen einzigen Grund geben, sich zu ändern.

Zur Erläuterung dieser Formulierung sehen wir uns ein gedachtes System zur Lohnverrechnung an. Dieses System enthält die Klasse `Employee`, die einen Angestellten repräsentiert. Die Implementierung selbst ist nicht wichtig, weshalb wir nur das Interface `EmployeeInterface` betrachten:

```java
import java.sql.Connection;

public interface EmployeeInterface {
    double calculateSalary();
    void printReport(Printer printer);
    void save(Connection con);
    void load(Connection con);
}
```

Listing 3.7: Beispiel für die Verletzung des Einzelzuständigkeitsprinzips

Die Methode `calculateSalary` berechnet den Lohn des Angestellten. Die Klasse `printReport` druckt einen Report aus. Die Methoden `save` und `load` dienen dazu, die Daten des Angestellten in die Datenbank zu speichern beziehungsweise diese von der Datenbank zu laden. Wir können nun unterschiedliche Szenarien annehmen, wie sich die Implementierung dieser Klasse verändern wird. Die Lohnverrechnungsabteilung wünscht sich zusätzliche Berechnungsmodelle, die durch diese Klasse berücksichtigt werden sollen. Eine andere Abteilung möchte Änderungen bezüglich des Formats der Reports. Der Datenbankadministrator erbittet Änderungen im Datenbankschema. So wird die Klasse zwischen den unterschiedlichen Änderungswünschen »zerrissen«. Robert C. Martins Formulierung des Einzelzuständigkeitsprinzips schreibt nun vor, diese unterschiedlichen

Änderungsrichtungen (auch *Änderungsvektoren* genannt) in eigenen Klassen zu implementieren. So könnte die Klasse `Employee` beispielsweise in folgende Klassen aufgeteilt werden:

- Eine Klasse `EmployeeSalaryCalculator` zur Berechnung des Lohns
- Eine Klasse `EmployeeReportGenerator` zur Erstellung der Reports
- Eine Klasse `EmployeeArchive` zum Laden und Speichern der Daten des Angestellten

Nach der Aufteilung hat jede Klasse nur noch einen Änderungsvektor. Es ist in der Praxis allerdings nicht immer möglich, vorherzusagen, in welche Richtungen sich eine Klasse entwickeln wird.

> **Wichtig**
>
> Generell gilt die Faustregel, dass sich die Anzahl der Änderungsvektoren mit dem Umfang (Anzahl an Feldern, Methoden und Quellcodezeilen) einer Klasse erhöht. Deshalb ist es von Vorteil, Programme in Klassen mit möglichst geringem Umfang und möglichst zielgerichtet auf einen Zweck aufzuteilen. Das klingt anfänglich paradox, da mit der Anzahl der Klassen ja scheinbar die Komplexität eines Programms ansteigt. Tatsächlich verhält es sich aber genau umgekehrt: Es ist viel einfacher, sich in einem Programm zurechtzufinden, das viele Klassen mit überschaubarer Komplexität hat, als in einem Programm mit wenigen Klassen mit hoher Komplexität.

Das Gesagte gilt auch für Methoden. Sie kennen wahrscheinlich das Problem: Eine Methode macht so viele unterschiedliche Dinge, dass man keinen aussagekräftigen Namen für sie finden kann. Anstatt jetzt irgendeinen »künstlichen« Namen zu erfinden und die Methode mit einer umfangreichen Dokumentation auszustatten, ist es am besten, sie so weit aufzuteilen, bis der Name der einzelnen Methoden offensichtlich ist und die Methoden jeweils nur noch einem Zweck dienen. Oft hilft es hier, die ursprüngliche Methode mit einem aussagekräftigen langen Namen auszustatten, zum Beispiel: `calculateSalaryAndPrintReportAndSaveChanges`.

Die zwei Bindewörter (`and`) im Namen zeigen an, dass diese Methode drei Dinge auf einmal erledigt. Somit ist klar, dass die Methode am besten in drei Methoden zerlegt werden sollte: `calculateSalary`, `printReport` und `saveChanges`.

Auf der anderen Seite sollte die Aufteilung nicht so weit gehen, dass mehrere Klassen denselben Änderungsvektor haben. Dies zeigt an, dass sich die Zuständigkeiten unterschiedlicher Klassen überschneiden. Das Ergebnis ist ähnlich ungünstig wie mehrere Zuständigkeiten in einer Klasse. Die Konsequenz ist leicht ersichtlich: Wenn eine Änderung vorgenommen werden muss, bleibt sie nicht auf eine Klasse beschränkt, sondern muss in unterschiedlichen Klassen durchgeführt werden. Das Aufspüren und Ändern von Mehrfachimplementierungen ist nicht nur Zeitverschwendung, es birgt auch viele Gefahren – zu leicht wird eines der Duplikate übersehen. Auch entwickeln sich Duplikate oft unterschiedlich weiter, womit das Risiko steigt, dass bei einer Änderung unerwünschte Nebeneffekte auftreten.

Man kann sich jetzt vorstellen, dass, wenn ein und dieselbe Zuständigkeit auf unterschiedliche Klassen aufgeteilt ist, jede Klasse nur einen gewissen Anteil (Prozentsatz) an der Zuständigkeit hat. Damit könnte man das Einzelzuständigkeitsprinzip dahingehend erweitern, dass man sagen kann:

> *Jede Klasse sollte genau eine einzige Zuständigkeit (einen einzigen Änderungsgrund) haben. Nicht mehr und nicht weniger.*

Abschließend ist noch festzuhalten, dass Verstöße gegen das Einzelzuständigkeitsprinzips auch Auswirkungen auf die Testbarkeit haben. Es ist deutlich schwieriger, Tests für lange Methoden mit komplexer Funktionalität zu entwickeln, als für kurze mit moderater Komplexität. Die Komplexität der zu testenden Methode hat nämlich unmittelbare Auswirkungen auf die Komplexität der Tests. Das Einzelzuständigkeitsprinzip gilt natürlich auch für Tests selbst: Auch diese sollten mit nur einem einzigen Änderungsvektor auskommen.

3.5 Erweiterungsprinzip (Open-Closed Principle)

In einem idealen Programm sollte es eigentlich gar nicht nötig sein, irgendetwas zu verändern, wenn man es erweitert: Man fügt einfach neuen Quellcode hinzu und schon ist die gewünschte Erweiterung implementiert. Dann würden sich die ganzen Risiken, die mit jeder Änderung einhergehen, automatisch in Luft auflösen. Leider läuft das in der Praxis aber meist nicht so. Das Erweiterungsprinzip schreibt daher vor, Programme so zu strukturieren, dass sie dem beschriebenen Ideal der Erweiterbarkeit ohne Änderungen möglichst nahekommen. Das Erweiterungsprinzip (auf Modul- und Klassenebene) wurde erstmals von Bertrand Meyer in seinem Buch »Object-Oriented Software Construction« [Meyer 1997] wie folgt formuliert:

> *Eine Klasse sollte offen für Erweiterungen, aber geschlossen für Modifikationen sein.*

Das klingt auf den ersten Blick wie ein Widerspruch: Wie kann ich etwas erweitern, ohne es zu verändern? In der objektorientierten Programmierung ist die Antwort einfach: Vererbung in Zusammenhang mit Polymorphie. Dabei ist allerdings zu beachten, dass die Elternklasse so flexibel gestaltet sein muss, dass die Kindklasse alle nur denkbaren Möglichkeiten hat, die Elternklasse zu erweitern. Die Polymorphie und das Liskov-Substitutionsprinzip sorgen dafür, dass die Kindklasse überall dort verwendet werden kann, wo auch die Elternklasse Verwendung findet. Gleichzeitig sollte die Elternklasse die Kontrolle über ihren inneren Zustand behalten, was sich durch Datenkapselung erreichen lässt. Ist eine Erweiterung einer Klasse nicht möglich, sollte man sie erst einmal so umgestalten, dass sie die gewünschte Erweiterung unterstützen würde. Das gelingt häufig durch Aufteilen einer Klasse (wobei die Ursache für die mangelnde Erweiterbarkeit oft in einer zu großen Anzahl an Zuständigkeiten liegt, womit die Brücke zum Einzelzuständigkeitsprinzip geschlagen wäre). Wenn die Klasse dann offen für diese Erweiterung ist, das heißt, wenn die gewünschte Erweiterung möglich ist und die bestehenden Kindklassen unverändert auf ihre Elternklasse zugreifen können, kann die eigentliche Erweiterung durch Ableitung erfolgen.

Wichtig

Die Folge des konsequenten Einsatzes des Erweiterungsprinzips ist das Entstehen einer Art Baukastensystem: Ist eine neue Anforderung umzusetzen, fischen sich die Entwickler die passenden Komponenten aus dem Baukasten und setzen sie zu neuen Funktionalitäten zusammen. Das klingt für Sie vielleicht noch utopisch, ist aber mit etwas Übung auch für Nicht-Genies mit vertretbarem Aufwand umzusetzen. Der vierte Teil dieses Buches beschäftigt sich damit, bestehende Systeme schrittweise in einen solchen Baukasten zu verwandeln.

Kapitel 4

Entwurfsmuster der objektorientierten Programmierung

Viele Softwareentwickler haben heutzutage Schwierigkeiten, Artikeln in Fachzeitschriften zu folgen, wenn in ihnen die Kenntnis von Entwurfsmustern vorausgesetzt wird. Da tauchen plötzlich Begriffe wie »Abstrakte Fabrik«, »Kommando« und »Schablonenmethode« auf, die für den Otto-Normalprogrammierer keinen Sinn ergeben (das gilt eigentlich auch für Entwicklungsprinzipien, diese haben wir aber bereits im vorigen Kapitel entmystifiziert). Es handelt sich dabei jedoch keinesfalls um eine Geheimsprache irgendwelcher Theoretiker, die ganze Sache hat rein praktische Gründe: Interessierte Programmierer wollten sich die Techniken (Muster) erfahrener Programmierer auf dem Gebiet der objektorientierten Programmierer aneignen. Dazu analysierten sie deren Code und fassten ihre Erkenntnisse daraus zu »Musterkatalogen« zusammen.

Der erste Musterkatalog dieser Art entstand Mitte der neunziger Jahre des vergangenen Jahrhunderts in einer Gruppe um Erich Gamma. Er wurde in Form des inzwischen berühmten Buches »Entwurfsmuster: Elemente wiederverwendbarer objektorientierter Software« [Gamma 2004] veröffentlicht. Die meisten dieser Muster sind denkbar einfach und man findet sie gehäuft in gängigen Programmbibliotheken wie der Java-Standardbibliothek.

Es ist wichtig zu verstehen, dass Entwurfsmuster eher allgemeine Mechanismen beschreiben und auf unterschiedlichste Weise implementiert werden können. Man kann also keine Programmbibliothek für Entwurfsmuster erstellen. Stattdessen hat man vielmehr die Freiheit, Muster so zu implementieren, wie es für die gegebene Situation am sinnvollsten ist. Entwurfsmuster helfen auch dabei, die Entwicklungsprinzipien aus dem vorigen Kapitel in der Praxis umzusetzen – womit der Bogen zu den Entwicklungsprinzipien gespannt wäre.

Sie stellen einerseits »Best Practices« für wiederkehrende Aufgabenstellungen in der objektorientierten Programmierung dar und dienen andererseits der Kommunikation zwischen Entwicklern. So ist es zum Beispiel einfacher zu sagen: »Implementieren wir eine *Fabrik* für Datenbankverbindungen« als »Entwickeln wir einen abstrakten Mechanismus, der bei Bedarf Datenbankverbindungen an andere Klassen ausgibt«. Und damit sind wir bereits bei einem wichtigen Entwurfsmuster angelangt: Der *Abstrakten Fabrik*.

4.1 Abstrakte Fabrik (Abstract Factory)

Normalerweise werden Objekte durch den Operator new erzeugt. Dagegen ist auch gar nichts einzuwenden. In manchen Fällen möchte man aber gar nicht wissen – beziehungsweise nicht jedem mitteilen – wie ein Objekt erzeugt wird und welche konkrete Implementierung an den Aufrufer zurückgegeben wird. Ein gutes Beispiel dafür ist das Interface Connection von JDBC. Es enthält Methoden, die unterschiedliche Arten von Statements erzeugen:

```java
public interface Connection extends Wrapper {
    Statement createStatement() throws SQLException;

    PreparedStatement prepareStatement(String sql)
        throws SQLException;

    CallableStatement prepareCall(String sql)
        throws SQLException;
    ...
}
```

Listing 4.1: Beispiel für eine Abstrakte Fabrik

Wie das Statement konkret implementiert ist und wie es erzeugt wird, hängt vom verwendeten JDBC-Treiber ab. Man kann generell jede Klasse oder jedes Interface als Abstrakte Fabrik bezeichnen, wenn sie oder es mindestens eine Methode hat, die ausschließlich dazu da ist, Objekte zu erzeugen. Eine Abstrakte Fabrik ist auch ein Beispiel für die Anwendung des Abhängigkeits-Inversionsprinzips, da ja ebenfalls eine Kindklasse oder eine beliebige Implementierung des in der Methodendefinition deklarierten Interfaces zurückgegeben werden kann.

4.2 Schablonenmethode (Template Method)

Dieses Entwurfsmuster verwendet man, wenn man auf Methoden zugreifen möchte, für die noch keine Implementierung vorhanden ist, da sie erst in einer Kindklasse implementiert werden soll. Man verwendet dann einfach eine abstrakte Methode in der Elternklasse und implementiert sie erst in der Kindklasse. Schablonenmethoden sind zum Beispiel die Methoden setUp und tearDown in JUnit. Die abstrakte Klasse TestCase, von der jeder Test erbt, enthält die Methode runBare, die die Methoden setUp und tearDown vor und nach der Ausführung der Tests (das geschieht in der Methode runTest) aufruft.

```java
public abstract class TestCase extends Assert implements Test {

    ...

    public void runBare() throws Throwable {
        setUp();
        try {
            runTest();
        } finally {
            tearDown();
        }
    }

    ...

}

public class ATest extends TestCase {
    public void setUp() {
      // Vorarbeiten vor dem Test
      ...
    }

    public void tearDown() {
      // Nacharbeiten nach dem Test
      ...
    }
}
```

Listing 4.2: Beispiel für eine Schablonenmethode

Da man die Methoden `setUp` und `tearDown` nicht überladen muss, sind sie in `TestCase` nicht als abstrakte Methoden, sondern als leere Methoden ausgeführt, am Prinzip ändert das jedoch nichts.

4.3 Wertobjekte (Value Object)

Ein *Wertobjekt* ist dadurch gekennzeichnet, dass seine Identität von den Werten bestimmt wird, aus denen es aufgebaut ist. Wertobjekte werden üblicherweise unveränderlich (*immutable*) implementiert, das heißt, dass ihr Wert bei der Erzeugung des Objekts festgelegt wird und sich die ganze Lebenszeit des Objekts hindurch nicht mehr ändert. Das ist praktisch, da man sich beispielsweise um Nebenläufigkeitsprobleme keine Sorgen machen muss. Die folgende Klasse ist zum Beispiel ein Wertobjekt:

```java
public class CountryCode {
   private final String code;

   public CountryCode(String code) {
      this.code = code;
   }

   public static final Country AT = new Country("AT");
   public static final Country CH = new Country("CH");
   public static final Country DE = new Country("DE");

   public String getCode() {
      return code;
   }

   public int hashCode() {
      return code.hashCode();
   }

   public boolean equals(Object obj) {
      if (obj instanceof Country) {
         Country other = (Country)obj;
         return code.equals(other.code);
      } else {
         return false;
      }
   }
}
```

Listing 4.3: Beispiel für ein Wertobjekt

Man erkennt das daran, dass jedes Währungsobjekt seine Identität einzig und allein aus dem Ländercode (Variable code) bezieht. Daher ist jedes dieser Objekte äquivalent zu jedem anderen, solange nur die Ländercodes identisch sind. Einen Hinweis auf ein Wertobjekt stellt die Implementierung der Methoden equals und hasCode dar, die es dem Programmierer ermöglichen, Wertobjekte Java-konform zu vergleichen.

Dieses Objekt hingegen ist kein Wertobjekt:

```java
public class Person {
   private String firstName;
   private String lastName;

   public String getFirstName() {
```

```
        return firstName;
    }

    public void setFirstName(String firstName) {
        this.firstName = firstName;
    }

    public String getLastName() {
        return lastName;
    }

    public void setLastName(String lastName) {
        this.lastName = lastName;
    }
}
```

Listing 4.4: Kein Wertobjekt

Eine Person kann ja unterschiedliche Namen haben. Beispielsweise kann ein Ehepartner den Namen des anderen annehmen, daher kann man aus dem Namen allein nicht auf die Person selbst schließen. Konsequenterweise sind die Methoden `equals` und `hashCode` hier nicht implementiert, da man zwei Personenobjekte so nicht vergleichen kann. Man kann sich in diesem Fall behelfen, indem man einen künstlichen Bezeichner einführt, der bei einer etwaigen Namensänderung unverändert bleibt. Das könnte zum Beispiel eine Personalnummer sein. Dadurch wird das Objekt allerdings nicht zum Wertobjekt, da eine Person mehr als die Summe ihrer Eigenschaften darstellt. Man könnte jedoch die Personalnummer als Wertobjekt implementieren.

4.4 Null-Objekt (Null Object)

In Java kann man für jede Objektreferenz auch `null` setzen. Was diese `null` im Programm bedeutet, hängt jedoch vom Anwendungsfall ab. Üblicherweise bedeutet `null`, dass ein gewisser Wert nicht gesetzt ist. In vielen Fällen ist die Verwendung von `null` allerdings umständlich, da dadurch viele Abfragen auf `null` die Folge sind. Ein *Null-Objekt* ist in gewisser Weise eine Implementierung des Null-Mechanismus auf Objektebene. Als Beispiel stellen wir uns einen Mechanismus vor, der Daten von einem `InputStream` liest und das, was er gelesen hat, zusätzlich auf einen `OutputStream` ausgibt – beispielsweise zu Debugging-Zwecken. Die Implementierung könnte wie folgt aussehen:

```
import java.io.IOException;
import java.io.InputStream;
import java.io.OutputStream;
```

```
public class EchoInputStream extends InputStream {
    private final InputStream in;
    private final OutputStream echo;

    public EchoInputStream(InputStream in,
            OutputStream echo) {
        this.in = in;
        this.echo = echo;
    }

    public int available() throws IOException {
        return in.available();
    }


    public void close() throws IOException {
        super.close();
    }


    public int read() throws IOException {
        int c = in.read();
        if(echo != null && c >= 0) {
            echo.write(c);
        }
        return c;
    }

    public int read(byte[] b, int off, int len)
            throws IOException {
        int n = in.read(b, off, len);
        if(echo != null && n > 0) {
            echo.write(b, off, n);
        }
        return n;
    }
}
```

Listing 4.5: Beispiel für Null-Objekt – Ausgangssituation

Der Parameter `echo` kann auch `null` sein. Das bedeutet dann, dass die Daten nicht an einen `OutputStream` weitergegeben werden dürfen, da dieser nicht definiert ist. Das kann dann sinnvoll sein, wenn das Logging aus Performancegründen abgeschaltet werden soll.

Eine Implementierung dieser Art ist allerdings gefährlich, da man immer überprüfen muss, ob das Feld `echo` nicht doch `null` ist. Vergisst man diese Überprüfung, ist eine `NullPointerException` die Folge. Man kann die Sache mit einem Null-Objekt jedoch erheblich vereinfachen. Definieren wir dazu einen `NullOutputStream`, der alle Eingaben verwirft, vergleichbar mit `/dev/null` in Unix oder NUL in DOS und Windows:

```java
import java.io.IOException;
import java.io.OutputStream;

public class NullOutputStream extends OutputStream {
    public void write(byte[] b, int off, int len)
        throws IOException {
    }

    public void write(int b)
        throws IOException {
    }

    public void close() throws IOException {
    }

    public void flush() throws IOException {
    }
}
```

Listing 4.6: Null-Objekt

Mit diesem `NullOutputStream` als Null-Objekt können wir auf die Abfragen auf `null` im `EchoStream` verzichten:

```java
import java.io.IOException;
import java.io.InputStream;
import java.io.OutputStream;

public class EchoInputStream extends InputStream {
    private final InputStream in;
    private final OutputStream echo;
```

```
    public EchoInputStream(InputStream in,
            OutputStream echo) {
        this.in = in;
        this.echo = echo != null ? echo :
            new NullOutputStream();
    }

    public int read() throws IOException {
        int c = in.read();
        if(c >= 0) {
            echo.write(c);
        }
        return c;
    }

    public int read(byte[] b, int off, int len)
            throws IOException {
        int n = in.read(b, off, len);
        if(n > 0) {
            echo.write(b, off, n);
        }
        return n;
    }
}
```

Listing 4.7: Einsatz des Null-Objekts

Hinweis

Sie könnten jetzt einwenden, dass die Performance leidet, wenn ein Programm gezwungen ist, leere Methoden aufzurufen. Dazu ist zu sagen, dass das vielleicht vor etlichen Jahren tatsächlich der Fall war. Inzwischen optimieren die virtuellen Maschinen den Code so geschickt, dass wahrscheinlich die Abfragen auf null länger dauern als der Aufruf einer leeren Methode, der einfach »wegoptimiert« werden kann.

Wie wir gesehen haben, kann der Einsatz von Null-Objekten ein Programm erheblich vereinfachen, obwohl Null-Objekte eigentlich ein triviales Konzept darstellen. Entwurfsmuster müssen also nicht unbedingt komplex sein, um einen beträchtlichen Mehrwert zu bringen.

4.5 Stellvertreter (Proxy)

Ein *Stellvertreter* ist ein Objekt mit derselben Methodensignatur wie das Original. Der Stellvertreter implementiert auch dasselbe Interface wie das Original. Wird der Stellvertreter aufgerufen, leitet er alle Methodenaufrufe an das Original weiter. Ein Stellvertreter ist praktisch, wenn man zum Beispiel für jeden Methodenaufruf des Originals irgendetwas tun muss, diese Funktionalität aber nicht im Original implementieren möchte. Als Beispiel sehen wir uns die Trivialimplementierung eines Dienstes an, der für ein Aktiensymbol den jeweiligen Kurs der Aktie zurückliefert.

```java
public interface StockExchangeService {
    public double getQuote(String symbol);
}

public class StockExchangeGateway implements StockExchangeService {
    public double getQuote(String symbol) {
        return 100;
    }
}
```

Listing 4.8: Beispiel für einen Stellvertreter – Ausgangssituation

Nun wollen wir den Methodenaufruf von `getQuote` und alle beteiligten Parameter mitloggen, wollen dies aber nicht im Gateway selbst implementieren. Dazu erstellen wir einen Stellvertreter, der den Methodenaufruf `getQuote` weiterleitet und alle Eingabe- sowie Rückgabeparameter mitloggt:

```java
import java.util.logging.Logger;

public class StockExchangeGatewayProxy implements StockExchangeService {
    private final Logger log = Logger.getLogger("StockExchangeGateway");
    private final StockExchangeGateway gateway;

    public StockExchangeGatewayProxy(StockExchangeGateway gateway) {
        this.gateway = gateway;
    }

    public double getQuote(String symbol) {
        double quote = gateway.getQuote(symbol);
        log.info("Got " + quote + " for " + symbol);
        return quote;
    }
}
```

Listing 4.9: Ein Stellvertreter für Logging-Zwecke

Kapitel 4
Entwurfsmuster der objektorientierten Programmierung

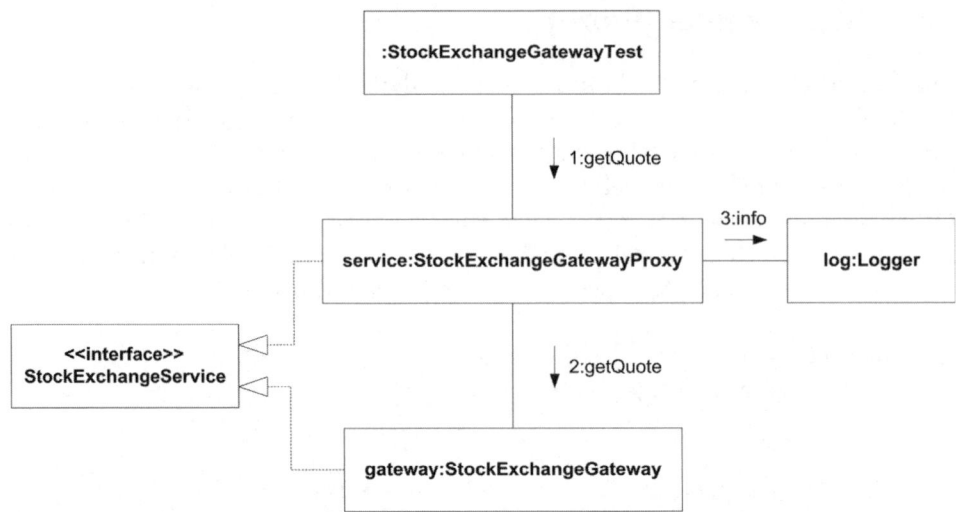

Abb. 4.1: Kommunikationsdiagramm des Stellvertreters

Nun wird immer der Proxy anstatt des Originals verwendet, sofern Logging erwünscht ist. In einem Test könnte das so aussehen:

```
public class StockExchangeGatewayProxyTest extends TestCase {
    public void testGetQuote() {
        StockExchangeService service =
            new StockExchangeGatewayProxy(new StockExchangeGateway());
        assertEquals(100.0, service.getQuote("JAVA"), 1E-2);
    }
}
```

Listing 4.10: Test mit Stellvertreter

Die Log-Ausgabe sieht dann wie folgt aus:

```
09.02.2009 15:11:39 StockExchangeGatewayProxy getQuote INFO: Got 100.0 for
JAVA
```

Listing 4.11: Test mit Stellvertreter – Ausgabe

Generell ist es jedoch nicht sinnvoll, während eines Testlaufs etwas zu loggen, da man das Ergebnis ja nicht automatisch überprüfen kann. Der Test dient daher nur der Anschaulichkeit. Zur automatischen Überprüfung der Log-Ausgabe könnte man zum Beispiel einen eigenen Log-Handler implementieren, von dem man aus einem Test heraus Log-Daten beziehen kann. Eine elegantere Lösung werden wir im Zusammenhang mit dem Beobachter-Muster kennenlernen.

4.6 Adapter (Adaptor)

Ein *Adapter* unterscheidet sich von einem Stellvertreter nur insofern, als die Methodensignatur des Adapters und des Originals unterschiedlich sind. So gesehen, könnte man einen Stellvertreter als Spezialfall eines Adapters betrachten. Adapter implementieren im Allgemeinen auch ein anderes Interface als das Original. Üblicherweise setzt man sie daher als »Verbindungsstück« zwischen zwei unterschiedlichen Interfaces ein.

4.7 Beobachter (Observer)

Ein *Beobachter* dient der asynchronen Nachrichtenübermittlung zwischen Objekten, das heißt, Nachrichten werden immer vom beobachteten Objekt zum Beobachter geschickt. Dabei weiß das beobachtete Objekt nicht unbedingt, von wem es beobachtet wird. Es behält jedoch die Kontrolle darüber, welche Informationen es an den Beobachter weitergibt.

Als Beispiel sehen wir uns wieder den Dienst zur Kursabfrage an, den wir schon im Zusammenhang mit dem Stellvertretermuster kennengelernt haben. Wir wollen auch diesmal, dass das Ergebnis mitgeloggt wird, allerdings lassen wir jetzt eine Änderung der Klasse `StockExchangeGateway` zu. Wir bauen den Logging-Mechanismus jedoch nicht direkt in diese Klasse ein, sondern definieren erst einmal ein Beobachter-Interface und ein Null-Objekt als Implementierung:

```
public interface StockExchangeGatewayObserver {
    public void notifyGetQuote(String symbol, double quote);
}
public class BlindStockExchangeObserver
        implements StockExchangeGatewayObserver {
    public void notifyGetQuote(String symbol, double quote) {
    }
}
```

Listing 4.12: Beobachter-Interface und Null-Objekt

Das Null-Objekt ist immer dann nötig, wenn niemand das Objekt beobachten will. Die Klasse `StockExchangeGateway` informiert den Beobachter nun jedes Mal über den Aufruf von `getQuote` und übergibt ihm dabei alle Parameter.

```
public class StockExchangeGateway implements StockExchangeService {
    private final StockExchangeGatewayObserver observer;

    public StockExchangeGateway(StockExchangeGatewayObserver observer) {
        this.observer = observer;
```

```
    }

    public StockExchangeGateway() {
        this.observer = new BlindStockExchangeObserver();
    }

    public double getQuote(String symbol) {
        double quote = getQuoteUnobserverd(symbol);
        observer.notifyGetQuote(symbol, quote);
        return quote;
    }

    private double getQuoteUnobserverd(String symbol) {
        return 100;
    }
}
```

Listing 4.13: Der Beobachter im Einsatz

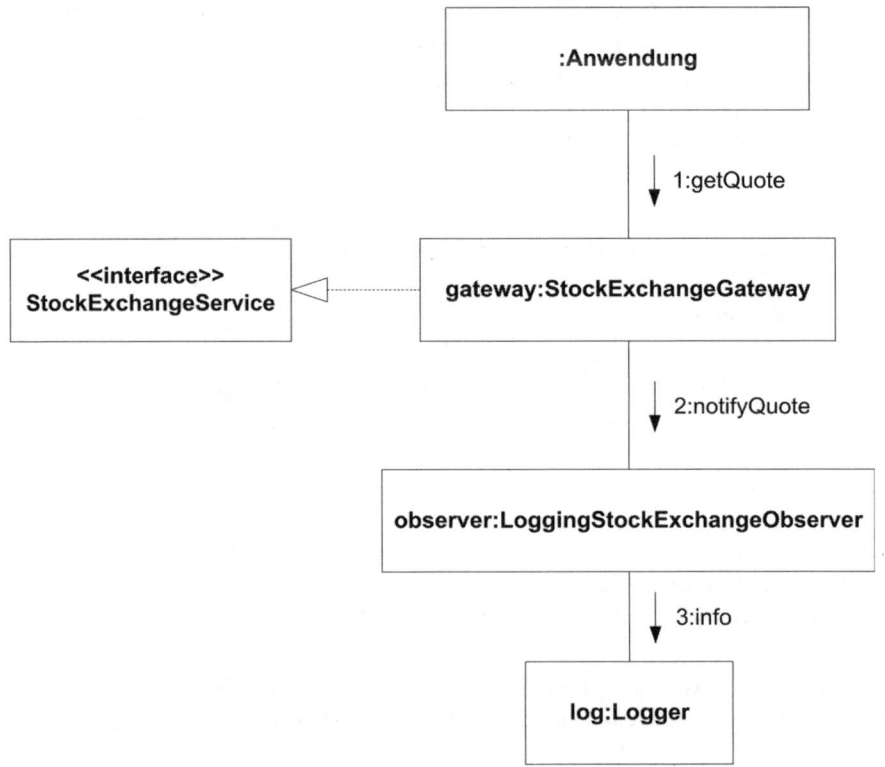

Abb. 4.2: Kommunikationsdiagramm des loggenden Beobachters

4.7 Beobachter (Observer)

Die Implementierung des Beobachters wird bei der Erzeugung des beobachteten Objekts übergeben. Das kann beispielsweise ein Beobachter sein, der seine Beobachtungen mitloggt:

```java
import java.util.logging.Logger;

public class LoggingStockExchangeObserver
        implements StockExchangeGatewayObserver {
    private final Logger log = Logger.getLogger("StockExchangeGateway");

    public void notifyGetQuote(String symbol, double quote) {
        log.info("Got " + quote + " for " + symbol);
    }
}
```

Listing 4.14: Loggender Beobachter

Für den Test ist natürlich ein Beobachter vorzuziehen, der sich seine Beobachtungen merken kann:

```java
import java.util.Collections;
import java.util.LinkedList;
import java.util.List;

public class TestStockExchangeObserver
        implements StockExchangeGatewayObserver {
    private final List log = new LinkedList();

    public void notifyGetQuote(String symbol, double quote) {
        log.add("Got " + quote + " for " + symbol);
    }

    public List getLog() {
        return Collections.unmodifiableList(log);
    }
}
```

Listing 4.15: Beobachter für Tests

Damit kann man den Beobachter in einem Test einsetzen:

```java
public class StockExchangeGatewayTest extends TestCase {
    public void testGetQuote() {
        TestStockExchangeObserver observer =
            new TestStockExchangeObserver();
```

Kapitel 4
Entwurfsmuster der objektorientierten Programmierung

```
        StockExchangeService service = new StockExchangeGateway(
            observer);
        assertEquals(100.0, service.getQuote("JAVA"), 1E-2);
        List log = observer.getLog();
        assertEquals(1, log.size());
        assertEquals("Got 100.0 for JAVA", (String)log.get(0));
    }
}
```

Listing 4.16: Beobachter im Test

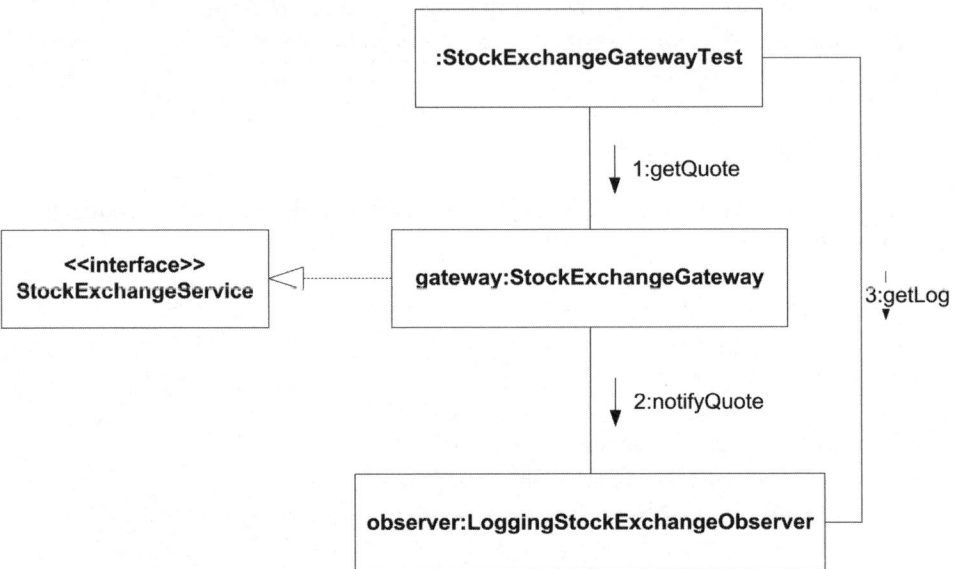

Abb. 4.3: Kommunikationsdiagramm – Beobachter im Test

Die Zuweisung des Beobachters könnte jedoch auch später geschehen. Beispielsweise könnte die Klasse StockExchangeGateway eine Methode observe(Observer observer) besitzen, in der der Beobachter gesetzt werden kann.

In Swing können auch mehrere Beobachter pro Komponente registriert werden. So kann jede Komponente unterschiedliche Beobachter praktisch parallel über Benutzerinteraktionen informieren.

Beobachter werden besonders häufig für die Ereignissteuerung in GUI-Frameworks wie Swing eingesetzt. Das ist jedoch bei Weitem nicht ihre einzige Anwendung. Wir werden sie in späterer Folge dazu einsetzen, um interne Vorgänge von Objekten zu überprüfen.

4.8 Fassade (Facade)

Eine *Fassade* ist eine Ansammlung von Interfaces und Klassen, die eine einheitliche Schnittstelle zu einem meist komplexen System darstellen. Anstatt direkt auf das System zuzugreifen, werden alle Interaktionen mit dem System über die Fassade geleitet. In Java (und erst recht in Java EE) stehen unterschiedlichste Fassaden zur Verfügung. So stellen JDBC, JNDI, die Java Crypto-API etc. Fassaden für den einheitlichen Zugriff auf unterschiedliche Implementierungen gewisser Dienste zur Verfügung. Dadurch ist es für den Großteil einer Anwendung unerheblich, wie ein gewisses Verschlüsselungsverfahren umgesetzt ist: Es kann direkt als Java-Bibliothek umgesetzt sein, es kann auf Verschlüsselungsverfahren des Betriebssystems zugreifen, es kann auf ein Krypto-Modul im Rechner zugreifen, es kann aber auch in einer Krypto-Appliance (das ist ein eigenständiger Server, der ausschließlich mit Verschlüsselungsaufgaben betraut ist) implementiert sein, auf die über das Netzwerk zugegriffen wird.

Fassaden liefern also Flexibilität durch die Entkoppelung von Schnittstelle und Implementierung. Sie bestehen zweckmäßigerweise hauptsächlich aus Interfaces, dadurch wird das Abhängigkeits-Inversionsprinzip auf eine ganze Gruppe von Klassen angewendet. Man kann daher Testimplementierungen für diese Interfaces erstellen, um Anwendungen unabhängig von der Infrastruktur automatisiert testen zu können.

Wie Sie sich vorstellen können, gibt es unzählige Arten, eine Fassade zu implementieren. Wir wollen hier allerdings nur ein ganz einfaches Beispiel vorstellen. Betrachten wir wieder den Dienst für die Kursabfrage. Diesmal können wir das StockExchangeGateway jedoch nicht in einem Test erzeugen. Wir haben auch den Quellcode nicht und das StockExchangeGateway implementiert darüber hinaus kein für uns brauchbares Interface. Jetzt möchten wir für die Verwendung eine Fassade vor das StockExchangeGateway setzen. Im Gegensatz zum StockExchangeGateway wollen wir die Fassade – nennen wir sie StockExchangeGatewayFacade – sehr wohl von StockExchangeService ableiten. Damit können wir eine Testimplementierung für die StockExchangeGatewayFacade erstellen und damit jedes Objekt testen, das Kursinformationen benötigt. Wichtig dabei ist, dass alle Konsumenten des Dienstes den Dienst immer über die Fassade und nicht direkt ansprechen. Zur Illustration der Vorgehensweise implementieren wir die Fassade so, dass sie – ähnlich wie ein Proxy – die Methodenaufrufe direkt durchschleift:

```
public interface StockExchangeService {
    public double getQuote(String symbol);
}

public class StockExchangeGatewayFacade implements StockExchangeService {
```

```java
    private final StockExchangeGateway gateway;

    public StockExchangeGatewayFacade(StockExchangeGateway gateway) {
        this.gateway = gateway;
    }

    public double getQuote(String symbol) {
        return gateway.getQuote(symbol);
    }
}
```

Listing 4.17: Beispiel für eine Fassade

Das `StockExchangeService` soll nun in einer anderen Klasse verwendet werden, beispielsweise in der Klasse `QuotePrinter`, die Listen mit Börsenkursen druckt:

```java
import java.io.PrintWriter;

public class QuotePrinter {
    private final StockExchangeService service;

    public QuotePrinter(StockExchangeService service) {
        this.service = service;
    }

    public QuotePrinter(StockExchangeGateway gateway) {
        this(new StockExchangeGatewayFacade(gateway));
    }

    public void print(String symbols[], PrintWriter out) {
        for(int i = 0; i < symbols.length; ++i) {
            String symbol = symbols[i];
            out.println(symbol + " " +
                service.getQuote(symbol));
        }
    }
}
```

Listing 4.18: Drucker für Aktienkurse mit Fassade

Im ersten Konstruktor kann eine eigene Implementierung für das `StockExchangeService` übergeben werden, der zweite erzeugt die Fassade, die das

StockExchangeGateway kapselt. Um diese Klasse testen zu können, benötigen wir eine Testimplementierung von StockExchangeService:

```java
import java.util.NoSuchElementException;

public class StockExchangeTestGateway implements StockExchangeService {
    public double getQuote(String symbol) {
        if(symbol.endsWith("JAVA")) {
            return 7.56;
        } else if(symbol.endsWith("MSFT")) {
            return 17.45;
        } else {
            throw new NoSuchElementException(symbol);
        }
    }
}
```

Listing 4.19: Testimplementierung für das Gateway

Damit können wir einen Test für die Klasse QuotePrinter erstellen:

```java
import java.io.PrintWriter;
import java.io.StringWriter;
import junit.framework.TestCase;

public class QuotePrinterTest extends TestCase {
    private static final String NL =
        System.getProperty("line.separator");

    public void testPrint() {
        QuotePrinter printer = new QuotePrinter(
            new StockExchangeTestGateway());
        StringWriter printout = new StringWriter();
        printer.print(new String[]{"JAVA", "MSFT"},
            new PrintWriter(printout, true));
        assertEquals("JAVA 7.56" + NL +
            "MSFT 17.45" + NL, printout.toString());
    }
}
```

Listing 4.20: Test für Drucker von Aktienkursen

Zur besseren Übersicht sehen wir uns das Ganze noch einmal in zwei UML-Diagrammen an:

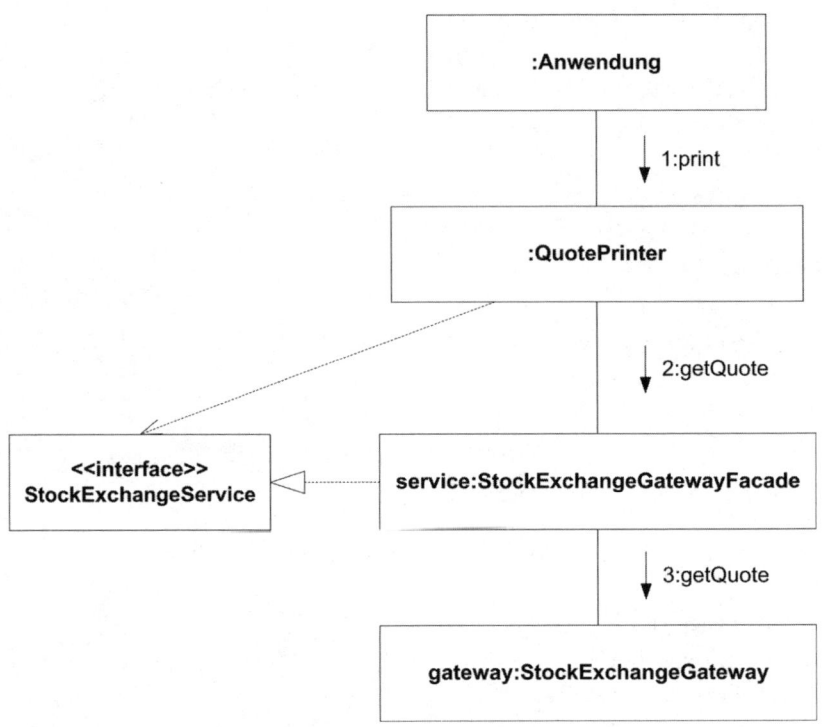

Abb. 4.4: Fassade im Produktivbetrieb

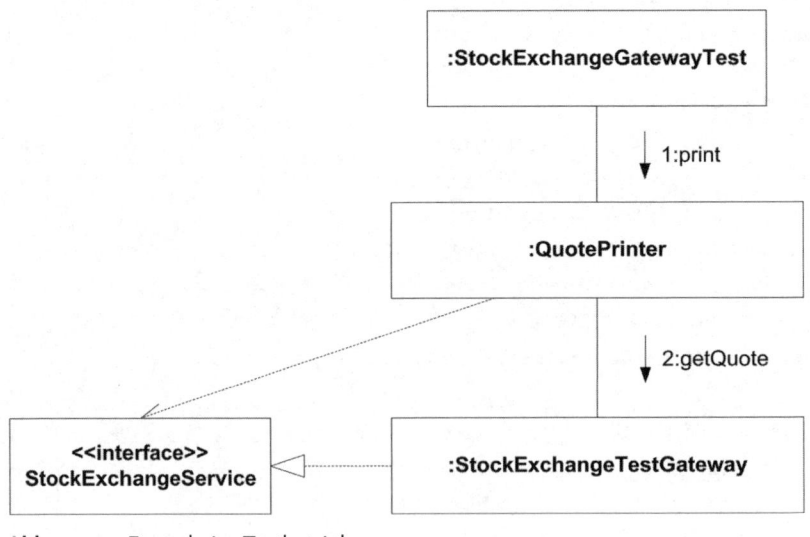

Abb. 4.5: Fassade im Testbetrieb

Es wäre nicht möglich gewesen, einen Test anzubringen, hätten wir die Klasse `StockExchangeGateway` nicht durch eine Fassade gekapselt. Wir haben damit die ursprüngliche API (das `StockExchangeGateway`) vollständig hinter einer Fassade verschwinden lassen. Dadurch lassen sich Objekte hinter der Fassade beliebig austauschen – in unserem Fall durch eine Testimplementierung. In der Praxis könnten dies auch unterschiedliche Anbieter für einen solchen Dienst sein. Eine Fassade sollte allerdings nur dann eingesetzt werden, wenn die zusätzliche Flexibilität, die sie ermöglicht, auch wirklich benötigt wird. Die Komplexität der Fassadenkonstruktion steigt ja augenscheinlich mit der Anzahl der Klassen.

4.9 Kommando (Command, Transaction, Operation)

Ein *Kommando* repräsentiert eine Anweisung, die als Klasse implementiert ist. Die Namen von Kommandos sind entweder Imperative oder Imperative mit den Endungen »Command«, »Transaction« oder »Operation«, also Beispielsweise `OpenFileCommand`. Unter den Methoden eines Kommandos gibt es eine, die das Kommando ausführt. Sie wird meistens mit `execute` oder `perform` bezeichnet. Kommandos werden in aller Regel zu Gruppen zusammengefasst, die ein gemeinsames Interface implementieren, damit man sie einheitlich ansprechen kann. Häufig werden Kommandos an zentralen Verzweigungspunkten (sogenannte *Dispatcher*) von Anwendungen eingesetzt. Dadurch kann man neue Kommandos als eigene Klasse zu einer Anwendung hinzufügen, ohne eine bestehende Klasse erweitern zu müssen.

Im folgenden Beispiel wird ein kleines Programm vorgestellt, das Dateien löschen und umbenennen kann. Wir möchten das Programm künftig mit möglichst geringem Aufwand erweitern, also gestalten wir die Kommandos »Löschen« und »Umbenennen« mithilfe des Kommandomusters. Zuerst definieren wir ein Interface für alle Kommandos:

```java
import java.io.IOException;

public interface Command {
    public String getName();
    public void execute(String[] args)
        throws IOException;
}
```

Listing 4.21: Kommando-Interface

Danach definieren wir die Kommandoobjekte `DeleteCommand` und `RenameCommand`. Das erste Argument im Array `args` ist der Kommandoname selbst. Er wird von den Kommandos selbst ignoriert.

```java
import java.io.File;
import java.io.FileNotFoundException;
import java.io.IOException;

public class DeleteCommand implements Command {
    public String getName() {
        return "delete";
    }

    public void execute(String[] args) throws IOException {
        assertFileToDeleteExists(args);
        File file = new File(args[1]);
        assertFileExists(file);
        file.delete();
    }

    private void assertFileExists(File file)
            throws FileNotFoundException {
        if(!file.exists()) {
            throw new FileNotFoundException(
                        "No such file 'test.txt'");
        }
    }

    static void assertFileToDeleteExists(String[] args) {
        if(args.length < 2) {
            throw new IllegalArgumentException("Missing file to delete");
        }
    }
}

import java.io.File;
import java.io.FileNotFoundException;
import java.io.IOException;

public class RenameCommand implements Command {
    public String getName() {
        return "rename";
    }

    public void execute(String[] args)
            throws IOException {
        assertSourceFilenameExists(args);
```

```
        assertTargetFilenameExists(args);

        File source = new File(args[1]);
        File target = new File(args[2]);

        assertSourceFileExists(source);

        source.renameTo(target);
    }

    private void assertSourceFileExists(File source)
            throws FileNotFoundException {
        if(!source.exists()) {
            throw new FileNotFoundException(
                    "No such file 'test.txt'");
        }
    }

    private static void assertTargetFilenameExists(String[] args) {
        if(args.length < 3) {
            throw new IllegalArgumentException("Missing new name");
        }
    }

    private static void assertSourceFilenameExists(String[] args) {
        if(args.length < 2) {
            throw new IllegalArgumentException("Missing file to rename");
        }
    }
}
```

Listing 4.22: Kommando-Implementierungen

Jetzt benötigen wir noch eine Kommandoliste, die bei Bedarf das passende Kommando heraussucht:

```
import java.util.Collections;
import java.util.Iterator;
import java.util.List;

public class CommandList {
    List commands;

    public CommandList(List commands) {
```

Kapitel 4
Entwurfsmuster der objektorientierten Programmierung

```
        this.commands = Collections.unmodifiableList(commands);
    }

    public Command lookupCommand(String name) {
        for(Iterator iterator = commands.iterator();
                iterator.hasNext();) {
            Command command = (Command)iterator.next();
            if(command.getName().equals(name)) {
                return command;
            }
        }

        throw new IllegalArgumentException("Unknown command " + name);
    }
}
```

Listing 4.23: Kommandoliste

Zum Abschluss benötigen wir noch die »Hauptklasse«, die das passende Kommando aussucht und es ausführt:

```
import java.io.IOError;
import java.io.IOException;
import java.util.ArrayList;
import java.util.List;

public class FileManager {
    private CommandList dispatcher;

    public FileManager() {
        List commands = new ArrayList(2);
        commands.add(new DeleteCommand());
        commands.add(new RenameCommand());
        dispatcher = new CommandList(commands);
    }

    public void execute(String[] args)
            throws IOException {
        assertCommandExists(args);
        dispatcher.lookupCommand(args[0]).execute(args);
    }

    private void assertCommandExists(String[] args) {
        if(args.length < 1) {
```

```
            throw new IllegalArgumentException("Missing command");
        }
    }

    public static void main(String[] args) {
        try {
            new FileManager().execute(args);
        } catch(IOException e) {
            throw new IOError(e);
        }
    }
}
```

Listing 4.24: Datei-Manager

Neue Kommandos einzufügen, ist jetzt denkbar einfach: Alles, was man tun muss, ist, eine neue Klasse von `Command` abzuleiten und im Konstruktor von `FileManager` zu registrieren. Damit ist das Erweiterungsprinzip – bis auf die Registrierung des Kommandos – vollständig erfüllt.

4.10 Strategie (Strategy)

Das *Strategiemuster* stellt einen Mechanismus zur Trennung von veränderlicher und weniger veränderlicher Logik dar. Sie kennen sicherlich das Problem, dass sich manche Geschäftsregeln laufend ändern. Wir haben in der Einleitung den Einkommensteuerrechner als ein Beispiel dafür kennengelernt. Offensichtlich ist es so, dass sich die Berechnungsmethoden für Steuern laufend ändern, meistens im Zuge versteckter Steuererhöhungen. Ein neues Modell sorgt dafür, dass man die Steuerbelastung nicht so einfach mit der vergleichen kann, die sich aus der alten Berechnung ergibt.

Es ist klarerweise äußerst unpraktisch, für jedes neue Berechnungsmodell die gesamte Anwendung umzustricken. Das Strategiemuster sorgt dafür, dass sich Algorithmen, die starken Veränderungen unterworfen sind, mit geringem Aufwand austauschen lassen. Dabei kommt wieder das Abhängigkeits-Inversionsprinzip zum Einsatz. Im Gegensatz zum allgemeinen Abhängigkeits-Inversionsprinzip werden ausschließlich Abhängigkeiten zwischen einer Komponente und mehreren Algorithmen modelliert. Handelt es sich nicht bloß um Algorithmen, sondern zum Beispiel um Datenquellen oder Senken, so spricht man nicht mehr von einem Strategiemuster. Als Beispiel betrachten wir einen einfachen Authentifizierungsmechanismus. Wir wollen den Algorithmus für die Prüfung der Sicherheit von Passwörtern nicht direkt in den Login-Mechanismus (`Authenticator`) selbst integrieren, da sich dieser ständig den aktuellen Sicherheitsvorschriften anpassen muss, also definieren wir ein Interface für die Passwortvorschrift (`PasswordPolicy`).

```
public interface PasswordPolicy {
    public boolean isSecure(String password);
}
```
Listing 4.25: Interface für Passwortvorschriften

Dazu implementieren wir eine einfache Überprüfung, die lediglich sicherstellt, dass das Passwort mindestens acht Zeichen lang ist:

```
public class MinimumPasswordPolicy implements PasswordPolicy {
    public boolean isSecure(String password) {
        return password.length() >= 8;
    }
}
```
Listing 4.26: Minimalvorschrift für Passwörter

Jetzt werden wir den eigentlichen Login-Mechanismus implementieren.

```
public class Authenticator {
    private final PasswordPolicy policy;
    private String username = "user";
    private String password = "initial password";
    private boolean mustChangePassword = true;

    public Authenticator(PasswordPolicy policy) {
        this.policy = policy;
    }

    public void login(String username, String password)
            throws IllegalAccessException {
        if(!this.username.equals(username) ||
            !this.password.equals(password)) {
            throw new IllegalAccessException("Unknown user " +
            "or invalid password");
        }
    }

    public boolean mustChangePassword() {
        return mustChangePassword;
    }
```

```java
    public void changePassword(String oldPassword,
        String newPassword)
            throws IllegalArgumentException {
        if(!oldPassword.equals(password)) {
            throw new IllegalArgumentException("Invalid password");
        }

        if(oldPassword.equals(newPassword)) {
            throw new IllegalArgumentException(
                "Passwords must not be equal");
        }

        if(!policy.isSecure(newPassword)) {
            throw new IllegalArgumentException(
                "The password is insecure");
        }

        mustChangePassword = false;
    }
}
```

Listing 4.27: Authentifizierung mit Passwort

Die Passwortvorschrift wird dem `Authenticator` erst bei der Erzeugung im Konstruktor übergeben. Die Methode `login` wirft eine `IllegalAccessException`, wenn sich der Benutzer nicht erfolgreich authentifizieren konnte. Die Methode `mustChangePassword` gibt an, ob der Benutzer erst einmal sein Passwort ändern muss, bevor er die Anwendung benutzen darf. Die eigentliche Passwortänderung erfolgt dann in der Methode `changePassword`. Hat der Benutzer sein Passwort erfolgreich geändert, kann er es fortan immer verwenden.

> **Vorsicht**
>
> Diese Implementierung widerspricht natürlich allen Sicherheitsempfehlungen! Ein sicherer Authentifizierungsmechanismus fordert den Benutzer in regelmäßigen Abständen auf, sein Passwort abermals zu ändern und hat strengere Vorschriften für die Passwortkomplexität.

Ein Test für den `Authenticator`, der die `MinimumPasswordPolicy` verwendet, könnte wie folgt aussehen:

```java
import junit.framework.TestCase;

public class AuthenticatorTest extends TestCase {
```

Kapitel 4
Entwurfsmuster der objektorientierten Programmierung

```java
    Authenticator authenticator;

    public void setUp() {
        authenticator = new Authenticator(new MinimumPasswordPolicy());
    }

    public void testLoginFail() {
        try {
            authenticator.login("hacker", "Dbvgzf%RE");
            fail("Should reject unknown user");
        } catch (IllegalAccessException e) {
            assertEquals("Unknown user or invalid password",
                e.getMessage());
        }
    }

    public void testWeakPassword() throws IllegalAccessException {
        try {
            authenticator.login("user", "initial password");
            assertTrue(authenticator.mustChangePassword());
            authenticator.changePassword("initial password", "s3cR37");
            fail("Should reject weak password");
        } catch (IllegalArgumentException e) {
            assertEquals("The password is insecure", e.getMessage());
            assertTrue(authenticator.mustChangePassword());
        }
    }

    public void testStrongPassword() throws IllegalAccessException {
        authenticator.login("user", "initial password");
        assertTrue(authenticator.mustChangePassword());
        authenticator.changePassword("initial password",
            "s3cR37$$");
        assertFalse(authenticator.mustChangePassword());
    }
}
```

Listing 4.28: Tests für die Authentifizierung mittels Passwort

Wir wollen nun eine strengere Passwortvorschrift implementieren. Beispielsweise könnten wir sicherstellen, dass jedes Passwort Buchstaben und Ziffern enthält:

```java
public class AdvancedPasswordPolicy implements PasswordPolicy {
    public boolean isSecure(String password) {
        return password.length() >= 8 &&
            hasDigitsAndLetters(password);
    }

    public boolean hasDigitsAndLetters(String password) {
        boolean hasDigits = false;
        boolean hasLetters = false;
        for(int i = 0; i < password.length(); ++i) {
            char c = password.charAt(i);
            hasDigits |= Character.isDigit(c);
            hasLetters |= Character.isLetter(c);
        }
        return hasDigits && hasLetters;
    }
}
```

Listing 4.29: Erweiterte Passwortvorschrift

Sobald wir die neue Vorschrift (Strategie) an den `Authenticator` übergeben, wird er sie umgehend berücksichtigen.

Da die meisten Passwortvorschriften wie »mindestens acht Zeichen lang« oder »enthält Buchstaben und Zahlen« voneinander unabhängig sind, könnten wir eine Vorschrift entwickeln, die ihrerseits mehrere unabhängige Untervorschriften überprüft und das Passwort ablehnt, sobald eine Untervorschrift nicht erfüllt ist:

```java
import java.util.Iterator;
import java.util.List;

public class CombinedPolicy implements PasswordPolicy {
    private List policies;

    private CombinedPolicy(List policies) {
        this.policies = policies;
    }

    public boolean isSecure(String password) {
        for(Iterator it = policies.iterator(); it.hasNext();) {
            PasswordPolicy policy = (PasswordPolicy)it.next();
            if(!policy.isSecure(password)) {
                return false;
            }
```

```
        }
        return true;
    }
}
```

Listing 4.30: Kombinierte Passwortvorschrift

Hier kommt wieder das Erweiterungsprinzip zum Tragen. Damit ist es ja möglich, den Algorithmus (die Strategie) jederzeit zu ändern, wobei die Änderungen auf die Strategie selbst fokussiert bleiben und sich nicht über die ganze Anwendung verteilen.

4.11 Weitere Entwurfsmuster

Es gibt noch zahllose andere Entwurfsmuster. Ich habe mich hier allerdings auf jene beschränkt, die wir zum Verständnis der nächsten Kapitel benötigen. Inzwischen sind die meisten Entwurfsmuster auch im Internet dokumentiert. Wenn in irgendeinem Artikel wieder einmal ein Ihnen unbekanntes Entwurfsmuster auftaucht, lohnt es sich, dort nachzusehen oder es in den zahlreichen Büchern nachzuschlagen, die es inzwischen zu diesem Thema gibt.

4.12 Wie man Entwurfsmuster nicht verwendet

In einem Interview mit Bill Venners [Venners 2005] hat Erich Gamma – einer der Väter der Entwurfsmuster in der Softwareentwicklung – beschrieben, wie der Einsatz von Entwurfsmustern mancherorts ausartet. So berichtet er von einem Entwicklerteam, das stolz darauf ist, alle Entwurfsmuster in einem Projekt eingesetzt zu haben, die in dem Buch »Entwurfsmuster: Elemente wiederverwendbarer objektorientierter Software« beschrieben sind. Von der Vorgehensweise, Entwurfsmuster wahllos, also ohne triftigen Grund einzusetzen, kann nur in aller Entschiedenheit abgeraten werden. Das Ziel der objektorientierten Programmierung sollte ja eigentlich sein, im Rahmen der Anforderungen möglichst einfachen und verständlichen Code zu produzieren – das kann allerdings nicht gelingen, wenn man versucht, Programme nur noch als Kombination gängiger Entwurfsmuster zu verstehen.

Als Beispiel sehen wir uns zwei Versionen des bekannten »Hello World«-Programms in Java an. Zunächst die bekannte Minimalversion:

```java
public class HelloWorld {
    public static void main(String[] args) {
        System.out.println("Hello, world!");
```

```
        }
}
```

Listing 4.31: »Klassische« Hello-World-Implementierung

Und nun die von Jason Tiscioni »verbesserte« Version (siehe `http://developers.slashdot.org/comments.pl?sid=33602&cid=3636102`):

```
public abstract class AbstractStrategyFactory {
    public abstract MessageStrategy createStrategy(MessageBody mb);
}

public class DefaultFactory extends AbstractStrategyFactory {
    private DefaultFactory() {}

    static DefaultFactory instance;

    public static AbstractStrategyFactory getInstance() {
        if (instance == null)
            instance = new DefaultFactory();
        return instance;
    }

    public MessageStrategy createStrategy(final MessageBody mb) {
        return new MessageStrategy() {
            MessageBody body = mb;

            public void sendMessage() {
                Object obj = body.getPayload();
                System.out.println((String) obj);
            }
        };
    }
}

public class MessageBody {
    Object payload;

    public Object getPayload() {
        return payload;
    }

    public void configure(Object obj) {
        payload = obj;
```

```java
        }

        public void send(MessageStrategy ms) {
            ms.sendMessage();
        }
    }

    public interface MessageStrategy {
        public void sendMessage();
    }

    public class HelloWorld {
        public static void main(String[] args) {
            MessageBody mb = new MessageBody();
            mb.configure("Hello World!");
            AbstractStrategyFactory asf = DefaultFactory.getInstance();
            MessageStrategy strategy = asf.createStrategy(mb);
            mb.send(strategy);
        }
    }
```

Listing 4.32: »Verbesserte« Hello-World-Implementierung

Tipp

Meist ist es sinnvoll, Entwurfsmuster erst zu einem späteren Zeitpunkt durch Refactoring einzuführen. Mit dieser Methode kann man leichter beurteilen, ob es sich wirklich lohnt, das eine oder andere Entwurfsmuster einzusetzen. Wie man Entwurfsmuster im Nachhinein einführt, wird im vierten Teil dieses Buches ausführlich behandelt.

Kapitel 5

Refactoring

Während der Diskussion von Entwicklertests habe ich einen wichtigen Vorteil der Geschichte nur beiläufig erwähnt: Tests helfen dabei, Änderungen sicher durchzuführen. Es ist jedoch offensichtlich, dass es da gewisse Einschränkungen gibt. Wenn Sie zum Beispiel einen größeren Teil Ihres Programms verwerfen und mit neuen Funktionen neu entwickeln, werden eine ganze Reihe von Tests nicht mehr funktionieren. Einige davon werden gar nicht mehr ohne Fehler kompilieren, andere werden fehlschlagen. Sie könnten natürlich neue Tests anbringen, dann wissen Sie allerdings nicht, ob die bestehende Funktionalität noch so gegeben ist, wie die alten Tests sie vorgeschrieben haben. Eine Alternative wäre, die alten Tests an die neuen Gegebenheiten anzupassen. Das ist aber umso schwieriger, je mehr Tests auf einmal nicht mehr funktionieren, da die Ursache für das Nichtfunktionieren der fehlschlagenden Tests nicht mehr einfach zu identifizieren ist.

Wir benötigen also eine Methode zur kontrollierten Änderung von Software. Dazu teilen wir erst einmal die Tätigkeit der Änderung eines Programms in zwei Bereiche auf: die strukturelle Veränderung des Programms *ohne* Verhaltensänderung und die Erweiterung *mit* der gewünschten Verhaltensänderung. Erstere Tätigkeit wird auch als *Refactoring* bezeichnet. Das Ganze hat allerdings nichts mit Faktorisierung zu tun, wie wir es aus der Mathematik kennen und wie es der Name fälschlicherweise suggeriert. Vielmehr ist mit Refactoring die *Neuaufteilung* eines Programms oder eines Teils davon ohne Veränderung des Verhaltens gemeint. Wie wir schon im Kapitel über die objektorientierte Programmierung gesehen haben, kann man ein und dasselbe Verhalten eines Programms auf unterschiedliche Weise realisieren. Wir haben dabei ein und dieselbe Funktionalität prozedural und objektorientiert programmiert. Ein weiteres Beispiel wäre die Maximum-Berechnung, die wir mit Tests untersucht haben. Rufen wir uns dazu noch einmal diese Berechnung in Erinnerung (die Überprüfung auf leere Arrays habe ich hier weggelassen):

```
public class Maximum {
   public static int of(int[] n) {
      int max = Integer.MIN_VALUE;
      for(int i = 0; i < n.length; ++i) {
         if(n[i] > max) {
            max = n[i];
```

```
            }
        }
        Return max;
    }
}
```

Listing 5.1: Maximum-Suche – Iterativ

Wir hätten diese Klasse auch ganz anders implementieren können, nämlich als Rekursion, ganz ohne Schleife, wie das in der funktionalen Programmierung üblich ist:

```
public class Maximum {
    public static int of(int[] n) {
        return max(Integer.MIN_VALUE, 0, n);
    }

    public static int max(int m, int i, int[] n) {
        if(i < n.length) {
            return max(Math.max(m, n[i]), ++i, n);
        } else {
            return m;
        }
    }
}
```

Listing 5.2: Maximum-Suche – Rekursiv

Wenn Sie nun dieselben Tests gegen beide Implementierungen laufen lassen, werden Sie feststellen, dass beide Implementierungen nach außen hin ganz gleich funktionieren. Zur Erinnerung der Test für beide Implementierungen:

```
import junit.framework.TestCase;

public class MaximumTest2 extends TestCase {
    public void testPositiveNumbers() {
        assertEquals(3, Maximum2.of(new int[]{1, 2, 3}));
        assertEquals(3, Maximum2.of(new int[]{3, 2, 1}));
    }

    public void testNegativeNumbers() {
        assertEquals(-1, Maximum2.of(new int[]{-1, -2, -3}));
    }
}
```

Listing 5.3: Tests für die Maximum-Suche

Welche von den beiden Implementierungen die bessere ist, ist eher eine Geschmacksfrage. Je umfangreicher ein Programm ist, desto mehr Möglichkeiten gibt es, es zu implementieren. Im Allgemeinen gibt es keine optimale Implementierung, sondern nur eine oder mehrere gleichwertige optimale Implementierungen in einer bestimmten Situation, also unter den gegebenen Rahmenbedingungen. Hier muss ich leider eine zweite Hoffnung zerstören: Genauso, wie es niemanden gibt, der das Verhalten eines (nicht trivialen) Programms in allen Einzelheiten vorhersagen kann, gibt es auch niemanden, der ein Programm so programmieren kann, dass bei künftigen Erweiterungen keine Änderungen nötig sind.

Das Erweiterungsprinzip, das wir bereits kennengelernt haben, lässt sich in der Praxis leider nur begrenzt umsetzen. In den vergangenen Jahrzehnten sind unzählige Lösungen vorgeschlagen worden, mit denen man Programme für jede Art von künftigen Änderungen vorbereiten kann, sie sind aber durchweg in der Praxis gescheitert. Es mag zwar da und dort Einzelfälle geben, wo es irgendjemand geschafft hat, alles von vornherein richtig vorherzusehen, wir wollen uns bei der Softwareentwicklung jedoch besser nicht auf Zufallstreffer verlassen, sondern tragfähigen Lösungen, die in der überwiegenden Mehrzahl der Fälle funktionieren, den Vorzug geben.

> **Wichtig**
>
> Wenn also Änderungen unvermeidbar sind, müssen wir darauf hinarbeiten, dass wir diese möglichst sicher und mit vertretbarem Aufwand durchführen können. Die Bausteine dazu haben wir bereits teilweise kennengelernt: Die objektorientierte Programmierung liefert uns die Flexibilität, die Tests liefern uns die Sicherheit, die Aufteilung von Refactoring und Erweiterung liefert uns die Kontrolle über den Entwicklungsvorgang.

5.1 Refactoring in unterschiedlichen Größenordnungen

Leider ist der Begriff Refactoring nicht auf eine gewisse Größenordnung beschränkt. Damit können kleinräumige Änderungen wie das Umbenennen eines Bezeichners gemeint sein, aber auch großräumige Änderungen wie die »verhaltensinvariante Umgestaltung« (Umgestaltung, ohne das Verhalten zu ändern) ganzer Programme. In diesem Zusammenhang ist es wichtig zu verstehen, dass sich auch die umfangreichsten Refactorings letztlich aus elementaren Refactorings – auch *Mikro-Refactorings* genannt – zusammensetzen. Es ist also nötig, sich mit elementaren Refactorings vertraut zu machen, bevor man komplexere Refactorings in Angriff nimmt. In diesem Kapitel werde ich eine kleine Auswahl an elementaren Refactorings beschreiben. Es werden nur jene Refactorings vorgestellt, die für das Verständnis der weiteren Teile dieses Buches nötig sind. Im dritten Teil werden wir diese Techniken anwenden, um Tests für Codebestandteile zu entwickeln, die sich nicht ohne Vorarbeiten testen lassen. Und im vierten Teil werden wir diese Techniken verwenden, um bestehenden Code unter Einsatz von Entwurfsmustern übersichtlicher und flexibler zu gestalten.

> **Tipp**
>
> Für eine gründlichere Betrachtung elementarer Refactorings empfehle ich ausdrücklich, zumindest Martin Fowlers Standardwerk »Refactoring: Improving the Design of Existing Code« [M. Fowler 1999] zu diesem Thema zu lesen. Auch für dieses Buch gibt es inzwischen eine deutsche Übersetzung!

5.2 Umbenennen von Bezeichnern

Auf den ersten Blick scheint die Sache trivial, besonders da aktuelle Entwicklungsumgebungen Bezeichner (Namen von Packages, Interfaces, Klassen, Methoden, Variablen) auf Wunsch automatisch überall im Quelltext ändern, wo sie auftreten, dennoch ist dieses Refactoring wahrscheinlich eines der wichtigsten. Es ist nämlich nicht immer ganz einfach, den richtigen Namen für einen Bezeichner zu finden. Eine gute Dokumentation ist keinerlei Ersatz für einen aussagekräftigen Namen. Je besser Sie Ihre Bezeichner benennen, desto verständlicher wird der Code. Sie verlagern dadurch die Dokumentation in den Quellcode selbst. Es ist keineswegs Zeitverschwendung, sich bei der Suche nach den richtigen Bezeichnungen Zeit zu lassen. Bedenken Sie, dass Quelltext sehr viel öfter gelesen, als verändert wird – und das zudem noch von unterschiedlichsten Personen. Die Zeit, die Sie für die Suche nach guten Namen investieren, ersparen Sie den Lesern Ihres Quelltextes. Die berüchtigten »Quelltextexpeditionen«, bei denen oft eine Schar von Entwicklern herauszufinden versucht, wie ein gewisser Programmteil funktioniert, mögen zwar für manche Entwickler unterhaltsam sein, die Kosten dafür sind aber beträchtlich. Die Wahl der richtigen Bezeichnungen ist daher ein unvermeidlicher Schritt auf dem Weg zu einem verständlichen Quellcode.

5.3 Methode extrahieren (Extract Method)

Wir haben bereits über das Einzelzuständigkeitsprinzip für Methoden gesprochen. Lange Methoden sind schwer zu verstehen und behindern die Wiederverwertung und Testbarkeit. Dank der Unterstützung moderner Entwicklungsumgebungen ist das Extrahieren, also Herauslösen von Teilmethoden aus einer größeren keine allzu große Herausforderung mehr, auch wenn manchmal ein paar Vorarbeiten nötig sind. Betrachten wir zunächst einmal einen einfachen Fall:

```
public class CountryCode {
   private final String code;

   public CountryCode(String code) {
      if(code == null || code.length() != 2) {
         throw new IllegalArgumentException(
               "Malformed country code");
      }

      this.code = code.toUpperCase();
   }

   public String getCode() {
      return code;
   }
}
```

Listing 5.4: Methode extrahieren – Ausgangssituation

Im Konstruktor befindet sich der Code für die formale Überprüfung des Landescodes. Sie wirft eine Exception, wenn der Code null ist oder wenn er nicht aus genau zwei Zeichen besteht. Da es sich ausschließlich um eine Überprüfung handelt, die die Variable code nicht verändert, kann man sie ohne Schwierigkeiten in eine eigene Methode extrahieren.

In diesem einfachen Fall kann die Extraktion von der Entwicklungsumgebung automatisch durchgeführt werden. Sie müssen lediglich den Code, den Sie extrahieren wollen, auswählen und das Refactoring *Methode extrahieren* auswählen. Dann werden Sie nach dem Namen der neuen Methode gefragt – nennen wir sie hier doFormalCodeCheck. Den Rest macht die Entwicklungsumgebung automatisch. Alternativ könnten Sie auch die Methoden ohne Inhalt manuell erstellen und den Code aus dem Konstruktor in den Methodenrumpf kopieren. Abschließend können Sie den Code aus dem Konstruktor entfernen und den Methodenaufruf implementieren.

Das Ergebnis der Extraktion sieht dann wie folgt aus:

```
public class CountryCode {
   private final String code;

   public CountryCode(String code) {
      doFormalCodeCheck(code);
      this.code = code.toUpperCase();
   }
```

```
private void doFormalCodeCheck(String code) {
    if(code == null || code.length() != 2) {
        throw new IllegalArgumentException(
            "Malformed country code");
    }
}

public String getCode() {
    return code;
}
```

Listing 5.5: Ergebnis der Extraktion

Der Vorteil der Extraktion ist hier unmittelbar erkennbar: Die Verantwortlichkeiten der Objekterzeugung und der Überprüfung werden getrennt. Auch wenn hier das Risiko gering ist, dass Sie die Funktionalität des Konstruktors verändern, sollten Sie dennoch nicht auf Tests verzichten.

> **Vorsicht**
>
> Beachten sie auch, dass sich nicht jeder Code beliebig extrahieren lässt. Besonders wenn der zu extrahierende Code Anweisungen wie `return`, `break` oder `continue` enthält oder mehrere Variablen ändert, müssen Sie zusätzliche Variablen einführen, damit die Zustandsänderung korrekt wieder an die aufrufende Methode zurückkommt.

5.4 Methode auflösen (Inline Method)

Oft kommt es vor, dass man eine bessere Aufteilung einer Methode findet, nachdem man die Methode bereits extrahiert hat. Dann ist es sinnvoll, die Methode(n) wieder aufzulösen. Wenn dazu der Undo-Mechnaismus der Entwicklungsumgebung nicht mehr verwendet werden kann, hilft das Refactoring *Methode auflösen* der Entwicklungsumgebung. Es stellt die Umkehrung des Refactorings *Methode extrahieren* dar und ist an keine Voraussetzungen gebunden.

5.5 Methode verschieben (Move Method)

Mit *Methode verschieben* ist die Verlagerung einer Methode von einer Klasse in eine andere gemeint. Dieses Refactoring hilft dabei, Funktionalitäten, die eng mit einer Klasse verknüpft sind, in diese Klasse selbst zu verlagern.

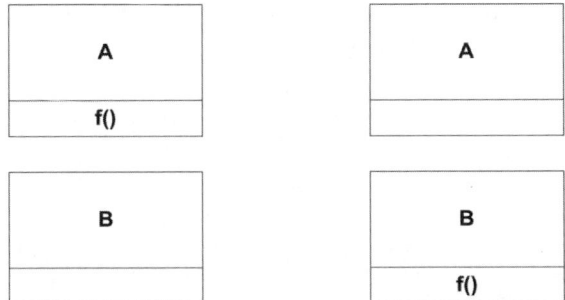

Abb. 5.1: Vor dem Verschieben – nach dem Verschieben

Denken wir uns zum Beispiel eine Klasse `Person`, die durch eine Identifikationsnummer ID identifiziert wird. Sie hat die Methode `idAsString`, die den Wert der Identifikationsnummer als String zurückgibt. Da das Umwandeln der ID in einen String nicht zu den Aufgaben der Klasse `Person` gehört, wollen wir diese Methode in die Klasse ID verschieben.

```java
public class ID {
    private final int id;

    public ID(int id) {
        this.id = id;
    }

    public int getID() {
        return id;
    }
}

public class Person {
    ID id;

    public String idAsString() {
        return String.valueOf(id.getID());
    }
}
```

Listing 5.6: Methode verschieben – Ausgangssituation

Entwicklungsumgebungen wie Eclipse machen das dankenswerterweise vollautomatisch: Es werden mögliche Klassen vorgeschlagen, in die die Methode verschoben werden kann. Wählt man eine aus, kopiert die Entwicklungsumgebung die

Methode um und ändert den Zugriff auf die Methode des Zielobjekts (`id.getID`) in einen Zugriff auf die eigene Methode um (`this.getID`):

```java
public class ID {
    private final int id;

    public ID(int id) {
        this.id = id;
    }

    public int getID() {
        return id;
    }

    public String idAsString() {
        return String.valueOf(getID());
    }
}

public class Person {
    ID id;

    public String idAsString() {
        return String.valueOf(id.getID());
    }
}
```

Listing 5.7: Nach dem Verschieben

Natürlich stößt die Entwicklungsumgebung bei komplexen Methoden an ihre Grenzen. In diesem Fall muss man oft einige Vorarbeiten leisten, beispielsweise abhängige Felder oder Methoden vorweg verschieben, damit die Verschiebung gelingt. Nichtsdestotrotz ist diese Unterstützung in der Praxis ungemein hilfreich.

5.6 Methode hochziehen (Pull-Up Method)

Dieses Refactoring bezieht sich auf Veränderungen in einer Vererbungshierarchie. Mit »Hochziehen« ist die Verlagerung einer Methode der Kindklasse in die Elternklasse gemeint. Das kann mithilfe der Entwicklungsumgebung geschehen oder durch einfaches Kopieren der Methode in die Elternklasse und Löschen der ursprünglichen Methode in der Kindklasse.

5.6 Methode hochziehen (Pull-Up Method)

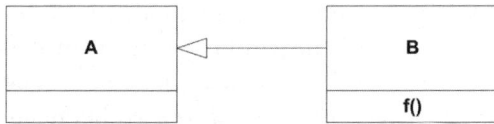

Abb. 5.2: Vor dem Hochziehen

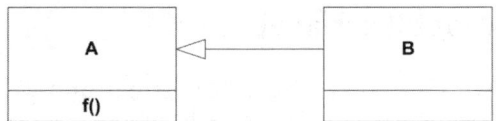

Abb. 5.3: Nach dem Hochziehen

Dieses zugegebenermaßen unspektakuläre Refactoring ist besonders dazu geeignet, Duplikate in Vererbungshierarchien zu entfernen. Stellen wir uns dazu eine Elternklasse A vor, von der die Kindklassen B und C abgeleitet sind. Beide Kindklassen implementieren die identische Methode f. Jetzt liegt es natürlich nahe, die Methode in die Elternklasse hochzuziehen, dann kann sie von allen Kindklassen verwendet werden.

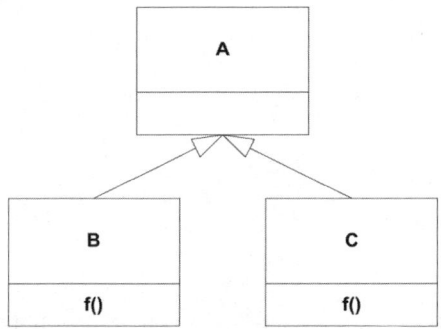

Abb. 5.4: Vor dem Hochziehen

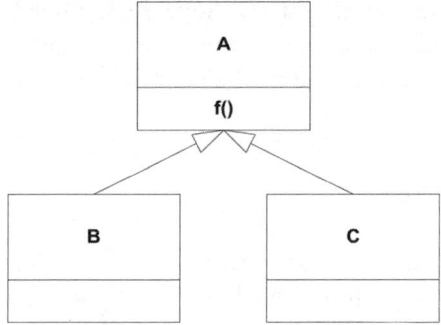

Abb. 5.5: Nach dem Hochziehen

Es kommt allerdings selten vor, dass wirklich zwei identische Methoden in Kindklassen auftreten, häufiger finden sich jedoch ähnliche Funktionalitäten in den Methoden beider Implementierungen. In diesem Fall muss man die gemeinsame Funktionalität erst einmal mittels des Refactorings *Methode extrahieren* herauslösen, bevor man sie endgültig hochzieht und das Duplikat dadurch entfernt.

5.7 Interface extrahieren (Extract Interface)

Beim Refactoring *Interface extrahieren* wird ein neues Interface erstellt und die bestehende Klasse von diesem Interface abgeleitet. Zusätzlich können noch Methodendeklarationen der Kindklasse in das Interface übernommen werden.

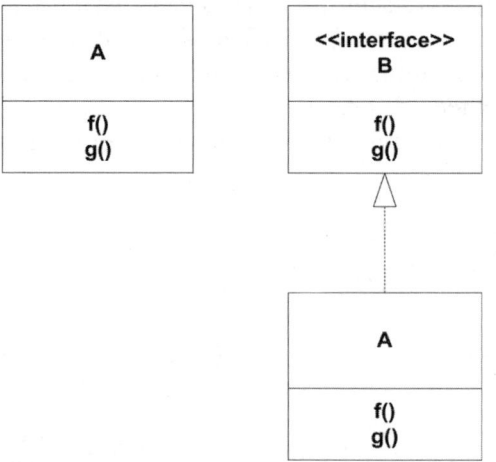

Abb. 5.6: Vor der Extraktion – nach der Extraktion

Entwicklungsumgebungen wie Eclipse schaffen auch das automatisch. Zusätzlich besteht noch die Möglichkeit, überall dort, wo die Kindklasse verwendet wird, das Interface zu nutzen, soweit das möglich ist. Eingesetzt wird dieses Refactoring vor allem, um das Abhängigkeits-Inversionsprinzip umzusetzen. Sobald die Abhängigkeiten auf das Interface umgelenkt sind, kann man auch andere Implementierungen als die ursprüngliche Kindklasse verwenden, beispielsweise eine Testimplementierung.

5.8 Klasse extrahieren (Extract Class)

Das Extrahieren von Klassen funktioniert ähnlich wie das Extrahieren von Interfaces, mit dem Unterschied, dass Methoden gleich mit in die Elternklasse hochgezogen werden können. Interfaces können ja nur abstrakte Methoden enthalten, weshalb man auch nur die Deklaration selbst in ein Interface übernehmen kann. Elternklassen hingegen können Methoden direkt von der Kindklasse übernehmen, wodurch die Deklaration in der Kindklasse überflüssig wird. Man kann natürlich die Schritte des Extrahierens der Elternklasse und des Hochziehens der Methode auch trennen, wenn man noch nicht so genau weiß, welche Methoden in die Elternklasse hochgezogen werden sollen.

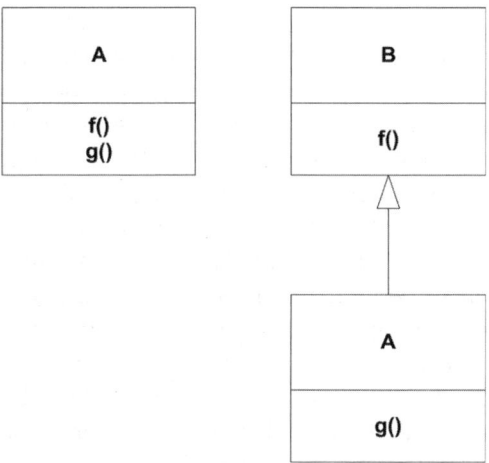

Abb. 5.7:   Vor der Extraktion – nach der Extraktion

Im obigen Diagramm wird lediglich die Methode f mit der Extraktion hochgezogen. Es ist natürlich auch möglich, alle Methoden zu verschieben. Analog zur Extraktion von Interfaces können Entwicklungsumgebungen auf Wunsch die Verwendung der Kindklasse auf die Elternklasse umleiten. Zusätzlich überprüft die Entwicklungsumgebung auch, ob die Elternklasse eine Methode überhaupt übernehmen kann, das heißt, sie überprüft, ob es Abhängigkeiten zu Feldern oder Methoden der Kindklasse gibt.

5.9 Ein Schritt nach dem anderen

Die beschriebenen Refactorings sehen auf den ersten Blick trivial aus, daher verführen sie besonders unerfahrene Programmierer zur Unachtsamkeit und gewagten Abkürzungen. Schlussendlich macht der Code aus unerfindlichen Gründen nicht mehr das, was er eigentlich tun soll und eine lange und mühsame Fehlersuche beginnt.

Um das zu vermeiden sollte man schrittweise vorgehen und sich mit möglichst wenigen Änderungen von einem stabilen Zustand des Programms zum nächsten vorarbeiten. Ein stabiler Zustand des Programms ist jener, der weder Syntaxfehler noch fehlschlagende Tests verursacht. Wenn Sie an bestehendem Code arbeiten, sollten Sie sich realistische (Zwischen-)Ziele setzen, die Sie mit wenigen Refactorings erreichen können. Zusätzlich sollten Sie die Quellcodeverwaltung als Rückversicherung bereit haben, damit Sie zu einem stabilen Zustand zurückkehren können, sollte ein Refactoring doch einmal schief gehen.

5.10 Refactorings skizzieren

Wenn Sie nicht wissen, ob Sie die geplanten Refactorings zum gewünschten Ziel führen, skizzieren Sie zunächst einmal in einem privaten Verzeichnis, wie das Programm aussehen soll. Dazu erstellen Sie als Erstes ein Verzeichnis (das natürlich unter keinen Umständen in der Quellcodeverwaltung landen darf), kopieren alle Dateien, die Sie benötigen, in dieses Verzeichnis und gestalten dort alles so um, wie es nach dem Refactoring aussehen sollte. Sie brauchen hier natürlich keine Vorsicht walten zu lassen; das Ganze muss nicht einmal frei von Syntaxfehlern sein: Wenn das Ergebnis Ihren Erwartungen entspricht, wenden Sie die passenden Refactorings im »echten« Quellcode an, bis das Ergebnis dem entspricht, was Sie zuvor skizziert hatten. Oft benötigt man auch mehrere Skizzen, bis man zum gewünschten Ergebnis kommt. Es ist generell besser, unterschiedliche Lösungen auszuprobieren, bevor man sich für eine schlechte entscheidet. Die Investition lohnt sich auf jeden Fall. Wichtig ist nur, dass man nicht zu früh vor vollendeten Tatsachen steht und jederzeit zu einem stabilen Zustand des Programms zurückkehren kann, ohne dass man allzu viel Arbeit verliert.

> **Tipp**
>
> Ich verwende die Technik des Skizzierens auch für Neuentwicklungen und Erweiterungen. Besonders am Anfang ist es für mich immer schwierig, wirklich Tritt zu fassen. Ich probiere dann einige Varianten aus und hole mir jede Anregung, die ich bekommen kann, selbst auf die Gefahr hin, dass meine geschätzten Kollegen mit der Zeit auf meine vielen Fragen mürrisch reagieren. Trotzdem lohnt es sich, denn sie reagieren noch viel mürrischer, wenn ich schlechten Code abliefere.

Kapitel 6

Fehlerbehandlung

Die Fehlerbehandlung in Programmen ist einer jener Bereiche, die von vielen Programmierern am liebsten ignoriert würden. Das liegt nicht etwa daran, dass sie die Fehlerbehandlung vorsätzlich außer Acht lassen, sondern zum einen an der Tatsache, dass sie sich nicht über die Risiken bewusst sind, die eine schlechte Fehlerbehandlung verursacht und zum anderen daran, dass sie nicht wissen, wie man eine brauchbare Fehlerbehandlung implementiert. Oberflächlich betrachtet steht die Fehlerbehandlung dem Fortkommen während der Programmierung im Weg – schließlich will man ja funktionierende Implementierungen vorzeigen und sich nicht mit Dingen herumschlagen, die irgendwann einmal auftreten könnten. Genau diese Betrachtung ist aber grundfalsch. Ob man will oder nicht: In einem Programm können überall unerwünschte Zustände auftreten – sei es, weil sich der Benutzer vertippt hat, der Datenbankserver abgeschmiert ist oder als Folge eines Fehlers im Programm selbst. Man kommt also nicht darum herum, sich mit der Fehlerbehandlung zu befassen und weil dieses Thema meines Erachtens nach in der gängigen Literatur zu kurz kommt, möchte ich hier eine Einführung in die Thematik nachliefern.

6.1   Die Anfänge

In den Anfängen der Programmierung wurden Fehlerzustände durch Prozessorregister (oder Teilen davon, den sogenannten »Flags«) oder Variablenwerte signalisiert. Die Fehlerzustände wurden dann entweder durch Rückgabeparameter von Funktionen oder durch globale Variablen weitergegeben. Das Problem dabei war, dass der Code zur Weiterleitung und Behandlung von Fehlerzuständen schon bei kleineren Programmen schnell ausuferte. Wenn Sie sich zum Beispiel ein altes C-Programm ansehen, werden Sie bemerken, dass die eigentliche Funktionalität komplett von der Fehlerbehandlung überwuchert wurde. Es ist dann einfach nicht mehr festzustellen, ob wirklich alle Fehlerzustände richtig behandelt werden oder ob der eine oder andere vergessen wurde – Letzteres war in komplexen Programmen praktisch immer der Fall. Vergessene Fehlerzustände führen jedoch zu unberechenbarem Verhalten, im schlimmsten Fall zum Schaden des Benutzers.

Das folgende Beispiel demonstriert die Weiterleitung eines Fehlers durch den Rückgabewert. Da Letzterer für die Fehlerweiterleitung gebraucht wird, muss das

Kapitel 6
Fehlerbehandlung

Ergebnis der Methode über den Umweg eines `StringBuffers` zurückgegeben werden:

```java
public class FunctionReturnCodeErrorHandling {

    public static int replace(String wherein, String what,
            String replacement, StringBuffer result) {
        if(wherein == null || wherein.length() == 0 || result == null) {
            return -1;
        }

        result.append(wherein.replaceAll(what, replacement));

        return 0;
    }

    public static void main(String args[]) {
        StringBuffer result1 = new StringBuffer();
        int res1 = replace("a and b", "and", "or", result1);

        StringBuffer result2 = new StringBuffer();
        if(res1 == 0) {
            int res2 = replace(result1.toString(), "or",
                    "xor", result2);
            if(res2 != 0) {
                System.exit(res2);
            }
        }
        System.out.println(result2.toString());
    }
}
```

Listing 6.1: Fehlerweiterleitung mittels Return-Code

Die Alternative wäre die Rückgabe eines Wertobjekts bestehend aus Fehlercode und String. Das macht die Sache aber auch nicht einfacher. Die nächste Variante speichert den Fehlerzustand in eine globale Variable. Dadurch kann der Rückgabewert wieder für die Rückgabe des Ergebnisses genutzt werden. Die umständliche Fehlerbehandlung in `main` bleibt jedoch bestehen:

```java
public class GlobalVariableErrorHandling {
    public static int errorCode = 0;

    public static String replace(String wherein, String what,
```

```java
            String replacement) {
        if(wherein == null || wherein.length() == 0) {
            errorCode = -1;
            return "";
        }

        return wherein.replaceAll(what, replacement);
    }

    public static void main(String args[]) {
        String result = replace("a and b", "and", "or");
        if(errorCode == 0) {
            result = replace(result, "or", "xor");
            if(errorCode != 0) {
                System.exit(errorCode);
            }
        }
        System.out.println(result.toString());
    }
}
```

Listing 6.2: Fehlerweiterleitung mittels globaler Variable

Später wurde dann versucht, die Fehlerbehandlung in zentrale Funktionen auszulagern (wie das beispielsweise bei der Signalverarbeitung von Unix und Linux passiert). Das Ganze funktioniert allerdings nur, wenn die Funktion das Programm bei einem Fehler abbrechen kann. Muss das Programm weiterlaufen, müssen die Informationen für diesen Fehler wieder in globalen Variablen verwaltet werden. Dann muss jede nachfolgende Operation erst erneut prüfen, ob in der gegebenen Fehlersituation wirklich weitergemacht werden kann oder ob ein Folgefehler weitergereicht wird.

```java
public class FunctionalErrorHandling {
    public static void onError(int code) {
        System.exit(code);
    }

    public static String replace(String wherein, String what,
            String replacement) {
        if(wherein == null || wherein.length() == 0) {
            onError(-1);
            return "";
        }
```

```
        return wherein.replaceAll(what, replacement);
    }

    public static void main(String args[]) {
        String result = replace("a and b", "and", "or");
        result = replace(result, "or", "xor");
        System.out.println(result.toString());
    }
}
```

Listing 6.3: Fehlerbehandlung mit Fehlerfunktion

6.2 Ausnahmebehandlung

Der einzig sinnvolle Ausweg war ein Sprung über Funktionsgrenzen hinweg, der die *Aufrufkette* (den *Call Stack*) durchbricht und zu einem definierten Punkt weiter am Anfang der Kette springt. Die Aufrufkette erkennen Sie, wenn Sie den Stack Trace einer Exception betrachten, mit dem Unterschied, dass der Stack Trace die Aufrufkette verkehrt herum angezeigt, also den letzten Funktionsaufruf zuerst.

```
testPositiveNumbers(MaximumTest)junit.framework.AssertionFailedError:
    expected:<3> but was:<2>
  at MaximumTest.testPositiveNumbers(MaximumTest.java:9)
  at sun.reflect.NativeMethodAccessorImpl.invoke0(Native Method)
  at sun.reflect.NativeMethodAccessorImpl.invoke(
    NativeMethodAccessorImpl.java:39)
  at sun.reflect.DelegatingMethodAccessorImpl.invoke(
    DelegatingMethodAccessorImpl.java:25)
  at MaximumTest.main(MaximumTest.java:13)
```

Listing 6.4: Beispiel für einen Stack Trace

Bei diesem Sprung müssen natürlich alle Informationen über die Fehlerursache zu einem Punkt gelangen, wo die eigentliche Fehlerbehandlung stattfindet. Es kann dort selbstverständlich wieder ein Folgefehler auftreten, dann kann zu einem weiteren Punkt noch höher in der Aufrufkette gesprungen werden. Die erste Programmiersprache, die die *Ausnahmebehandlung* (*Exceptions*) beherrschte, war wahrscheinlich PL/I, welche im Jahr 1967 bei IBM entwickelt wurde. In Java waren Exceptions von Anfang an fixer Bestandteil der Sprache und aller Bibliotheken. Besonders letzterer Umstand sorgt für einen einheitlichen Fehlerbehandlungsmechanismus über Bibliotheksgrenzen hinweg – ein Luxus, der einem nicht in allen Programmiersprachen (für FORTRAN, COBOL, PASCAL und viele weitere Sprachen kennen zumindest in älteren Versionen keine Exceptions, in ANSI C kann man sie zumindest nachbilden) zuteil wird. Exceptions in Java sind Objekte wie andere auch, jedoch mit dem Unterschied, dass sie »geworfen« werden können. Der Begriff »werfen« ist dabei gleichbedeutend mit dem zuvor beschriebenen Sprung über Funktionsgrenzen hinweg.

```java
public class ExceptionErrorHandling {
    public static String replace(String wherein, String what,
            String replacement) {
        if(wherein == null || wherein.length() == 0) {
            throw new RuntimeException();
        }

        return wherein.replaceAll(what, replacement);
    }

    public static void main(String args[]) {
        try {
            String result = replace("a and b", "and", "or");
            result = replace(result, "or", "xor");
            System.out.println(result.toString());
        } catch(RuntimeException e) {
            System.exit(-1);
        }
    }
}
```

Listing 6.5: Fehlerbehandlung mit Exception

Es ist bemerkenswert, dass alle in diesem Kapitel bisher gezeigten Programme exakt das Gleiche machen, obwohl ihre Komplexität offensichtlicherweise so unterschiedlich ist.

> **Wichtig**
>
> Der große Vorteil von Exceptions ist der, dass man die eigentliche Funktionalität eines Programms (den »Schönwetter-Code«) von der Fehlerbehandlung (dem »Schlechtwetter-Code«) trennen kann. Dadurch tritt die eigentliche Funktionalität klar zum Vorschein. Wie schon erwähnt, kann man eine Exception auch weiterleiten und zu einem späteren Zeitpunkt behandeln. Dadurch lässt sich die Fehlerbehandlung dort konzentrieren, wo es am sinnvollsten ist.

6.3 Der dreiphasige Prozess

Nachdem wir den unschätzbaren Vorteil von Exceptions als Bestandteil der Programmiersprache Java hoffentlich ausreichend erörtert haben, möchte ich ganz generell auf die Fehlerbehandlung in größeren Programmen eingehen. Diese müssen üblicherweise mit einer großen Zahl an möglichen Fehlerzuständen umgehen, weswegen hier ein durchgängiges Konzept zur Fehlerbehandlung notwendig ist. Um zu erklären, wie man zu so einem Konzept kommt, denken wir uns den gesamten Fehlerbehandlungsprozess in drei Phasen aufgeteilt: die Fehlerauslösung, die Fehlerweiterleitung und die eigentliche Fehlerbehandlung in Form von Fehlerprotokollierung und Kompensation.

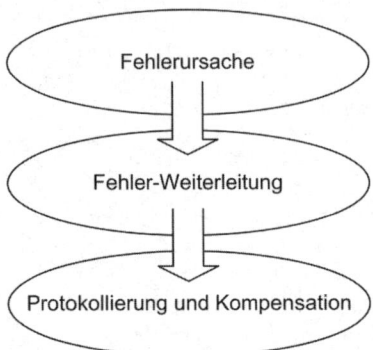

Abb. 6.1: Die drei Phasen des Fehlerbehandlungsprozesses

6.3.1 Fehlerauslösung

Hier beginnt der Prozess der Fehlerbehandlung. Es wird irgendwo ein fehlerhafter Zustand erkannt oder über irgendeine Infrastrukturkomponente (Dateisystem, Datenbank etc.) in die Anwendung eingeführt. Ersteres bedeutet, dass eine zuvor festgelegte Bedingung aus irgendeinem Grund nicht erfüllt worden ist. In letzterem Fall war eine Bedingung außerhalb des Programms nicht erfüllt, die Auswirkung davon wird jedoch in das Programm übergeleitet. Ganz generell kann man (zumindest) drei verschiedene Fehlerzustände unterscheiden:

- Fehlerzustände ausgelöst durch ungültige Benutzeraktivitäten.
- Fehlerzustände ausgelöst durch Infrastrukturkomponenten.
- Fehlerzustände durch Programmierfehler

Es ist ungemein wichtig, dass der Fehler dort ausgelöst wird, wo die geforderte Bedingung nicht erfüllt ist und nicht erst im Zuge einer Folgeoperation. So wird verhindert, dass die Fehlerursache verschleiert wird und sich dadurch die Fehlerbehebung unnötig erschwert. Das hier ist zum Beispiel ein sogenannter »Panik-Catch-Block«:

```
public class Maximum {
    public static int of(int[] n) {
        try {
```

```
            if(n.length == 0) {
                throw new ArrayIndexOutOfBoundsException(0);
            }
            int max = Integer.MIN_VALUE;
            for(int i = 0; i < n.length; ++i) {
                if(n[i] > max) {
                    max = n[i];
                }
            }
            return max;
        } catch(Exception e) {
            IllegalStateException f =
                new IllegalStateException(e.getMessage());
            f.initCause(e);
            throw f;
        }
    }
}
```

Listing 6.6: Beispiel für einen Panik-Catch-Block

Dieser verschleiert die Ursache des Problems: In der Variablen n wird null übergeben. Solche Konstrukte werden aus der Angst heraus implementiert, nicht zu wissen, welche Exceptions geworfen werden können. Sollten Sie nicht wissen, welche Exceptions geworfen werden, sehen Sie am besten in der Dokumentation nach und schreiben automatisierte Tests, die bestätigen, dass Ihre Annahmen auch stimmen. Im obigen Beispiel sollte man daher erst einmal den Array auf Gültigkeit überprüfen, bevor die eigentliche Berechnung beginnt:

```
public class Maximum {
    public static int of(int[] n) {
        assertValidArray(n);
        int max = Integer.MIN_VALUE;
        for(int i = 0; i < n.length; ++i) {
            if(n[i] > max) {
                max = n[i];
            }
        }
        return max;
    }

    private static void assertValidArray(int[] n) {
        if(n == null) {
            throw new NullPointerException(
```

```
            "Cannot calculate the maximum of null");
    }
    if(n.length == 0) {
        throw new IllegalArgumentException(
            "Cannot calculate the maximum of an empty array");
    }
  }
}
```

Listing 6.7: Maximum-Berechnung mit Guard Clause

Die Methode `assertValidArray` ist eine sogenannte *Wächter-Klausel (Guard Clause)*. Sie überprüft die Vorbedingungen, die erfüllt sein müssen, bevor eine nachfolgende Aktivität durchgeführt wird.

> **Vorsicht**
>
> Auf keinen Fall sollten Sie Exceptions durch einen leeren Catch-Block ignorieren, es sei denn, Sie sind sicher, dass dadurch keine Folgeprobleme entstehen. Kommen Sie auch bitte nicht auf die Idee, auf archaische Methoden zurückzugreifen und eine Fehlfunktion durch Rückgabe einer `null` oder eines Fehlercodes anzuzeigen. Was das bewirkt, haben wir eingangs bereits ausführlich besprochen. Stellen Sie weiterhin sicher, dass Sie alle relevanten Informationen in der Exception mitgeben. Dies ist einfach möglich, da Exceptions ja auch nichts anderes als Klassen sind, die Felder haben können wie jede andere Klasse auch.

6.3.2 Fehlerweiterleitung

In dieser Phase wird die Fehlerinformation durch die Schichten des Programms weitergeleitet. Es ist dabei nicht immer sinnvoll, Exceptions durch alle Schichten eines Programms durchfallen zu lassen. Man kann dabei nämlich wertvolle Informationen über den Zusammenhang, in dem ein Fehler aufgetreten ist, verlieren. Eine `FileNotFoundException` ist zum Beispiel eine rein technische Information. Sie sagt nichts über den Zusammenhang aus, in dem der Fehler auftrat. Im folgenden Beispiel wird die `FileNotFoundException` abgefangen und die Folge-Exception `ConfigurationMissingException` mit einer Aussage aus dem Zusammenhang eines Programms geworfen. Dadurch wird der Fehlerzustand im konkreten Zusammenhang der Anwendungsschicht interpretiert (technisch: `FileNotFoundException` fachlich: `ConfigurationMissingException`).

```
try {
    loadConfigurationFile(file);
} catch(FileNotFoundException) {
```

```
    ConfigurationMissingException f =
      new ConfigurationMissingException(file);
    f.initCause(e);
    throw f;
  }
```
Listing 6.8: Beispiel für Fehlerweiterleitung

> **Vorsicht**
>
> Stellen Sie sicher, dass Sie bei der Fehlerweiterleitung die ursprüngliche technische Information nicht verlieren. Das realisiert man am besten, indem man die neue Folge-Exception mit der vorigen verkettet, wie es im obigen Beispiel gemacht wurde. Die vorhergehende Exception einfach zu loggen und die Folge-Exception ohne Verkettung zu werfen, ist keine gute Idee, da Sie den Zusammenhang zwischen der Log-Information und einer späteren Fehlermeldung unter Umständen nicht wiederherstellen können.

6.3.3 Gruppieren von Fehlern

Je weiter Sie die Aufrufkette nach oben schreiten, desto mehr Exceptions müssen aus den unterhalb befindlichen Anwendungsschichten behandelt werden. Hier hat es sich bewährt, Exceptions über Vererbungshierarchien zu gruppieren. Dadurch verlieren Sie keine Granularität, das heißt, Sie können immer noch zwischen vielen unterschiedlichen Fehlerzuständen unterscheiden, brauchen aber nur eine Eltern-Exception in den Methodendeklarationen zu deklarieren. Eine andere Möglichkeit, Exceptions zu gruppieren, ist die, eine Exception mit einem Fehlercode auszustatten. Dies lässt sich auch sehr gut mit Vererbungshierarchien kombinieren.

6.3.4 Fehlerprotokollierung und Kompensation

In der letzten Phase wird der Fehler schließlich protokolliert und in eine Fehlermeldung übersetzt, mit der der Benutzer etwas anfangen kann. Zusätzlich kann auch ein Administrator durch irgendeinen Verständigungsmechanismus informiert werden. Passen Sie dabei auf, dass jeder Adressat der Fehlerbenachrichtigung nur jene Informationen bekommt, die für die Fehlerbehebung notwendig sind. Stack Traces und Fehlerinformationen einer Datenbank sind keine geeigneten Informationen für einen Benutzer (auch wenn das bei der Fehlersuche noch so praktisch ist).

Für Administratoren und Programmierer auf der anderen Seite sind zusätzliche technische Informationen ungemein wichtig. Ein Administrator muss zum Beispiel wissen, ob er den Fehler selbst beheben kann (indem er beispielsweise die

Berechtigungen für ein Verzeichnis korrigiert) oder ob es sich um einen Programmierfehler handelt.

Mit »Kompensation« sind hier abschließende Maßnahmen wie ein `rollback` auf die Datenbankverbindung gemeint. Man sollte sich in diesem Zusammenhang jedoch vor Folgefehlern in Acht nehmen. So sollte die ursprüngliche Fehlerinformation beispielsweise nicht durch einen nicht funktionierenden Verständigungsmechanismus verloren gehen.

6.4 Ein Beispiel

In der folgenden Abbildung ist eine Fehlerbehandlung von der Auslösung bis zur Anzeige der Fehlermeldung in der Benutzeroberfläche skizziert. Die Fehlerinformation ändert sich dabei jedes Mal, wenn der Fehler eine weitere Schicht der Anwendung passiert. Schlussendlich wird die Information für jeden Adressaten gesondert übersetzt und mit den passenden Fehlerinformationen angereichert. Der Benutzer bekommt dann eine Version gemäß der jeweiligen Spracheinstellung.

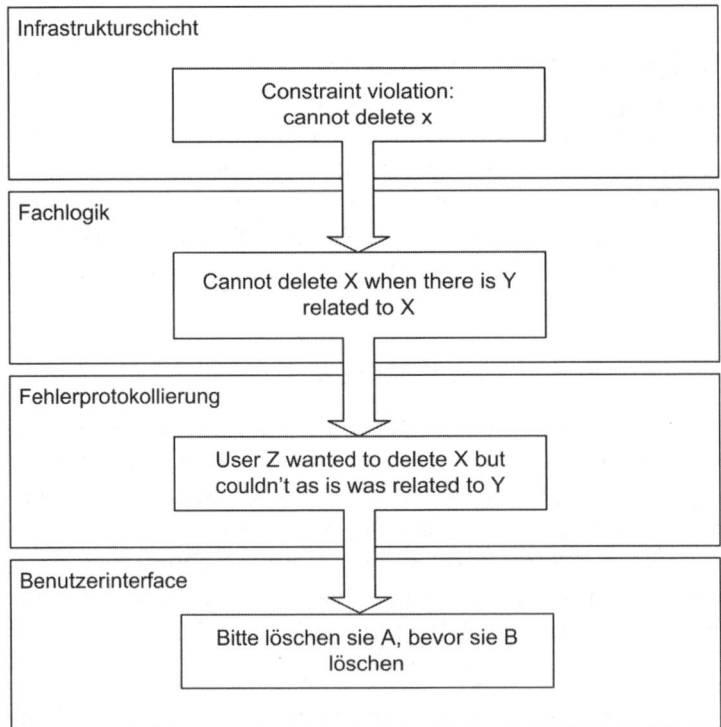

Abb. 6.2:   Beispiel einer Fehlerbehandlung

> **Wichtig**
>
> Die Investition in eine brauchbare Fehlerbehandlung zahlt sich auf jeden Fall aus. Die Vorteile für alle Beteiligten sind unschätzbar, da man leider nicht jeden Fehler vorab erkennen und beheben kann. Im laufenden Betrieb ist die Fehlerbehandlung die einzige Quelle für Informationen über mögliche Probleme, deshalb sollte man sich die Zeit nehmen, die Fehlerbehandlung sinnvoll zu gestalten. Im vierten Teil werden wir Techniken kennenlernen, mit denen wir eine unzureichende Fehlerbehandlung in einer bestehenden Anwendung verbessern.

Teil II

Weiterentwicklung bestehender Systeme ohne vorhandene Tests

In diesem Teil:

- **Kapitel 7**
  Bestehende Systeme mit Tests erweitern 137

- **Kapitel 8**
  Abschotten neuer Funktionalitäten durch implizite Tests 155

Kapitel 7

Bestehende Systeme mit Tests erweitern

7.1 Irgendwo muss man anfangen

Jede weite Reise beginnt mit dem ersten Schritt.
(Chinesisches Sprichwort)

Die im ersten Teil vorgestellten Techniken können Sie in neuen Projekten natürlich gleich anwenden. Wenn Sie allerdings an einer bestehenden Anwendung arbeiten – sei es, dass Sie Fehler beheben, sei es, dass Sie Erweiterungen durchführen –, werden Sie schnell feststellen, dass Sie die im ersten Teil beschriebenen Verfahren nicht so einfach anwenden können. Für den Großteil Ihrer Anwendungen können Sie zum Beispiel ohne Änderungen der zu testenden Klassen wahrscheinlich keine Tests anbringen. Sie können Teile des Bestandssystems wahrscheinlich nicht einmal ohne Infrastruktur (Webserver, Datenbank etc.) zum Laufen bringen. Natürlich könnten Sie zum dritten Teil vorblättern und die dort beschriebenen Techniken zum Anbringen von Tests an bestehenden Code einsetzen. Davon kann ich allerdings nur abraten, solange Sie die dafür notwendigen Techniken noch nicht ausreichend beherrschen. Im Übrigen muss das bestehende System ja weiterentwickelt werden und es ist nicht immer möglich, erst einmal für die gesamte benötigte Funktionalität Tests zu schreiben und die Anwendung erst danach zu erweitern. Wir müssen also eine Methode finden, um Erweiterungen mit voller Testabdeckung in ein bestehendes System zu integrieren, welches selbst nicht durch Tests abgesichert ist. Natürlich bleibt dabei ein Rest an Funktionalität über, den man nicht gleich mit Tests abdecken kann. Man kann diesen Rest allerdings mit etwas Übung auf ein absolutes Minimum reduzieren. Die Vorgehensweise ist dabei die folgende:

1. Man erstellt Erweiterungen mit voller Testabdeckung unabhängig vom bestehenden System.
2. Das bestehende System wird dahingehend erweitert, dass es alle Aufrufe an die Erweiterung weiterleitet.
3. Die Erweiterungen greifen nur über Fassaden auf das bestehende System zu.

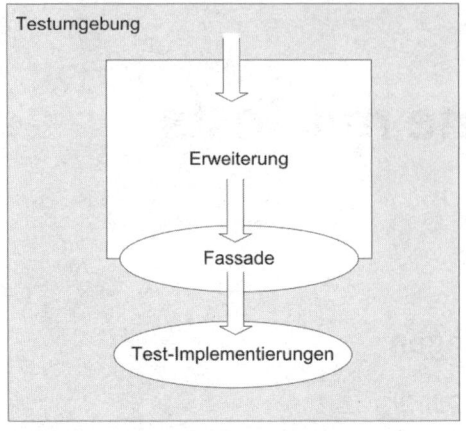 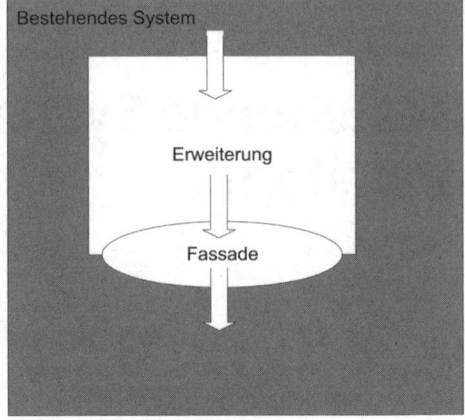

Abb. 7.1: Erweiterung in der Testumgebung – Erweiterung im bestehenden System

Damit müssen also ein paar Änderungen am Bestandssystem doch weiter ohne Tests durchführt werden. Erst wenn Sie und Ihre Kollegen die Techniken im ersten Teil wirklich gut beherrschen, sollten Sie beginnen, auch bestehende Klassen mit Tests abzusichern und – wie im vierten Teil beschrieben – strukturell mittels Refactoring hinsichtlich leichterer Verständlichkeit und Veränderbarkeit zu verbessern. Derjenige Teil, der sich besonders gut für die Erstellung mit Tests eignet, ist jener der *Fachlogik*. Das ist die eigentliche »Intelligenz« Ihrer Anwendung. Die Fachlogik ist übrigens auch der Teil der Anwendung, der üblicherweise am schwierigsten zu implementieren ist und in dem Fehler die schwerwiegendsten Auswirkungen haben. Wie zuvor erwähnt, werden wir Komponenten der bestehenden Anwendung besser nicht direkt kontaktieren, da es für diese Komponenten ja keine Tests gibt. Stattdessen werden wir mit dem Bestandssystem nur über Fassaden kommunizieren, damit wir für die Komponenten des Bestandssystems Testimplementierungen anbringen können. Mit diesen können wir Erweiterungen auch in der Testumgebung, also ohne Infrastruktur und außerhalb des Web- oder Applikationsservers laufen lassen, ohne dass wir unnötig behindert werden. Wie das konkret funktioniert, werden wir uns im nächsten Abschnitt an einem Beispiel ansehen.

7.2 Fachlogik unabhängig vom Bestandssystem entwickeln

Da hier unmöglich ein bestehendes System abgedruckt werden kann, fungiert im folgenden Beispiel Swing als Stellvertreter für ein Bestandssystem. Es ist dafür bestens geeignet, da das Erstellen von Tests für Swing-Anwendungen generell schwierig ist. Das liegt an dem Umstand, dass Swing ja eigentlich nur farbige Pixel ausgibt und Maus- und Tastaturereignisse direkt vom Betriebssystem bezieht.

7.2 Fachlogik unabhängig vom Bestandssystem entwickeln

Als Beispiel wollen wir nun einen einfachen Taschenrechner implementieren. Wir konzentrieren uns vorerst nur auf die *Fachlogik* des Rechners. Das ist der einzige Bestandteil dieser Anwendung, der wirklich rechnen kann. Sie steht stellvertretend für die Erweiterung des Bestandssystems.

Ein Taschenrechner besteht physisch aus einer Tastatur und einer Anzeige. Wir definieren der Einfachheit halber, dass eine Anzeige beliebige Strings darstellen kann. Wir wollen die Anzeige nicht direkt von der Fachlogik aufrufen, da wir Letztere sonst nicht ohne Weiteres testen könnten, deshalb leiten wir die Ausgabe über eine Fassade nach außen. Das Interface der Fassade könnte wie folgt aussehen:

```java
public interface Display {
    public void show(String s);
}
```

Listing 7.1: Interface für die Anzeige

Die Fachlogik ruft die Methode show auf und die Anzeige stellt die übergebene Zeichenkette dar, welche sie bei der Erzeugung empfängt. Die Trivialvariante der Fachlogik des Rechners hängt einfach die Zeichen, die sie empfängt, an einen internen Puffer und gibt das Ganze aus:

```java
public class Calculator {
    private Display display;
    private StringBuffer buffer;

    public Calculator(Display display) {
        this.display = display;
        clear();
    }

    private void clear() {
        buffer = new StringBuffer("0");
    }

    public void type(char c) {
        if(c >= '0' && c <='9') {
            buffer.append(c);
        }

        display.show(buffer.toString());
    }
}
```

Listing 7.2: Trivialvariante der Fachlogik

Für den Test benötigen wir eine Testimplementierung des Display-Interfaces. Wir erstellen dazu die Klasse `TestDisplay`, die die Ausgabe einfach in eine Variable speichert:

```
class TestDisplay implements Display {
    private String content = "0";

    public void show(String s) {
        content = s;
    }

    public String getContent() {
        return content;
    }
}
```

Listing 7.3: Testimplementierung für die Anzeige

Damit können wir Tests für die Fachlogik erstellen:

```
import junit.framework.TestCase;

public class CalculatorTest extends TestCase {
    TestDisplay display;
    Calculator cal;

    public void setUp() {
        display = new TestDisplay();
        cal = new Calculator(display);
    }

    public void testInitialDisplay() {
        assertEquals("0", display.getContent());
    }

    public void testTypeNumber() {
        cal.type('1');
        assertEquals("1", display.getContent());

        cal.type('2');
        assertEquals("12", display.getContent());
    }
}
```

Listing 7.4: Tests für die Fachlogik des Rechners

7.2 Fachlogik unabhängig vom Bestandssystem entwickeln

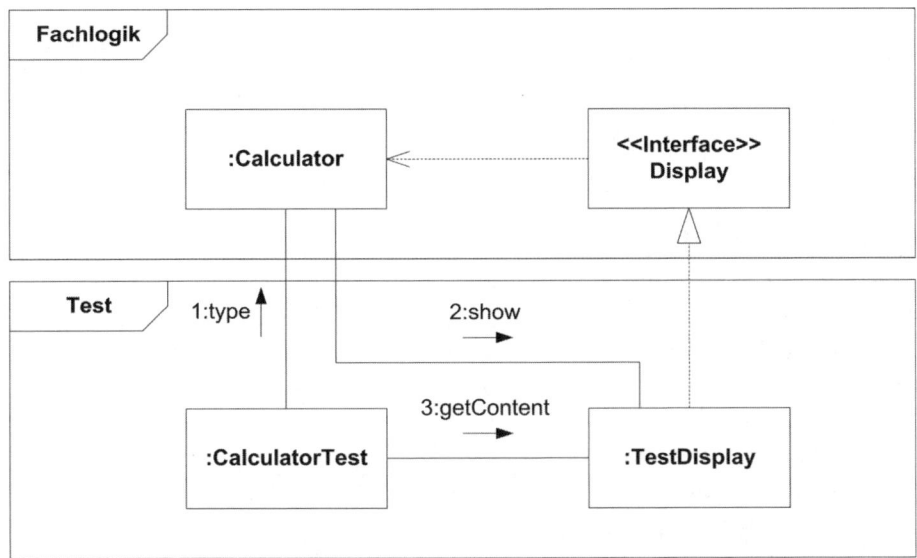

Abb. 7.2: Testlauf der Fachlogik des Rechners

Die Methode `testInitialDisplay` prüft hier lediglich, ob die Anzeige richtig initialisiert wird. In `testTypeNumber` wird zuerst die Taste ① gedrückt, danach ②. Leider funktioniert der Test so nicht, da der Rechner immer die Null vorsetzt, mit der er initialisiert wurde. Wir benötigen also – wie bei GUI-Anwendungen häufig – einen inneren Zustand, der abhängig davon, was zuvor passiert ist, gesetzt wird. Die folgende Implementierung ist so weit fortgeschritten, dass der Taschenrechner positive Zahlen entgegennehmen und addieren kann. Das sollte zur Demonstration des Verfahrens ausreichen:

```java
import java.math.BigDecimal;

public class Calculator {
    private Display display;
    private StringBuffer buffer;
    private BigDecimal accumulator;

    private static final int START = 0;
    private static final int INTEGER = 1;
    private static final int DOT = 2;
    private static final int FLOAT =3;

    private int state;
```

```
public Calculator(Display display) {
    clear();
    this.display = display;
}

private void clear() {
    buffer = new StringBuffer("0");
    state = START;
    accumulator = new BigDecimal("0");
}

public void type(char c) {
    if(c >= '0' && c <='9') {
        typeDigit(c);
    } else if(c == '.') {
        typeDot();
    } else if(Character.toLowerCase(c) == 'c') {
        clear();
    } else if(c == '+' || c == '=') {
        typePlus();
    }
    display.show(buffer.toString());
}

private void typePlus() {
    accumulator =
        accumulator.add(new BigDecimal(buffer.toString()));
    buffer = new StringBuffer(accumulator.toString());
    state = START;
}

private void typeDot() {
    switch(state) {
        case START:
            buffer = new StringBuffer();
            state = DOT;
            break;
        case INTEGER:
            state = DOT;
```

```java
                break;
        }
    }

    private void typeDigit(char c) {
        switch(state) {
            case START:
                buffer = new StringBuffer();
                buffer.append(c);
                state = INTEGER;
                break;
            case INTEGER:
            case FLOAT:
                buffer.append(c);
                break;
            case DOT:
                buffer.append('.');
                buffer.append(c);
                state = FLOAT;
                break;
        }
    }

    public void type(String s) {
        for(int i = 0; i < s.length(); ++i) {
            type(s.charAt(i));
        }
    }
}
```

Listing 7.5: Erweiterung der Fachlogik des Rechners

Anfänglich hat der Rechner den Zustand START. Tippt man auf irgendeine Taste (Methode `type`), ändert sich der Zustand auf DOT oder INTEGER – je nachdem, ob man einen Punkt oder eine Ziffer eingibt. Ziffern werden der Reihe nach in einem Puffer (Variable `buffer`) gespeichert. Wird [.] eingegeben, wird nur noch der Nachkommaanteil gespeichert. Der Zustand wird dabei auf FLOAT geändert und die künftige Eingabe eines Punktes unterdrückt. Die Taste [C] löscht den Puffer und die Anzeige. Der Zustand ist dann wieder START. Die Tasten [+] und [=] addieren den Wert des Puffers zu dem Wert des Zwischenergebnisses (Variable `accumulator`) und speichern das Ergebnis wieder in das Zwischenergebnis sowie in den Darstellungspuffer. Danach wird der Zustand erneut auf START gestellt.

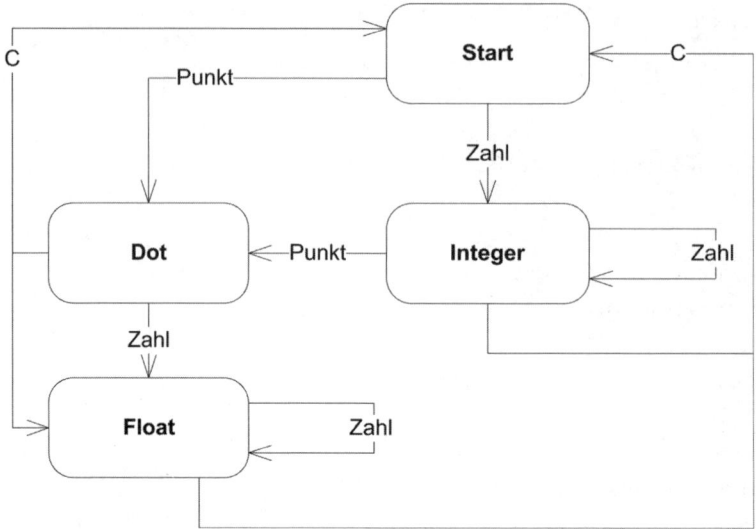

Abb. 7.3: Zustandsdiagramm der Fachlogik

Für die weiteren Betrachtungen ist es nicht unbedingt nötig, dass Sie das Ganze im Detail verstehen. Primär geht es uns hier ja um die Trennung von testbarem und nicht testbarem Code. Die Tests der erweiterten Fachlogik sehen wie folgt aus:

```java
import junit.framework.TestCase;

public class CalculatorTest extends TestCase {
    TestDisplay display;
    Calculator cal;

    public void setUp() {
        display = new TestDisplay();
        cal = new Calculator(display);
    }

    public void testInitialDisplay() {
        assertEquals("0", display.getContent());
    }

    public void testTypeNumber() {
        cal.type('1');
        assertEquals("1", display.getContent());

        cal.type('2');
```

```
        assertEquals("12", display.getContent());
    }

    public void testTypeDot() {
        cal.type('1');
        assertEquals("1", display.getContent());

        cal.type('.');
        assertEquals("1", display.getContent());

        cal.type('2');
        assertEquals("1.2", display.getContent());
    }

    public void testClear() {
        cal.type("1234.5678");
        assertEquals("1234.5678", display.getContent());
        cal.type('C');
        assertEquals("0", display.getContent());
    }

    public void testAddInteger() {
        cal.type("1");
        assertEquals("1", display.getContent());
        cal.type("+");
        assertEquals("1", display.getContent());
        cal.type("2");
        assertEquals("2", display.getContent());
        cal.type("=");
        assertEquals("3", display.getContent());
    }
}
```

Listing 7.6: Tests für die erweiterte Fachlogik

Anschließend können wir uns der Implementierung der Swing-Variante der Anzeige zuwenden. In unserem Fall ist das Display einfach ein Spezialfall eines Swing-Labels. Wird show aufgerufen, bekommt der Label einen neuen Text und wird angewiesen, sich zu aktualisieren:

```
import javax.swing.JLabel;

class SwingDisplay extends JLabel implements Display {
```

```java
    private static final long serialVersionUID = 1L;

    public SwingDisplay() {
        super("0");
    }

    public void show(String s) {
        setText(s);
        repaint();
    }
}
```

Listing 7.7: Swing-Implementierung der Anzeige

Für die Darstellung des Rechners entwickeln wir die Klasse `SwingCalculator`, die sich um die Darstellung des Rechners und der Anzeige sowie um den Aufruf der `type`-Methode des Rechners kümmert. Es kommt hier zwar einiges an Code zusammen, dieser besteht jedoch ausschließlich aus Darstellungsdetails – irgendeine »intelligentere« Funktionalität beinhaltet er nicht.

```java
import java.awt.BorderLayout;
import java.awt.GridLayout;
import java.awt.HeadlessException;
import java.awt.event.ActionEvent;
import java.awt.event.ActionListener;
import java.awt.event.WindowAdapter;
import java.awt.event.WindowEvent;

import javax.swing.JButton;
import javax.swing.JFrame;
import javax.swing.JPanel;

public class SwingCalculator extends JFrame implements ActionListener {
    private static final long serialVersionUID = 1L;

    private Calculator calculator;
    private SwingDisplay display;

    public static void main(String[] args) {
        new SwingCalculator();
    }

    public SwingCalculator() throws HeadlessException {
```

```
        super();
        addDisplay();
        addCalculator();
        addShutDownHook();
        addNumberBlock();
        addOperationKeys();
        showUp();
    }

    private void addDisplay() {
        display = new SwingDisplay();
        JPanel displayPanel = new JPanel(new BorderLayout());
        displayPanel.add(display, BorderLayout.EAST);
        add(displayPanel, BorderLayout.NORTH);
    }

    private void addCalculator() {
        calculator = new Calculator(display);
    }

    private void addShutDownHook() {
        addWindowListener(new WindowAdapter() {
            public void windowClosed(WindowEvent arg0) {
                System.exit(0);
            }
        });
    }

    private void addNumberBlock() {
        JPanel numberBlock =
            new JPanel(new GridLayout(4, 3, 2, 2));
        for(int i = 1; i <= 10; ++i) {
            numberBlock.add(new Button(i % 10, this));
        }
        numberBlock.add(new Button(".", this));
        numberBlock.add(new Button("C", this));
        add(numberBlock, BorderLayout.CENTER);
    }

    private void addOperationKeys() {
        JPanel operationKeys =
            new JPanel(new GridLayout(4, 3, 2, 2));
```

```java
        operationKeys.add(new Button("+", this));
        operationKeys.add(new Button("=", this));
        add(operationKeys, BorderLayout.EAST);
    }

    private void showUp() {
        pack();
        setVisible(true);
    }

    public void actionPerformed(ActionEvent event) {
        calculator.type(event.getActionCommand());
    }

    private static class Button extends JButton {
        private static final long serialVersionUID = 1L;

        public Button(String text, ActionListener listener) {
            super(text);
            setActionCommand(text);
            addActionListener(listener);
        }

        public Button(int n, ActionListener listener) {
            this(String.valueOf(n), listener);
        }
    }
}
```

Listing 7.8: Swing-Implementierung der Darstellung

Die Methode `actionPerformed` des `ActionListeners` leitet das Tastenereignis an den Rechner (also die Fachlogik) weiter, der das Ergebnis wiederum an das `SwingDisplay` weitergibt.

> **Hinweis**
>
> Es ist zu beachten, dass der `SwingCalculator` keine Ahnung hat, wie der `Calculator` rechnet und Letzterer von der Darstellung völlig unbehelligt ist. Ob die Darstellung in Swing, SWT oder als Webanwendung implementiert ist, ist schließlich für die Fachlogik unerheblich.

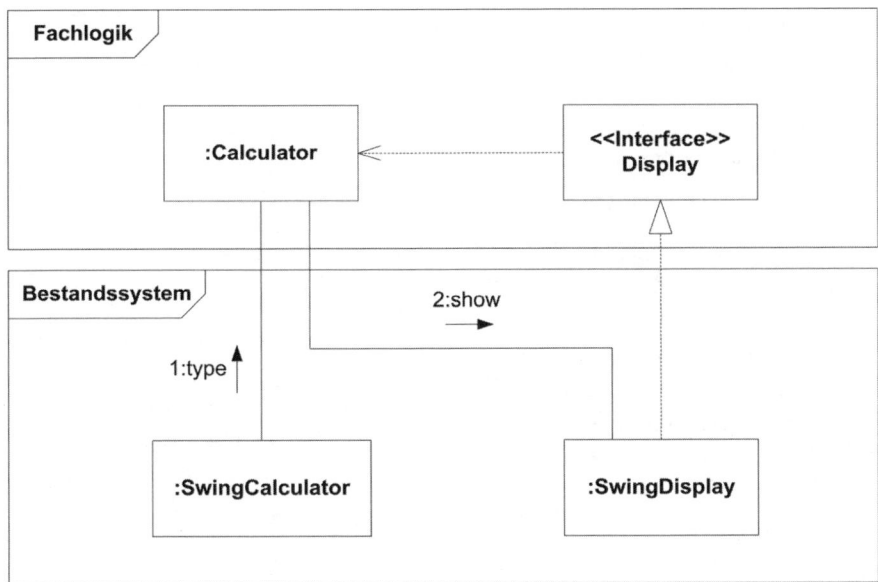

Abb. 7.4: Kommunikation zwischen Bestandssystem (Darstellung) und Fachlogik

7.3 Bestandssystem gegen Testimplementierung entwickeln

Im Gegensatz zum vorigen Beispiel hätten wir erst einmal eine »triviale« Implementierung der Taschenrechnerlogik implementieren können:

```java
public interface Display {
    public void show(String s);
}

public class Calculator {
    private Display display;
    private StringBuffer buffer;

    public Calculator(Display display) {
        this.display = display;
        clear();
    }

    private void clear() {
        buffer = new StringBuffer("0");
    }
```

```java
public void type(char c) {
    if(Character.toLowerCase(c) == 'c') {
        clear();
    } else {
        buffer.append(c);
    }

    display.show(buffer.toString());
}

public void type(String s) {
    for(int i = 0; i < s.length(); ++i) {
        type(s.charAt(i));
    }
}
}
```

Listing 7.9: Triviale Initialvariante der Fachlogik

Danach hätten wir gleich den `SwingCalculator` implementieren und manuell testen können. Dann hätten wir einen GUI-Prototyp, den man dem Kunden schon einmal zeigen könnte. Während sich die GUI-Spezialisten daraufhin mit dem Kunden über Farben und Anordnung der Tasten einig werden, können wir in Ruhe die Fachlogik und deren Tests implementieren. Für jede neue Taste, die dann hinzugefügt wird, können wir die Funktionalität schrittweise nachziehen.

Welcher Vorgehensweise der Vorzug gegeben wird, hängt von der jeweiligen Situation ab. Steht die Funktionalität im Mittelpunkt, ist es sinnvoll, die Implementierung der Fachlogik vorzuziehen, um die größten Risiken schon vorweg zu eliminieren. Ist jedoch ein Prototyp der Fachlogik schon frühzeitig nötig, wird man sich vorerst mit einer Testimplementierung derselben zufrieden geben und die eigentliche Funktionalität erst dann nachziehen, wenn klar ist, was von der Anwendung im Hintergrund erwartet wird.

> **Tipp**
>
> Es ist generell besser, nicht zu viel von der Fachlogik oder der Darstellung auf einmal zu entwickeln, damit man keine unnötigen Funktionalitäten einbaut und nicht den Fehler begeht, die Fachlogik so zu entwickeln, dass sie sich nicht mehr mit der Darstellung kombinieren lässt.

7.4 Beispiel mit komplexerer Fassade

Die vorigen Beispiele verwenden offensichtlich zweierlei Abstraktionen: Einerseits wird die sogenannte Fachlogik, in diesem Fall die Rechnerlogik in der Klasse `Calculator` gekapselt, andererseits wird jener Teil der Darstellungslogik, der von der Fachlogik benötigt wird, durch das Interface `Display` abstrahiert. Es wäre jetzt leicht möglich, dieses Interface durch einen Fehlerindikator zu erweitern.

```java
public interface Display {
    public void show(String s);
    public void markError(boolean error);
}
```

Listing 7.10: Erweiterte Anzeige

Die konkrete Darstellung des Fehlers ist dann der Implementierung überlassen. Das könnte ein rotes Lämpchen oder ein akustisches Signal sein. Die Fachlogik bleibt von solchen Details unbehelligt.

Als Beispiel einer etwas komplexeren Fassade sei hier ein Mechanismus vorgestellt, der Aktienkurse für bestimmte Aktien von einem externen Dienst (im Beispiel `StockExchangeService`) bezieht und über eine Fassade (`QuoteListView`) darstellt:

```java
public interface QuoteView {
    public void setSymbol(String sym);
    public void setPrice(BigDecimal price);
}

public interface QuoteListView {
    public QuoteView createQuoteView();
    public void add(QuoteView quoteView);
}
```

Listing 7.11: Interfaces der Fassade

Das Interface `QuoteListView` dient dabei als abstrakte Fabrik für die Darstellung eines Aktiensymbols zusammen mit der Kursinformation (`QuoteView`). Dabei wird pro Symbol ein Objekt vom Typ `QuoteView` erzeugt, die Daten werden vom Dienst übernommen und an die Liste übergeben. Wie die Objekte nun implementiert sind beziehungsweise wie sie erzeugt wurden, ist der jeweiligen Implementierung überlassen.

```java
public class QuoteListGenerator {
    private StockExchangeService stockExchange;
```

```
    public QuoteListGenerator(StockExchangeService stockExchange) {
       this.stockExchange = stockExchange;
    }

    public void generate(String symbols[], QuoteListView quoteListView) {
       for(int i = 0; i < symbols.length; ++i) {
          Quote quote = stockExchange.findBySymbol(symbols[i]);
          QuoteView quoteView = quoteListView.createQuoteView();
          quoteView.setSymbol(quote.getSymbol());
          quoteView.setPrice(quote.getPrice());
          quotes.add(quoteView);
       }
    }
}
```

Listing 7.12: Verwendung der Interfaces der Fassade

Sinnvollerweise wird man im obigen Beispiel auch die Datenquelle `StockExchangeService` als Interface implementieren. Die Fassade zum Bestandssystem wird damit aus folgenden Interfaces gebildet: `QuoteListView`, `QuoteView` und `StockExchangeService`.

7.5 Schritt für Schritt zu besserem Code

Die beschriebenen Verfahren haben natürlich nur bei größeren Erweiterungen einen Sinn. Insgesamt führen sie dazu, dass wenigstens die Erweiterungen mit einer ausreichenden Testabdeckung ausgestattet sind. Je öfter Sie diese Verfahren anwenden, desto mehr Erfahrung sammeln Sie auch mit den im ersten Teil beschriebenen Verfahren. Sie müssen natürlich danach streben, dass Ihre Kollegen Ihre Tests und Ihr Engagement in Sachen besserer Code-Qualität respektieren.

Sollte also ein Entwickler irgendetwas an diesen Erweiterungen verändern, muss er selbstverständlich auch die Tests nachziehen. Besonders am Anfang kann es leicht passieren, dass der eine oder andere Test »übersehen« wird. Dann müssen Sie Ihre Kollegen eindringlich darauf hinweisen, dass die ganzen Investitionen in automatisierte Tests und Code-Qualität sinnlos sind, wenn die Anstrengungen dazu wieder zunichte gemacht werden.

> **Wichtig**
>
> Lassen Sie sich bitte nicht von anfänglichen Fehlschlägen entmutigen. Schon eine überschaubare Anzahl an Tests kann das Entwicklerleben maßgeblich erleichtern. Sie wissen dann zumindest, ob und wann sich etwas verändert. Damit bekommen Sie die Kontrolle über den Entwicklungsvorgang zurück.

Besonders die Fehlerbehebung erleichtert sich mit Tests ungemein, da man Fehlerszenarien leicht nachstellen kann. Ist der Fehler dann behoben, kann man durch Tests sicherstellen, dass kein Folgeschaden entstanden ist – und es gibt doch, ehrlich gesagt, nichts Nervtötenderes, als fortwährend Folgeschäden von schief gegangenen Fehlerbehebungen zu beheben (angeblich haben Fehlerbehebungen an IBMs System 360 im Schnitt pro Fehlerbehebung zwei neue Fehler verursacht [Brooks 2003] – sicher kein nachahmenswertes Beispiel). Wenn Sie sich dann fit genug fühlen, können Sie die Techniken im dritten Teil einsetzen, um auch den restlichen Code mit Tests auszustatten. Damit sind schließlich auch die Voraussetzungen für strukturelle Verbesserungen gegeben, die im vierten Teil behandelt werden.

Kapitel 8

Abschotten neuer Funktionalitäten durch implizite Tests

Die Technik der impliziten Tests sorgt ganz allgemein dafür, dass Fehler nicht vom bestehenden System auf die neuen Komponenten übergreifen. Das erreicht man dadurch, dass man alle Daten, die vom Bestandssystem übernommen werden, möglichst frühzeitig und rigoros überprüft und – wenn nötig – sofort mit einer Exception die weitere Ausführung der neuen Komponenten abbricht. Dabei werden möglichst aussagekräftige Fehlermeldungen generiert, so dass unmissverständlich klar ist, welche Daten zulässig sind und welche nicht.

8.1 Währungsobjekt mit unzureichender Parametervalidierung

Betrachten wir hierzu folgendes Beispiel:

```java
public class Currency {
    private final String numericISOCode;
    private final String alphanumericISOCode;
    private final String name;
    private final int amountExponent;

    private Currency(String numericISOCode,
            String alphanumericISOCode,
            String name,
            int amountExponent) {
        super();
        this.numericISOCode = numericISOCode;
        this.alphanumericISOCode = alphanumericISOCode;
        this.name = name;
        this.amountExponent = amountExponent;
    }

    public static final Currency EURO =
        new Currency("978", "EUR", "Euro", -2);
    public static final Currency YEN =
```

```java
        new Currency("392", "JPY", "Yen", 0);
    public static final Currency US_DOLLAR =
        new Currency("840", "USD", "US Dollar", -2);

    private final Currency[] CURRENCIES =
        { EURO, US_DOLLAR, YEN };

    public Currency(String code) {
        Currency currency = null;
        for(int i = 0; i < CURRENCIES.length; ++i) {
            Currency candidate = CURRENCIES[i];
            if(candidate.getNumericISOCode().equals(code) ||
               candidate.getAlphanumericISOCode().equals(code)) {
                currency = candidate;
            }
        }

        if(currency != null) {
            numericISOCode = currency.getNumericISOCode();
            alphanumericISOCode = currency.getAlphanumericISOCode();
            name = currency.getName();
            amountExponent = currency.getAmountExponent();
        } else if (code != null) {
            if(code.matches("^[a-zA-Z]{3}$")) {
                alphanumericISOCode = code;
                numericISOCode = null;
            } else if(code.matches("^[0-9]{1,3}$")){
                alphanumericISOCode = null;
                numericISOCode = code;
            } else {
                alphanumericISOCode = null;
                numericISOCode = null;
            }

            name = null;
            amountExponent = 0;
        } else {
            numericISOCode = null;
            alphanumericISOCode = null;
            name = null;
            amountExponent = 0;
        }
    }
}
```

```java
    public String getNumericISOCode() {
        return numericISOCode;
    }

    public String getAlphanumericISOCode() {
        return alphanumericISOCode;
    }

    public String getName() {
        return name;
    }

    public int getAmountExponent() {
        return amountExponent;
    }
}
```

Listing 8.1: Implizite Tests – Ausgangssituation

Die Klasse `Currency` stellt ein *Währungsobjekt* (welches ein Wertobjekt ist) dar. Ein solches Währungsobjekt wird aus einem gegebenen numerischen oder alphanumerischen ISO-Code generiert. Unterstützt werden Euro, US-Dollar und Yen.

Die Eigenschaft `amountExponent` stellt den sogenannten *Währungsexponenten* dar. Er gibt an, wie viele Nachkommastellen für eine Währung zulässig sind. Euro und Dollar erlauben zwei Nachkommastellen für den jeweiligen Cent-Anteil, für Yen gibt es keine Unterwährung, weshalb der Exponent Null ist. Wird ein Währungscode angegeben, der nicht unterstützt wird, werden alle unbekannten String-Eigenschaften auf `null` und der Währungsexponent auf Null gesetzt. Wird die Klasse in einem Programm mit vollständiger Testabdeckung eingesetzt, tritt der Fall des ungültigen Währungscodes möglicherweise nie auf, da entsprechende Tests sicherstellen, dass der Währungscode richtig initialisiert wird. Wird die Klasse jedoch in einem Programm mit unzureichender oder gar fehlender Testabdeckung eingesetzt, kann diese Implementierung leicht zu unerwünschten Nebeneffekten führen. Dazu sehen wir uns einen naheliegenden Anwendungsfall an, in dem die Klasse verwendet wird:

```java
public interface PaymentService {
    public void debit(String bankAccount, String bankNumber,
        int amountSmallestUnit, int amountExponent,
        String numericISOCurrencyCode);
}
```

Kapitel 8
Abschotten neuer Funktionalitäten durch implizite Tests

```java
import java.math.BigDecimal;

public class PaymentGateway {
  private final PaymentService service;

  public PaymentGateway(PaymentService service) {
    this.service = service;
  }

  public void debit(String bankAccount, String bankNumber,
      BigDecimal amount, Currency currency) {
    service.debit(bankAccount, bankNumber,
        calculateAmountInSmallestUnit(amount, currency),
        currency.getAmountExponent(),
        currency.getAlphanumericISOCode());
  }

  protected int calculateAmountInSmallestUnit(BigDecimal amount,
      Currency currency) {
    int digits = -currency.getAmountExponent();
    return amount.setScale(digits, BigDecimal.ROUND_HALF_UP)
        .movePointRight(digits).intValue();
  }
}
```
Listing 8.2: Anwendungsfall Zahlungsgateway

Die Klasse `PaymentGateway` leitet eine Abbuchung über einen externen Zahlungsservice (Implementierung des Interfaces `PaymentService`) ein. Da der Zahlungsservice den Betrag nur in kleinster Währungseinheit entgegennimmt, rechnet die Methode `calculateAmountInSmallestUnit` den Betrag entsprechend um. Dazu rundet sie den Betrag auf die kleinste Währungseinheit und verschiebt die Nachkommastellen entsprechend dem Währungsexponenten.

Für beide Berechnungen wird der Währungsexponent der Klasse `Currency` verwendet. Ein Test dazu könnte wie folgt aussehen:

```java
class TestPaymentService implements PaymentService {
  public void debit(String bankAccount, String bankNumber,
      int amountSmallestUnit, int amountExponent,
    String numericISOCurrencyCode) {
  }
}
```

8.1 Währungsobjekt mit unzureichender Parametervalidierung

```java
import java.math.BigDecimal;
import junit.framework.TestCase;

public class PaymentGatewayTest extends TestCase {
    PaymentGateway gateway =
        new PaymentGateway(new TestPaymentService());

    public void testCalculateAmountInSmallestUnit() {
        int cent = gateway.calculateAmountInSmallestUnit(
            new BigDecimal("123.456"),
            Currency.EURO);
        assertEquals(12346, cent);
    }
}
```

Listing 8.3: Test für das Zahlungsgateway

Wir verwenden hier eine Testimplementierung für `PaymentService`, damit wir ein Objekt der Klasse `PaymentGateway` erzeugen können. Interessant wird es, wenn wir einen Test für englische Pfund hinzufügen:

```java
public void testCalculateAmountInSmallestUnitPound() {
    int pence = gateway.calculateAmountInSmallestUnit(
        new BigDecimal("123.45"),
        new Currency("GPB"));
    assertEquals(12345, pence);
}
```

Listing 8.4: Test für Pfund

Vorsicht

Dieser Test schlägt fehl, weil der Währungscode GPB in unserer `Currency`-Klasse nicht unterstützt wird. Der berechnete Betrag in kleinster Währungseinheit wäre 123 Pence anstatt 12345, da der Währungsexponent ja für nicht unterstützte Währungen pauschal mit Null angenommen wird. Würde man das so produktiv einsetzen, würde in diesem Fall dem Konto nur ein Hundertstel der eigentlichen Summe abgebucht!

Man könnte jetzt dem Entwickler der Klasse `PaymentGateway` den schwarzen Peter zuschieben, doch ist diese Nebenwirkung der Klasse `Currency` gar nicht so leicht festzustellen – besonders dann nicht, wenn der Entwickler keine Tests zur Seite hat, um solche Szenarien abzufangen. Eine »anwenderfreundlichere« Version der Klasse `Currency` könnte wie folgt aussehen:

Kapitel 8
Abschotten neuer Funktionalitäten durch implizite Tests

```java
public abstract class CurrencyException extends IllegalArgumentException {
    private static final long serialVersionUID = 1L;
    private final String code;

    public CurrencyException(String message, String code) {
        super(message);
        this.code = code;
    }

    public String getCode() {
        return code;
    }
}

public class MalformedCurrencyCodeException extends CurrencyException {
    private static final long serialVersionUID = 1L;

    public MalformedCurrencyCodeException(String code) {
        super("Currency code must be either three digits " +
        "or three letters but was " + code, code);
    }
}

public class UnsupportedCurrencyException extends CurrencyException {
    private static final long serialVersionUID = 1L;

    public UnsupportedCurrencyException(String code) {
        super("No currency found for code " + code, code);
    }
}

public class Currency {
    private final String numericISOCode;
    private final String alphanumericISOCode;
    private final String name;
    private final int amountExponent;

    private Currency(String numericISOCode,
            String alphanumericISOCode,
            String name,
            int amountExponent) {
        this.numericISOCode = numericISOCode;
        this.alphanumericISOCode = alphanumericISOCode;
```

```java
      this.name = name;
      this.amountExponent = amountExponent;
   }

   public static final Currency EURO =
      new Currency("978", "EUR", "Euro", -2);
   public static final Currency YEN =
      new Currency("392", "JPY", "Yen", 0);
   public static final Currency US_DOLLAR =
      new Currency("840", "USD", "US Dollar", -2);

   private final Currency[] CURRENCIES =
      { EURO, US_DOLLAR, YEN };

   public Currency(String code) {
      doFormalCodeCheck(code);
      Currency currency = findCurrencyForCode(code);
      numericISOCode = currency.getNumericISOCode();
      alphanumericISOCode = currency.getAlphanumericISOCode();
      name = currency.getName();
      amountExponent = currency.getAmountExponent();
   }

   private void doFormalCodeCheck(String code) {
      if(code == null){
         throw new MalformedCurrencyCodeException(null);
      }

      if(!code.matches("^[a-zA-Z]{3}$") &&
         !code.matches("^[0-9]{3}$")){
         throw new MalformedCurrencyCodeException(code);
      }
   }

   private Currency findCurrencyForCode(String code) {
      Currency currency = null;
      for(int i = 0; i < CURRENCIES.length; ++i) {
         Currency candidate = CURRENCIES[i];
         if(candidate.getNumericISOCode().equals(code) ||
            candidate.getAlphanumericISOCode().equals(code)) {
            currency = candidate;
         }
      }
```

```
        if(currency == null) {
            throw new UnsupportedCurrencyException(code);
        }

        return currency;
    }

    public String getNumericISOCode() {
        return numericISOCode;
    }

    public String getAlphanumericISOCode() {
        return alphanumericISOCode;
    }

    public String getName() {
        return name;
    }

    public int getAmountExponent() {
        return amountExponent;
    }
}
```

Listing 8.5: Verbesserte Version der Währungsklasse mit impliziten Tests

In dieser Implementierung wird der Code erst einmal auf formale Korrektheit überprüft, danach wird die zugehörige Währung gesucht. Der Aufwand für die aussagekräftige Fehlerbehandlung scheint zwar auf den ersten Blick übertrieben, tatsächlich rechnet er sich jedoch schnell, da jeder, der die Klasse verwendet, vor unliebsamen Überraschungen, die sich oft erst nach stundenlangen Debugging-Sessions offenbaren, nachhaltig verschont bleibt. In besagtem Fall würde ich die letztere Version auch für Programme mit vollständiger Testabdeckung vorziehen.

In anderen Fällen ist die rigorose Überprüfung jedes Parameters, der zwischen Klassen übergeben wird, unter Umständen nicht nötig, wenn eine ausreichende Testabdeckung vorhanden ist. Der Grund dafür ist der dokumentierende Charakter von Tests. Bevor eine Komponente verwendet wird, überprüft man erst einmal deren Tests. Diese stellen gleichzeitig die Anleitung und die Beispielimplementierung dar. Jetzt verwendet man die Komponente natürlich so, wie das im Test vorgemacht wird. Eine andersartige Verwendung wird man soweit wie möglich vermeiden, da Letztere offensichtlich nicht vom Entwickler beabsichtigt war. Beispielsweise übergibt man keine null als Parameter, wenn das nicht auch in einem Test so vorkommt. Ist diese ungeplante Verwendung dennoch nötig, muss man anhand von zusätzlichen Tests sicherstellen, dass das auch funktioniert. Hat man jedoch noch keine ausreichende Testabdeckung, macht eine rigorose Prüfung aller eingehenden Parameter auf jeden Fall Sinn.

8.2 Verbesserte Kommunikation durch implizite Tests

Implizite Tests helfen Ihnen auch dabei, zu verhindern, dass Ihre Kollegen ihre eigenen Fehler auf Sie abwälzen. Das geschieht oft gar nicht böswillig. Nehmen wir beispielsweise an, ein Entwickler verwendet Teile einer Komponente X für seine Erweiterung (ganz »klassisch«, ohne Tests). Während der Arbeit wird eine Exception in dieser Komponente geworfen. Ist die Meldung der Exception nicht aussagekräftig und somit die Ursache nicht klar ersichtlich ist, wird er sich wohl an den Letzten wenden, der diese Komponente verändert hat, und das auch dann, wenn der Entwickler die Komponente unsachgemäß benutzt. Haben Sie die Komponente jedoch mit einer aussagekräftigen Fehlerbehandlung versehen, wird der Kollege unmittelbar auf seinen Fehler aufmerksam gemacht. Beispielsweise durch die Meldung:

```
Currency code must be either three digits or three letters but was €
```

Listing 8.6: Ausgabe der Fehlermeldung

So muss der Kollege Sie nicht in der Freizeit ins Büro holen.

> **Vorsicht**
>
> Verfallen Sie nicht der Versuchung, gültige Werte lediglich in der Dokumentation festzulegen! Erfahrungsgemäß werden Dokumentationen selten nachgezogen, man kann sich also in den wenigsten Fällen wirklich darauf verlassen. Dokumentieren Sie die sachgemäße Verwendung von Komponenten besser mittels impliziter Tests – das ist auf jeden Fall bequemer, sicherer und nachhaltiger.

Teil III

Bestehende Systeme mit Tests absichern

In diesem Teil:

- **Kapitel 9**
  Hindernisse beim Anbringen von Tests......... 167

- **Kapitel 10**
  Auflösen von Abhängigkeiten mithilfe
  von Testimplementierungen.................. 177

- **Kapitel 11**
  Auflösen von Abhängigkeiten durch
  Ableitung (Object Seam)..................... 189

- **Kapitel 12**
  Auflösen von Abhängigkeiten
  durch Beibehalten der Signatur (Link
  Seam).................................... 203

- **Kapitel 13**
  Automatisches Generieren von Tests........... 221

Teil III

Bestehende Systeme mit Texts absichern

Kapitel 9

Hindernisse beim Anbringen von Tests

In diesem Teil wollen wir nun endgültig dazu übergehen, auch den Rest der Applikation mit Tests ausstatten. Die Sache wäre relativ einfach, wenn man schlicht jede Klasse und Methode für sich testen könnte. Leider ist das in bestehenden Systemen in den seltensten Fällen möglich. Der Grund dafür sind alle möglichen Arten von *Abhängigkeiten*.

9.1 Abhängigkeiten

Wie wir noch sehen werden, spielen Abhängigkeiten in der Softwareentwicklung eine Schlüsselrolle. Die Art und Weise, wie mit diesen Abhängigkeiten umgegangen wird, hat weitreichende Auswirkungen auf Testbarkeit, Erweiterbarkeit, auf das Design und die Produktivität in der gesamten Entwicklung. Ganz allgemein kann man sagen, dass Abhängigkeiten die Ursachen vieler der gravierendsten Probleme in der Softwareentwicklung sind. Man kann sie natürlich nicht ganz vermeiden, aber man kann sie unter Kontrolle bringen.

In einer komplexen Anwendung ist es generell unmöglich, einen Überblick über alle Abhängigkeiten zu bewahren, deshalb ist es immer sinnvoll, Abhängigkeiten automatisch zu kontrollieren. Wir werden im Folgenden alle Abhängigkeiten in einer Anwendung in zwei Gruppen aufteilen: in *statische Abhängigkeiten* und *Laufzeitabhängigkeiten*.

9.1.1 Statische Abhängigkeiten

Als *statische Abhängigkeiten* werden im Folgenden Abhängigkeiten zwischen Feldern, Methoden, Klassen, Interfaces und Packages bezeichnet, die jeweils Teil der Anwendung sind. Diese Abhängigkeiten werden vom Compiler vor der eigentlichen Kompilierung überprüft. Die Entwicklungsumgebung informiert dann visuell und mit begleitenden Erläuterungen, welche Abhängigkeiten nicht erfüllt sind. Wenn wir also zum Beispiel eine Klasse `Currency` definieren und diese dann irgendwo im Programm mit einem falschen Namen referenzieren, zum Beispiel »`Currency eur = Curreny.EUR`«, wird eine entsprechende Fehlermeldung generiert und die Kompilierung abgebrochen.

Es gibt – neben dem Java-Compiler selbst – zahlreiche Werkzeuge, die statische Abhängigkeiten überprüfen können. Eines davon ist JDepend (siehe Referenzen), das speziell Abhängigkeiten zwischen Klassen und Packages überprüft. Es ist nützlich, um einen Überblick über die statischen Abhängigkeiten eines Programms zu bekommen.

9.1.2 Laufzeitabhängigkeiten

Mit *Laufzeitabhängigkeiten* werden im Folgenden jene Abhängigkeiten bezeichnet, welche erst zur Laufzeit des Programms überprüfbar sind. Wenn Sie also zum Beispiel eine Klasse mittels Reflection laden (zum Beispiel mit `Class.forName("Currency")`), haben Sie keine Möglichkeit, festzustellen, ob das überhaupt möglich ist, solange Sie nicht zumindest den relevanten Teil des Programms ausgeführt haben.

Es gibt allerdings noch schwierigere Fälle von Laufzeitabhängigkeiten. Das sind jene zwischen der Anwendung und externen Systemen wie Datenbanken, Mailserver, Webservices, entfernten Hosts etc. Generell gilt, dass Laufzeitabhängigkeiten sehr viel schwieriger in den Griff zu bekommen sind als statische Abhängigkeiten. Oft sind jedoch genug Informationen zur Erstellungszeit der Anwendung vorhanden, um gewisse Laufzeitabhängigkeiten bereits vor der vollständigen Ausführung der Anwendung überprüfen zu können. Als Beispiel sei diese Vorgehensweise anhand von XDoclet im Folgenden kurz beschrieben.

9.1.3 Überprüfung von Laufzeitabhängigkeiten vor der Programmausführung

In den frühen Versionen des Enterprise Java Beans (EJB)-Standards war die Erstellung eines funktionsfähigen EJBs ein ziemliches Geduldsspiel. Die Informationen im Deployment-Deskriptor waren eng an die Interfaces des EJBs im Quelltext gebunden. Überprüfbar waren diese Abhängigkeiten zwischen Deployment-Deskriptor und Interfaces nur zur Laufzeit, also musste man erst einmal einen laufenden EJB-Container zur Verfügung haben. Dort musste das Paket aus Deployment-Deskriptor und kompiliertem Bytecode des Quelltextes »deployt« werden, was einige Zeit in Anspruch nahm. Beim kleinsten Fehler lehnte der EJB-Container das Paket ab und die große Fehlersuche begann.

Die Hersteller von Entwicklungsumgebungen wollten die Sache vereinfachen, indem sie Assistenten (Wizards) zur Erstellung von Deployment-Deskriptoren und Quelltextfragmenten in ihre Produkte integrierten. Diese Assistenten hatten jedoch den Nachteil, dass sie die Deployment-Deskriptoren und Quelltextfragmente nur einmal erstellen konnten. Danach musste sich der Entwickler selbst um die Erweiterungen derselben kümmern, was den Nutzen dieser Werkzeuge natürlich stark einschränkte.

Der Ansatz des Werkzeugs XDocklet war jedoch ein völlig anderer: Die EJB-Klassen und deren Methoden wurden mit speziellen Kommentaren versehen, welche sogenannte Tags, vergleichbar mit Javadoc, enthielten. Diese beinhalteten Informationen, die normalerweise ausschließlich im Deployment-Deskriptor zu finden waren (diese Art der Spracherweiterung in den Kommentaren wurde in Java 5 in Form von *Annotationen* in die Programmiersprache übernommen). Ein eigener Generator erzeugte daraus dann die Deployment-Deskriptoren für alle EJBs. Vor der Erstellung der Deployment-Deskriptoren wurden die Klassen und Kommentarinformationen automatisch auf ihre Gültigkeit überprüft. Das Ganze geschah alles in der Entwicklungsumgebung – vor dem eigentlichen Deployment.

Beispiel: XDocklet-Tags mit Deployment-Deskriptor-Informationen eines Entity-Beans:

```
/**
 * This is the Account entity bean. It is an example of how to use the
 * EJBDoclet tags.
 *
 * @see Customer
 *
 * @ejb.bean
 *     name="bank/Account"
 *     type="CMP"
 *     jndi-name="ejb/bank/Account"
 *     local-jndi-name="ejb/bank/LocalAccount"
 *     primkey-field="id"
 *
 * @ejb.finder
 *     signature="java.util.Collection findAll()"
 *     unchecked="true"
 *
 * @ejb.transaction
 *     type="Required"
 *
 * @ejb.interface
 *     remote-class="test.interfaces.Account"
 *
 * @ejb.value-object
 *     match="*"
 *
 * @version 1.5
 */
```

Listing 9.1: Beispielkommentar für XDocklet

Diese Vorgehensweise steigerte natürlich die Produktivität der Entwicklung signifikant. In unsere Diskussion über Abhängigkeiten übersetzt, heißt das nichts anderes, als dass die Laufzeitabhängigkeiten zwischen Quelltext und Deployment-Deskriptoren vollständig von XDocklet verwaltet wurden, da die Deployment-Deskriptoren jetzt ja nichts anderes als Kompilate des Quelltextes und der Informationen in den Kommentaren waren.

Beispiel: Klassenreferenz in einer Property-Datei

In vielen Fällen ist die Definition der Konfigurationsinformationen im Quelltext aus unterschiedlichen Gründen nicht sinnvoll. Da ist es von Vorteil, wenn Abhängigkeiten vor der Ausführung des Programms überprüft werden können.

Als Beispiel für die automatische Überprüfung der Abhängigkeiten zwischen einer externen Konfiguration und einer Klasse sehen wir uns folgende Property-Datei an. Sie enthält den Namen einer Klasse in der Eigenschaft `provider`. Diese Klasse wird von der Anwendung für einen bestimmten Zweck verwendet. Die Datei mit dem Namen `provider.properties` könnte folgenden Inhalt haben:

```
provider=DefaultProvider
```

Listing 9.2: Inhalt der Property-Datei

Die Klasse `DefaultProvider` sowie das Interface `Provider`, von dem alle Provider abgeleitet sein müssen, sei bereits in der bestehenden Anwendung vorhanden:

```
public interface Provider {
}

public class DefaultProvider implements Provider {
    ...
}
```

Listing 9.3: Provider-Interface und -Implementierung

Wir wollen nun diese Datei dauerhaft auf ihre Gültigkeit überprüfen, das heißt, wir wollen sicherstellen, dass der Name der Klasse in der Property-Datei zum Namen der Klasse im Quellcode passt. Das machen wir am einfachsten mit einem Test. Die Datei wird dann automatisch bei jedem Ausführen der Test-Suite für dieses Programm überprüft. Der Test könnte so aussehen:

```
import java.io.File;
import java.io.FileReader;
import java.io.IOException;
import java.lang.reflect.Constructor;
import java.lang.reflect.Modifier;
```

```java
import java.util.Properties;
import java.util.StringTokenizer;

import junit.framework.TestCase;

public class ProviderPropertiesTest extends TestCase {
    public void testProperties() throws Exception {
        Properties properties =
            loadProperties(currentDirectoryFile("src",
                    "provider.properties"));
        assertTrue("Malformend property file: " +
                "Missing property 'provider' ",
                properties.containsKey("provider"));

        Class providerClass = Class.forName(
                properties.getProperty("provider"));

        assertTrue(providerClass + " is not derived from Provider",
                Provider.class.isAssignableFrom(
                        providerClass));

        int modifiers = providerClass.getModifiers();

        assertFalse(providerClass + " must not be abstract",
                Modifier.isAbstract(modifiers));
        assertTrue(providerClass + " must be public",
                Modifier.isPublic(modifiers));
        assertTrue(hasPublicEmptyConstructor(providerClass));
    }

    private File currentDirectoryFile(String sourcePath,
            String fileName) {
        String currentClass = this.getClass().getName();
        StringBuffer path = new StringBuffer(
                withEndingFileSeperator(sourcePath));
        if(isNotInRootPackage(currentClass)) {
            appendPackagePathOf(currentClass, path);
        }
        path.append(fileName);
        return new File(path.toString());
    }
```

```java
    private void appendPackagePathOf(String currentClass, StringBuffer path) {
        StringTokenizer elements = new StringTokenizer(
                currentClass, ".");
        String previousElement = null;
        while(elements.hasMoreTokens()) {
            if(previousElement != null) {
                path.append(previousElement);
                path.append(File.separator);
            }

            previousElement = elements.nextToken();
        }
    }

    private boolean isNotInRootPackage(String packageAndClass) {
        return packageAndClass.indexOf('.') != -1;
    }

    private String withEndingFileSeperator(String sourcePath) {
        return !sourcePath.endsWith(File.separator) ?
                sourcePath + File.separator : sourcePath;
    }


    private Properties loadProperties(File file)
            throws IOException {
        Properties properties = new Properties();
        FileReader reader = null;
        try {
            reader = new FileReader(file);
            properties.load(reader);
            return properties;
        } finally {
            if(reader != null) {
                reader.close();
            }
        }
    }

    private boolean hasPublicEmptyConstructor(Class providerClass) {
        Constructor[] constructors =
            providerClass.getConstructors();
```

```
    for(int i = 0; i < constructors.length; ++i) {
        if(constructors[i].getParameterTypes().length == 0 &&
            Modifier.isPublic(constructors[i].getModifiers())) {
            return true;
        }
    }
    return false;
  }
}
```

Listing 9.4: Testen von Laufzeitabhängigkeiten

Der Test lädt erst einmal die Property-Datei und erzeugt die Klasse, die der Eigenschaft `provider` zugeordnet ist. Danach untersucht er die Klasse mithilfe der Java-Reflection-API. Dabei überprüft er, ob die Klasse eine Instanz des Interfaces `Provider` ist. Des Weiteren überprüft er, ob die Klasse öffentlich, erzeugbar (keine abstrakte Klasse oder Interface) und im Besitz eines leeren, ebenfalls öffentlichen Konstruktors ist.

Diese Vorgehensweise ist natürlich nicht auf Property-Dateien beschränkt: Sie können beliebige Konfigurationsdateien, die nicht schon von irgendeinem anderen Werkzeug überprüft werden, auf diese Weise überprüfen.

> **Hinweis**
>
> Die Investitionen in derartige Tests amortisieren sich im Allgemeinen erstaunlich rasch. Sie kommen bei der Entwicklung auch subjektiv schneller voran, wenn diese Abhängigkeiten automatisch kontrolliert werden. Da wir keine einzige Zeile der bestehenden Anwendung verändert haben, gehen Sie hier kein Risiko ein, die Funktionsfähigkeit der Anwendung zu gefährden.

9.1.4 Überprüfen von Laufzeitabhängigkeiten in der Produktion

Sie können (und sollten) Laufzeitabhängigkeiten auch im Produktivbetrieb, zum Beispiel beim Start Ihrer Anwendung, überprüfen. Administratoren und Benutzer werden es Ihnen ewig danken. Der Apache Webserver stellt zum Beispiel die Möglichkeit zur Verfügung, die Konfiguration vorab zu testen. Das ist ungemein praktisch, da diese Konfigurationen äußerst komplex werden und sich auf unterschiedlichste Dateien verteilen können. Eine gute Dokumentation ist dafür kein Ersatz (und umgekehrt). Wichtig ist, dass der Benutzer oder Administrator möglichst aussagekräftige Informationen bekommt, mit denen er nicht erfüllte Abhängigkeiten rasch beheben kann. Aussagekräftige Informationen zur Behebung von Fehlern in den Fehlermeldungen selbst sind da oft sehr hilfreich.

9.1.5 Eingebettete Sprachen und öffentliche APIs

Inzwischen ist es gängige Praxis, eingebettete Sprachen zu verwenden, um die Funktionalität eines Programms zur Laufzeit zu erweitern. Dies kann mit Skriptsprachen wie Rhino, Jython, JRuby oder BeanShell geschehen, man kann es aber auch mit speziellen, selbst entwickelten, anwendungsspezifischen Sprachen bewerkstelligen (sogenannten *externen Fachsprachen* oder auch *externen domänenspezifischen Sprachen*).

Diese Sprachen schaffen allerdings zusätzliche, oft schwierig zu überprüfende Laufzeitabhängigkeiten. Entwickeln Sie Skripte in diesen Sprachen ausschließlich selbst, können Sie dafür natürlich Tests entwickeln. Diese überprüfen dann auch automatisch die Laufzeitabhängigkeiten.

Werden die Skripte von externen Benutzern erstellt, müssen Sie alle zur Verfügung gestellten Funktionalitäten auch in späteren Versionen Ihrer Software anbieten. In diesem Fall bieten sich Tests mit repräsentativen Skripten an, die alle Abhängigkeiten dieser Funktionalitäten automatisch prüfen. Stehen der Skriptsprache alle öffentlichen Klassen zur Verfügung und verwenden Ihre Benutzer auch undokumentierte Funktionalitäten, haben Sie ein echtes Problem! Kunden reagieren generell nicht gerade positiv, wenn man ihnen Berechtigungen entzieht und ihre Skripte dann nicht mehr laufen. Haben Sie eine beschränkte Anzahl von Kunden, können Sie mit deren Einverständnis die verwendeten Funktionalitäten mitprotokollieren und den Zugriff auf weitere, undokumentierte »Features« in zukünftigen Versionen eingrenzen. Für alles, was Sie den Kunden dann künftig offiziell oder inoffiziell zur Verfügung stellen wollen, sollten Sie dann Tests entwickeln, um die Rückwärtskompatibilität auch in Zukunft zu gewährleisten.

Ein ähnliches Problem – wenn auch üblicherweise nicht ganz so schlimm – haben Sie, wenn Sie Kunden öffentliche APIs zur Verfügung stellen. Microsoft zum Beispiel treibt einen enormen Aufwand, um Rückwärtskompatibilität auch für undokumentierte Funktionalitäten ihrer APIs zu gewährleisten. Die Situation scheint allerdings ziemlich außer Kontrolle geraten zu sein, da immer wieder Kompatibilitätsprobleme mit neuen Windows-Versionen berichtet werden. Dass Anwendungen, die auf neuen Windows-Versionen nicht mehr laufen, auf undokumentierte Funktionalitäten zurückgreifen, wird von den Herstellern dieser Programme meist verschwiegen und das Problem auf Windows geschoben. Mit Java ist es allerdings bedeutend einfacher, Funktionalitäten zu kapseln als mit C. Mit Unit-Tests und impliziten Tests lassen sich diese Probleme einschränken. In Kombination mit gutem API-Design, rigoroser Kapselung innerer Komponenten und den besagten Tests können Sie solche Probleme verhindern.

9.1.6 Abhängigkeiten, die die Erstellung von Tests behindern

Wir wenden uns nun wieder dem Quelltext der bestehenden Anwendung zu. Obwohl statische Abhängigkeiten im Allgemeinen unproblematischer sind als

Laufzeitabhängigkeiten, gibt es auch hier Fälle, die die Testbarkeit von Anwendungsbestandteilen einschränken. Eine Voraussetzung dafür, dass Sie überhaupt Tests schreiben können, ist bekanntlich der Umstand, dass Sie das Ergebnis überprüfen können. Wie wir schon im ersten Teil gesehen haben, schränken GUI-Bibliotheken wie Swing die Möglichkeit der Ergebnisüberprüfung erheblich ein. Wir können also Klassen, die mit Swing interagieren, nicht direkt testen. (Es gibt zwar Werkzeuge, die das ermöglichen, die Tests werden dann jedoch meist äußerst fragil, das heißt, sie reagieren äußerst sensibel auf jede Änderung in der Darstellung.) Wir haben uns im ersten Teil durch die Trennung der Darstellung von der Fachlogik beholfen. In bestehenden Anwendungen gibt es diese Trennung allerdings üblicherweise nicht, sie kann aber zumindest teilweise durch Refactoring-Maßnahmen hergestellt werden. Besonders in Unternehmensanwendungen gibt es meist eine enge Verflechtung zwischen Anwendung und Datenbank. Oft ist die Funktionalität der Anwendung auf die eigentliche Anwendung in Java und die Datenbank verteilt. In den folgenden Kapiteln werden wir Techniken kennenlernen, diese Abhängigkeiten so weit aufzulösen, dass wir Tests anbringen können.

9.2 Wo sollte man zuerst Tests anbringen?

Wenn Sie mit dem Nachziehen von Tests beginnen, sehen Sie sich erst einmal mit einer Fülle von Code ohne Tests konfrontiert. Hier stellt sich natürlich die Frage, wo Sie in Ihrer Anwendung am besten beginnen, Tests nachzuziehen. Die Antwort hängt unter anderem von der Erfahrung ab, die Sie bereits mit dem Nachziehen von Tests gesammelt haben. Fangen Sie gerade erst an, ist es ratsam, zunächst einmal mit Komponenten zu beginnen, die einfach zu testen sind. Danach können Sie sich Schritt für Schritt an komplexere Fälle heranwagen.

Haben Sie erst einmal Tritt gefasst, können Sie dazu übergehen, überall dort Tests nachzuziehen, wo sie Fehler beheben und wo Erweiterungen nötig sind. Speziell Komponenten, in denen häufig Fehler auftauchen, sind exzellente Kandidaten für das Nachziehen von Tests – Fehler sind nämlich nicht gleichmäßig in einer Anwendung verteilt. Es gibt da Häufungspunkte: In Komponenten, die besonders komplex und schwierig zu testen sind, treten Fehler oft vermehrt auf. Dort ist es natürlich besonders lohnend, Tests anzubringen.

Sie können damit aus dem Teufelskreis von Fehlern und deren Folgefehlern ausbrechen und so Fehler nachhaltig aus der Welt schaffen. Sie müssen eine Komponente auch nicht unbedingt gleich vollständig mit Tests versehen, bevor Sie eine andere Komponente in Angriff nehmen. Der Prozess des Nachziehens von Tests kann ohne Weiteres parallel zur normalen Entwicklungstätigkeit durchgeführt werden. Mit jedem neuen Test zieht sich das Netz aus Tests enger zusammen. Von den daraus resultierenden Vorteilen, nämlich einer geringeren Fehleranzahl kombiniert mit einfacherer Fehlerbehebung, können Sie schon bei geringerer Testabdeckung profitieren. In diesem Zusammenhang ist es wichtig, dass Sie sich nicht zu früh zufrieden geben, sondern weitermachen.

Was die Aufrechterhaltung von funktionierenden Tests betrifft, gilt hier dasselbe, was wir schon im zweiten Teil erörtert haben: Tests müssen unbedingt von allen Entwicklern konsequent nachgezogen werden, denn sie profitieren von Tests auch dann noch, wenn sie sie nicht mehr pflegen. Die Fehler durch Veränderungen unter Vernachlässigung der Tests führen nicht gleich zu einem merkbaren Einbruch der Produktivität. Nach einer gewissen Zeit folgt jedoch unweigerlich ein steiler Abstieg derselben. Dann ist es umso schwieriger, sich wieder dazu zu motivieren, die nicht mehr funktionierenden Tests zu entfernen und mit dem Anbringen von Tests von vorne zu beginnen.

Seien Sie also auf der Hut! Überprüfen Sie regelmäßig, ob noch alle Tests funktionieren. Überprüfen Sie den Fortschritt bei der Testabdeckung mit einem Code-Coverage-Werkzeug. Letzteres können Sie auch verwenden, um festzustellen, wo Sie noch Tests nachziehen müssen, wenn Sie schon einige Tests erstellt haben – wenn Sie also den Überblick verlieren, wo noch Tests fehlen und wo nicht.

9.3 Wenn Sie einen Fehler finden

Meiner Erfahrung nach ist es völlig normal, dass Sie, während Sie Tests nachziehen, Fehler finden. Sie machen ja zwangsläufig einen Code Review, das heißt, Sie analysieren den Code, bevor Sie daran Tests anbringen. Code Reviews sind allerdings erwiesenermaßen eine effektive Technik, um Fehler zu finden. Im Zuge einer Sanierung sind sie in dieser Hinsicht besonders effektiv, da zusätzlich Teile der Anwendung innerhalb von Tests ausgeführt werden. Sie können die Effektivität des Code Reviews noch weiter erhöhen, wenn Sie mehrere Entwickler in die Sanierung einbeziehen.

Sollten Sie im Zuge des Nachziehens von Tests einen Fehler finden, widerstehen Sie bitte der Versuchung, diesen gleich zu beheben! Dokumentieren Sie ihn in Ihrem Bug-Tracking-System und/oder im Quelltext und schreiben Sie zusätzlich einen Test, der den Fehler dokumentiert.

Der Grund für diese Vorgehensweise ist folgender: Wie wir im ersten Teil schon gesehen haben, ist es nicht sinnvoll, Tätigkeiten zu vermischen. Sie müssen sich überlegen, ob Sie Tests nachziehen, Refactorings durchführen, Fehler beheben oder die Software erweitern. Kent Beck hat hier den Begriff der »wechselnden Hüte« eingeführt: Wenn Sie den Hut »Tests nachziehen« auf dem Kopf haben, können Sie nicht gleichzeitig den Hut »Fehler beheben« aufhaben. Konzentrieren Sie sich besser immer nur auf eine Sache. Im Übrigen brauchen Sie eine solide Testabdeckung sowie unter Umständen Unterstützung von Kollegen, um Fehler ohne schädliche Nebeneffekte zu entfernen. Sorgen Sie auf der anderen Seite dafür, dass diese Fehler nicht zu Karteileichen verkommen – Fehler sollten natürlich auf jeden Fall zeitgerecht behoben werden.

Kapitel 10

Auflösen von Abhängigkeiten mithilfe von Testimplementierungen

Im ersten Teil haben wir *Testimplementierungen* im Zuge von Neuentwicklungen kennengelernt. Nun wollen wir sie einsetzen, um Tests für bestehende Software zu entwickeln. Als Beispiel sei hier ein Sequenz-Generator vorgestellt. Dieser macht nichts anderes, als aufsteigende Zahlen zu generieren. Der Zahlenwert wird über die Datenbank abgeglichen. Um »Transaktionsstaus« in der Datenbank zu vermeiden, holt sich jede Anwendung ein ganzes Paket an Zahlen von der Datenbank und erhöht einen Zähler in der Tabelle Sequencer. Diese Zahlen werden dann, eine nach der anderen, an Konsumenten des Sequenz-Generators ausgegeben.

10.1 Fallbeispiel: Sequenz-Generator

Die Implementierung ist freundlicherweise in einen datenbankabgängigen Teil (SequencerDataSource) und in einen datenbankunabhängigen (Sequencer) Teil aufgeteilt.

```
import java.sql.SQLException;

public class Sequencer {
    private final int packageSize;
    private final SequencerDataSource dataSource;

    private int offset = -1;
    private int count = -1;

    public Sequencer(int packageSize, SequencerDataSource dataSource) {
        this.packageSize = packageSize;
        this.dataSource = dataSource;
    }

    public synchronized int next() throws SQLException {
        if (offset == -1 || count == packageSize - 1) {
            offset = dataSource.nextPackage(packageSize);
```

```
            count = -1;
        }

        return offset + ++count;
    }
}
```

Listing 10.1: Sequencer – Ausgangssituation

Die Methode `next` zählt den internen Zähler `count` bei jedem Aufruf hoch. Ist das Paket abgearbeitet oder der Zähler noch nicht initialisiert, wird ein neues Zahlenpaket von der Datenquelle angefordert.

```
import java.sql.Connection;
import java.sql.PreparedStatement;
import java.sql.ResultSet;
import java.sql.SQLException;
import java.sql.Statement;

public class SequencerDataSource {
    private final Connection conn;

    public SequencerDataSource(Connection conn) throws SQLException {
        this.conn = conn;
        this.conn.setTransactionIsolation(
            Connection.TRANSACTION_SERIALIZABLE);
    }

    public int nextPackage(int size) throws SQLException {
        int counter = counter();
        PreparedStatement stmt = null;
        try {
            stmt = conn.prepareStatement("update sequencer set counter=?");
            stmt.setInt(1, counter + size);
            int rowsAffected = stmt.executeUpdate();
            if (rowsAffected != 1) {
                throw new SQLException("Failed to update sequencer");
            }
        } finally {
            close(stmt);
        }

        return counter;
    }

    public int counter() throws SQLException {
```

```
        Statement stmt = null;
        ResultSet rs = null;
        try {
            stmt = conn.createStatement();
            rs = stmt.executeQuery(
                    "select counter from sequencer");
            if (rs.next()) {
                return rs.getInt(1);
            } else {
                throw new SQLException(
                        "Missing row in table sequencer");
            }
        } finally {
            close(rs, stmt);
        }
    }

    private void close(PreparedStatement stmt) throws SQLException {
        if (stmt != null) {
            stmt.close();
        }
    }

    private void close(ResultSet rs, Statement stmt) throws SQLException {
        try {
            if (rs != null) {
                rs.close();
            }
        } finally {
            if (stmt != null) {
                stmt.close();
            }
        }
    }
}
```

Listing 10.2: Datenquelle für den Sequencer

Der Konstruktor der Datenquelle setzt die Transaktionsisolation auf *serializable*, das verhindert Datensalat in der Tabelle, da jede Datenbankverbindung exklusiv auf die Tabelle zugreift (dasselbe hätte man auch durch den Zusatz `for update` in der Methode `counter` erreichen können, das versteht allerdings nicht jede Datenbank), während die anderen warten müssen, bis sie an der Reihe sind. Natürlich muss die Datenquelle in einer eigenen Transaktion – isoliert von der Anwendung – operieren.

Kapitel 10
Auflösen von Abhängigkeiten mithilfe von Testimplementierungen

Wir wollen jetzt die Klasse **Sequencer** unabhängig von der Datenquelle testen. Der Konstruktor verlangt ein Objekt der Klasse **SequencerDataSource**. Verwendet wird lediglich die Methode **nextPackage**, also extrahieren wir ein Interface mit folgender Signatur (der Name ist nicht gerade schön, er wird jedoch nur temporär verwendet) aus der **SequencerDataSource**:

```java
public interface SequencerDataSourceIntf {
        int nextPackage(int size) throws SQLException;
}
```

Listing 10.3: Interface für die Datenquelle

Gleichzeitig tauschen wir den Bezeichner SequencerDataSource durch SequencerDataSourceIntf aus und das überall, wo Ersterer in der Klasse Sequencer vorkommt. Die Entwicklungsumgebung macht das auf Wunsch gleich automatisch mit:

```java
import java.sql.SQLException;

public class Sequencer {
    private final int packageSize;
    private final SequencerDataSourceIntf dataSource;

    private int offset = -1;
    private int count = -1;

    public Sequencer(int packageSize,
            SequencerDataSourceIntf dataSource) {
        super();
        this.packageSize = packageSize;
        this.dataSource = dataSource;
    }

    public synchronized int next() throws SQLException {
        if (offset == -1 || count == packageSize - 1) {
            offset = dataSource.nextPackage(packageSize);
            count = -1;
        }

        return offset + ++count;
    }
}
```

Listing 10.4: Sequencer mit austauschbarer Datenquelle

Wir haben zwar an der Funktionalität der beiden Klassen nichts verändert, die Abhängigkeiten zwischen den Klassen sind nun jedoch völlig anders: Die Klasse `Sequencer` ist jetzt komplett unabhängig von der Klasse `SequencerDataSource` und umgekehrt. Wir haben also das Abhängigkeits-Inversionsprinzip angewandt, um die Abhängigkeit zwischen den Klassen aufzulösen. Das Einzige, was die beiden verbindet, ist nun das Interface `SequencerDataSourceIntf`. Jetzt können wir eine Testimplementierung von `SequencerDataSourceIntf` erstellen und diese im Testfall an den `Sequencer` übergeben. Eine Testimplementierung könnte so aussehen:

```java
public class SequencerInMemoryDataSource implements SequencerDataSourceIntf {
    private int counter = 0;

    public SequencerInMemoryDataSource() {
    }

    public int nextPackage(int size) {
        int n = counter;
        counter += size;
        return n;
    }

    public int counter() {
        return counter;
    }
}
```

Listing 10.5: Testimplementierung der Datenquelle

Sie zählt einfach den internen Paketzähler `counter` hoch und übergibt das vorherige Ergebnis. Wir schreiben sicherheitshalber gleich noch einen Test dafür:

```java
import junit.framework.TestCase;

public class SequencerInMemoryDataSourceTest extends TestCase {
    SequencerInMemoryDataSource dataSource;

    public void setUp() {
        dataSource = new SequencerInMemoryDataSource();
    }

    public void testCounter() {
```

```
        assertEquals(0, dataSource.counter());
    }

    public void testNextPackage() {
        assertEquals(0, dataSource.nextPackage(10));
        assertEquals(10, dataSource.nextPackage(30));
        assertEquals(40, dataSource.nextPackage(5));
        assertEquals(45, dataSource.counter());
    }
}
```

Listing 10.6: Tests für die Testimplementierung der Datenquelle

Jetzt können wir auch einen Test für die Klasse `Sequencer` erstellen:

```
import java.sql.SQLException;
import junit.framework.TestCase;

public class SequencerTest extends TestCase {
    Sequencer sequencer;

    public void setUp() throws SQLException {
        sequencer = new Sequencer(5, new SequencerInMemoryDataSource());
    }

    public void testNext() throws SQLException {
        for (int i = 0; i < 12; ++i) {
            assertEquals(i, sequencer.next());
        }
    }
}
```

Listing 10.7: Ein erster Test für den Sequencer

Der Test stellt nun sicher, dass der Zähler eine Zahl nach der anderen generiert, und das über Paketgrenzen hinweg. Die Vorgehensweise ist in folgendem Diagramm nochmals illustriert:

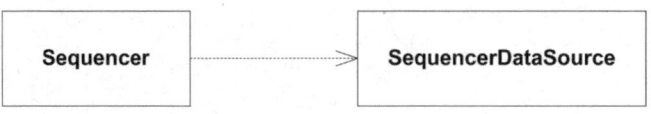

Abb. 10.1: Vor der Extraktion

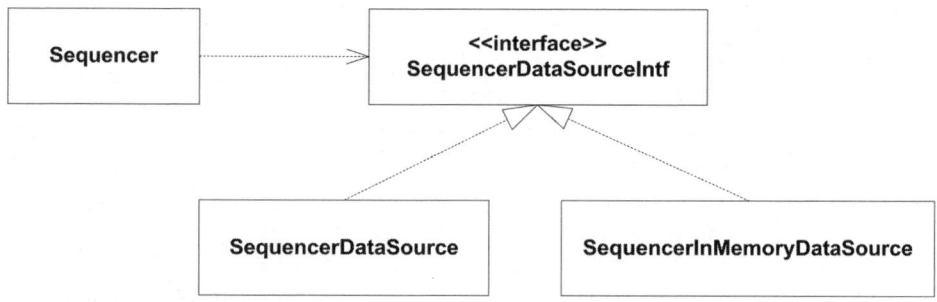

Abb. 10.2: Nach der Extraktion

10.2 Verbessern der Testabdeckung durch Beobachter

In einfacheren Fällen wäre das Anbringen von Tests jetzt beendet. Leider ist die Testabdeckung in diesem Fall nicht ausreichend: Wir wissen einfach zu wenig darüber, was der Sequencer intern macht. So können wir nicht überprüfen, ob sich der Sequencer wirklich ein neues Paket holt oder ob er nur seinen eigenen Zähler munter weiterzählt. Dann könnte es vorkommen, dass zwei Benutzer die gleiche Zahl bekommen, was auf keinen Fall passieren darf!

Daher entsenden wir (ganz nach dem Vorbild der UNO) einen *Beobachter*. Dieser soll unserem Test mitteilen, ob wirklich ein neues Paket von der Datenquelle bezogen wird. Dazu erstellen wir folgendes Interface:

```
public interface SequencerObserver {
    void notifyNextPackage(int packageSize, int offset);
}
```

Listing 10.8: Beobachter-Interface für den Sequencer

Da wir den Beobachter nur zu Testzwecken benötigen, brauchen wir noch eine »blinde« Implementierung, also ein Null-Objekt, das seine Beobachtung gleich wieder vergisst:

```
public class SequencerNullObserver implements SequencerObserver {
    public void notifyNextPackage(int packageSize, int offset) {
    }
}
```

Listing 10.9: »Blinder« Beobachter als Null-Objekt

Jetzt müssen wir den Beobachter noch im Sequencer platzieren. Wichtig dabei ist, dass die ursprüngliche Signatur des Konstruktors erhalten bleibt, damit die Änderung nicht alle Benutzer des Sequenz-Generators betrifft:

Kapitel 10
Auflösen von Abhängigkeiten mithilfe von Testimplementierungen

```java
public class Sequencer {
    private final int packageSize;
    private final SequencerDataSourceIntf dataSource;
    private final SequencerObserver observer;

    private int offset = -1;
    private int count = -1;

    public Sequencer(int packageSize, SequencerDataSourceIntf dataSource,
            SequencerObserver observer) {
        this.packageSize = packageSize;
        this.dataSource = dataSource;
        this.observer = observer;
    }

    public Sequencer(int packageSize,
            SequencerDataSourceIntf dataSource) {
        this.packageSize = packageSize;
        this.dataSource = dataSource;
        this.observer = new SequencerNullObserver();
    }

    public synchronized int next() throws SQLException {
        if (offset == -1 || count == packageSize - 1) {
            offset = dataSource.nextPackage(packageSize);
            observer.notifyNextPackage(packageSize, offset);
            count = -1;
        }

        return offset + ++count;
    }
}
```

Listing 10.10: Sequenz-Generator mit Beobachter

Wir überprüfen durch Ausführen von `SequencerTest`, ob sich ungewollt etwas am Verhalten verändert hat. Das ist offensichtlich nicht der Fall, deshalb können wir im Test jetzt den Beobachter entsenden:

```java
import java.sql.SQLException;
import junit.framework.TestCase;

public class SequencerTest extends TestCase {
```

```java
    Sequencer sequencer;
    Observer observer;

    public void setUp() throws SQLException {
        observer = new Observer();
        sequencer = new Sequencer(5, new SequencerInMemoryDataSource(),
            observer);
    }

    public void testNext() throws SQLException {
        for (int i = 0; i < 12; ++i) {
            assertEquals(i, sequencer.next());
        }
        assertEquals("next package 0 size 5;" + "next package 5 size 5;"
            + "next package 10 size 5", observer.getLog().toString());
    }

    static class Observer implements SequencerObserver {
        private StringBuffer log = new StringBuffer();

        public void notifyNextPackage(int packageSize, int offset) {
            if (log.length() > 0) {
                log.append(";");
            }
            log.append("next package ");
            log.append(offset);
            log.append(" size ");
            log.append(packageSize);
        }

        public StringBuffer getLog() {
            return log;
        }
    }
}
```

Listing 10.11: Erweiterter Test mit Beobachter

Der Beobachter schreibt alle Ereignisse durch Strichpunkte getrennt in sein Logbuch. Im Zuge des Tests wird jetzt dieses Logs überprüft. Es wird dreimal auf die Datenquelle zugegriffen. Der Zähler und die Paketgröße werden dabei korrekt ausgegeben.

Kapitel 10
Auflösen von Abhängigkeiten mithilfe von Testimplementierungen

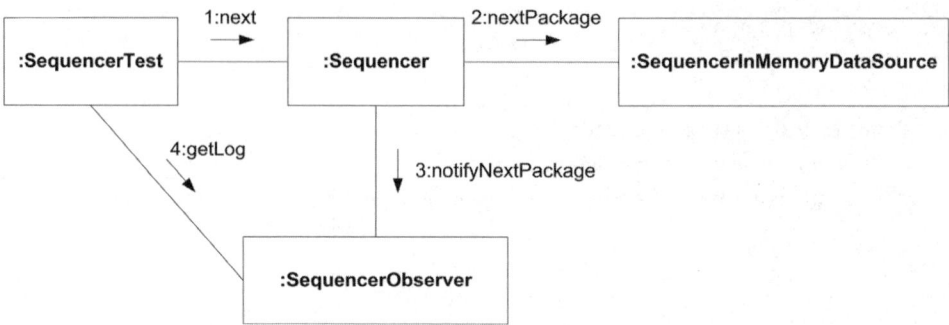

Abb. 10.3: Kommunikation zwischen Test, Datenquelle und Beobachter

Abschließend sollten wir noch das Interface umbenennen. Dazu benennen wir zunächst einmal die `SequencerDataSource` mit `SequencerDatabaseDataSource`. Die Entwicklungsumgebung hilft dabei, dass alle Referenzen auf diese Klasse ebenfalls angepasst werden. Zum Schluss ändern wir noch den Namen `SequencerDataSourceIntf` in `SequencerDataSource`. Die Namen spiegeln nun ihre Funktion sehr genau wider. Das abstrakte Konzept `SequencerDataSource` wird jetzt auf zwei Arten implementiert: `SequencerDatabaseDataSource` und `SequencerInMemoryDataSource`. `SequencerDatabaseDataSource` können wir leider nicht ohne Datenbankzugriff testen. Wir müssen dies also in einen Integrationstest auslagern. Ein Beispiel für so einen Test werden wir im vierten Teil kennenlernen. Zum Abschluss wollen wir noch die doppelte Implementierung der Konstruktoren im `Sequencer` entfernen:

```java
import java.sql.SQLException;

public class Sequencer {
    private final int packageSize;
    private final SequencerDataSource dataSource;
    private final SequencerObserver observer;

    private int offset = -1;
    private int count = -1;

    public Sequencer(int packageSize, SequencerDataSource dataSource,
            SequencerObserver observer) {
        this.packageSize = packageSize;
        this.dataSource = dataSource;
        this.observer = observer;
    }

    public Sequencer(int packageSize, SequencerDataSource dataSource) {
```

```
        this(packageSize, dataSource, new SequencerNullObserver());
    }

    public synchronized int next() throws SQLException {
        if (offset == -1 || count == packageSize - 1) {
            offset = dataSource.nextPackage(packageSize);
            observer.notifyNextPackage(packageSize, offset);
            count = -1;
        }

        return offset + ++count;
    }
}
```

Listing 10.12: Sequenzer mit bereinigtem Konstruktor

Kapitel 11

Auflösen von Abhängigkeiten durch Ableitung (Object Seam)

Im vorigen Beispiel war bereits eine Trennung von Logik und Datenbankzugriff vorhanden. Das ist leider nicht immer so. Eine Möglichkeit, diese Trennung herbeizuführen, ist, eine Ableitung der betreffenden Klasse zu erstellen, welche alle Methoden, die man nicht testen kann, überlädt.

Im folgenden Beispiel wollen wir einen Mechanismus betrachten, der Passwörter in einem LDAP-Verzeichnis überprüft. Sie müssen dazu keine näheren Kenntnisse über LDAP besitzen.

11.1 Fallbeispiel: Authentifizierung an LDAP-Verzeichnis

Ein *LDAP-Verzeichnis* ist ganz allgemein eine spezielle Form von Datenbank, die in unserem Beispiel Daten für die Authentifizierung von Benutzern enthält. Jeder Benutzer wird durch einen speziellen Schlüssel, in LDAP *Distingushing Name*, kurz *DN*, genannt, identifiziert. Die Methode `verifyPassword` sucht den Benutzereintrag zum Schlüssel `loginDN` heraus und vergleicht das Attribut `userPassword` mit dem übergebenen Passwort. Stimmen die Passwörter überein, gibt die Methode `true` zurück.

Natürlich kann bei der Kommunikation mit dem LDAP-Verzeichnis einiges schief gehen. Die einzelnen Fälle werden im `Catch`-Block anhand eines Fehlercodes behandelt und auf unterschiedliche `Exceptions` abgebildet, die dann geworfen werden. Diese Ausnahmebehandlung sollte eigentlich in eine eigene Methode ausgelagert sein, aber das kann man sich bei bestehenden Systemen leider nicht aussuchen.

```
import java.io.IOException;
import java.io.UnsupportedEncodingException;
import java.util.NoSuchElementException;

import com.novell.ldap.LDAPAttribute;
import com.novell.ldap.LDAPConnection;
import com.novell.ldap.LDAPException;
```

Kapitel 11
Auflösen von Abhängigkeiten durch Ableitung (Object Seam)

```java
public class PasswordVerifier {
    String ldapHost;
    int ldapPort;
    int ldapVersion;
    String loginDN;
    String password;

    public PasswordVerifier(String ldapHost, int ldapPort,
            int ldapVersion,
            String loginDN,
            String password) {
        this.ldapHost = ldapHost;
        this.ldapPort = ldapPort;
        this.ldapVersion = ldapVersion;
        this.loginDN = loginDN;
        this.password = password;
    }

    public PasswordVerifier(String ldapHost, String loginDN, String password) {
        this(ldapHost, LDAPConnection.DEFAULT_PORT, LDAPConnection.LDAP_V3,
            loginDN, password);
    }

    public boolean verifyPassword(String objectDN, String testPassword)
            throws IOException {
        LDAPConnection lc = null;

        try {
            lc = new LDAPConnection();
            lc.connect(ldapHost, ldapPort);
            lc.bind(ldapVersion, loginDN, password.getBytes("UTF8"));
            LDAPAttribute attr = new LDAPAttribute("userPassword", testPassword);
            return lc.compare(objectDN, attr);
        } catch (LDAPException e) {
            if (e.getResultCode() == LDAPException.NO_SUCH_OBJECT) {
                NoSuchElementException f = new NoSuchElementException(
                        "No such entry: " + objectDN);
                f.initCause(e);
                throw f;
            } else if (e.getResultCode() == LDAPException.NO_SUCH_ATTRIBUTE) {
                NoSuchElementException f = new NoSuchElementException(
                        "No attribute 'userPassword' in " + objectDN);
                f.initCause(e);
                throw f;
```

```
            } else {
                IOException f = new IOException("Failed to connect to "
                    + ldapHost + ":" + ldapPort + " for " + e.getMessage());
                f.initCause(e);
                throw f;
            }
        } catch (UnsupportedEncodingException e) {
            throw new IllegalStateException("Unsupported encoding: UTF8");
        } finally {
            try {
                lc.disconnect();
            } catch (LDAPException e) {
            }
        }
    }
}
```

Listing 11.1: Password-Verifier – Ausgangssituation

Im Gegensatz zum letzten Beispiel wollen wir diesmal keine Datenquelle abspalten, sondern die ganze Methode testen. In diesem Fall ist das sinnvoll, da es hier einfach ist, die Logik des Verzeichnisdienstes für Testzwecke nachzubilden. Wir können aus der Klasse `PasswordVerifier` zwar problemlos ein Objekt erzeugen, die Methode `verifyPassword` erzeugt jedoch eine Verbindung (LDAPConnection) zum Verzeichnisdienst. Wir müssen also die Erstellung dieser Verbindung irgendwie beeinflussen können. Hier bietet es sich an, die Erstellung der LDAP-Connection in eine eigene Methode, nennen wir sie `createConnection`, zu extrahieren:

```
public class PasswordVerifier {
    String ldapHost;
    int ldapPort;
    int ldapVersion;
    String loginDN;
    String password;

    public PasswordVerifier(String ldapHost, int ldapPort,
            int ldapVersion,
            String loginDN,
            String password) {
        this.ldapHost = ldapHost;
        this.ldapPort = ldapPort;
        this.ldapVersion = ldapVersion;
        this.loginDN = loginDN;
        this.password = password;
```

```
    }

    public PasswordVerifier(String ldapHost, String loginDN,
        String password) {
        this(ldapHost, LDAPConnection.DEFAULT_PORT,
            LDAPConnection.LDAP_V3,
                loginDN, password);
    }

    public boolean verifyPassword(String objectDN, String testPassword)
            throws IOException {
        LDAPConnection lc = null;

        try {
            lc = createConnection();
            lc.connect(ldapHost, ldapPort);
            lc.bind(ldapVersion, loginDN, password.getBytes("UTF8"));
            LDAPAttribute attr = new LDAPAttribute("userPassword",
                    testPassword);
            return lc.compare(objectDN, attr);
        } catch (LDAPException e) {
            if (e.getResultCode() == LDAPException.NO_SUCH_OBJECT) {
                NoSuchElementException f = new NoSuchElementException(
                    "No such entry: " + objectDN);
                f.initCause(e);
                throw f;
            } else if (e.getResultCode() ==
                    LDAPException.NO_SUCH_ATTRIBUTE) {
                NoSuchElementException f = new NoSuchElementException(
                    "No attribute 'userPassword' in " + objectDN);
                f.initCause(e);
                throw f;
            } else {
                IOException f = new IOException("Failed to connect to "
                    + ldapHost + ":" + ldapPort + " for "
                        + e.getMessage());
                f.initCause(e);
                throw f;
            }
        } catch (UnsupportedEncodingException e) {
            throw new IllegalStateException("Unsupported encoding: UTF8");
        } finally {
            try {
                lc.disconnect();
```

11.1 Fallbeispiel: Authentifizierung an LDAP-Verzeichnis

```
            } catch (LDAPException e) {
            }
        }
    }

    protected LDAPConnection createConnection() {
        return new LDAPConnection();
    }
}
```
Listing 11.2: Password-Verifier nach Methodenextraktion

Jetzt können wir die Klasse zu Testzwecken ableiten und die Methode `createConnection` überladen.

```
import com.novell.ldap.LDAPConnection;

public class PasswordTestVerifier extends PasswordVerifier {

    public PasswordTestVerifier(String ldapHost,
            String loginDN, String password) {
        super(ldapHost, loginDN, password);
    }

    protected LDAPConnection createConnection() {
        return super.createConnection();
    }
}
```
Listing 11.3: Methode zu Testzwecken überladen

Wichtig
Die Klasse `PasswordTestVerifier` ist, ähnlich wie eine Testimplementierung, nur dazu da, eine andere Klasse testbar zu machen.

Soweit ist allerdings noch nicht viel gewonnen, die Klasse `LDAPConnection` der LDAP-Bibliothek lässt sich jedoch ableiten. Die Implementierung der Konstruktoren verrät uns auch, dass dort keine Verbindung zum Verzeichnisdienst aufgebaut wird. Wir können also von dieser Klasse ableiten und aus der Ableitung `LDAPTestConnection` gefahrlos ein Objekt erzeugen:

```
public class LDAPTestConnection extends LDAPConnection {
}
```
Listing 11.4: Erweitern der LDAP-Connection

Kapitel 11
Auflösen von Abhängigkeiten durch Ableitung (Object Seam)

Im Anschluss müssen wir noch alle Methoden überladen, die vom `PasswordVerifier` verwendet werden. Dies sind die Methoden `connect`, `bind` und `compare`. Wir speichern einfach alle eingehenden Parameter in entsprechende Felder des Objekts, damit wir sie hinterher im Test überprüfen können:

```java
import java.io.UnsupportedEncodingException;

import com.novell.ldap.LDAPAttribute;
import com.novell.ldap.LDAPConnection;
import com.novell.ldap.LDAPException;

public class LDAPTestConnection extends LDAPConnection {
    private static final String OBJECT_PASSWORD = "g3h31m";

    private String host = null;
    private int port = 0;
    private int version;
    private String dn = null;
    private String password;
    private String objectDN = null;

    public void connect(String host, int port)
            throws LDAPException {
        this.host = host;
        this.port = port;
    }

    public void bind(int version, String dn, byte[] passwd)
            throws LDAPException {
        this.version = version;
        this.dn = dn;
        this.password = toString(passwd);
    }

    public boolean compare(String dn, LDAPAttribute attr)
            throws LDAPException {
        this.objectDN = dn;
        if (!attr.getName().equals("userPassword")) {
            throw new AssertionError("Invalid attribute " +
                attr.getName());
        }
```

```java
        return toString(attr.getByteValue()).equals(
                OBJECT_PASSWORD);
    }

    private String toString(byte[] b) {
        try {
            return new String(b, "UTF8");
        } catch (UnsupportedEncodingException e) {
            throw new AssertionError(
                    "UTF8 encoding not supported");
        }
    }

    public String getHost() {
        return host;
    }

    public int getPort() {
        return port;
    }

    public int getVersion() {
        return version;
    }

    public String getDN() {
        return dn;
    }

    public String getPassword() {
        return password;
    }

    public String getObjectDN() {
        return objectDN;
    }
}
```

Listing 11.5: Testimplementierung der LDAP-Connection

Die Methode `compare` vergleicht dabei den Wert des Attributs `userPassword` mit der Konstanten `OBJECT_PASSWORD`. Damit können wir einmal Tests für alle überladenen Methoden dieser Klasse erstellen:

```java
import com.novell.ldap.LDAPAttribute;
import junit.framework.TestCase;

public class LDAPTestConnectionTest extends TestCase {
    LDAPTestConnection connection;

    public void setUp() {
        this.connection = new LDAPTestConnection();
    }

    public void testConnect() throws Exception {
        connection.connect("ldap.example.org", 12345);
        assertEquals("ldap.example.org", connection.getHost());
        assertEquals(12345, connection.getPort());
    }

    public void testBind() throws Exception {
        connection.bind(3, "CN=server",
            "pa55w0rd".getBytes("UTF-8"));
        assertEquals("CN=server", connection.getDN());
        assertEquals("pa55w0rd", connection.getPassword());
    }

    public void testCompare() throws Exception {
        LDAPAttribute attr = new LDAPAttribute("userPassword", "g3h31m"
            .getBytes("UTF-8"));
        assertTrue(connection.compare("CN=user", attr));
        assertEquals("CN=user", connection.getObjectDN());
    }

    public void testCompareWrongPassword() throws Exception {
        LDAPAttribute attr = new LDAPAttribute("userPassword", "*hack*"
            .getBytes("UTF-8"));
        assertFalse(connection.compare("CN=user", attr));
        assertEquals("CN=user", connection.getObjectDN());
    }

    public void testCompareWrongAttribute()
            throws Exception {
        LDAPAttribute attr = new LDAPAttribute(
            "unknown", "*hack*".getBytes("UTF-8"));
        try {
            connection.compare("CN=user", attr);
            fail("Should fail as attribute is wrong");
        } catch (AssertionError e) {
```

```
        }
    }
}
```
Listing 11.6: Test der erweiterten LDAP-Connection

Der Test `testCompareWrongPassword` stellt sicher, dass Anfragen mit ungültigen Passwörtern zu einer Ablehnung führen. Der Test `testCompareWrongAttribute` überprüft, ob die Methode einen `AssertionError` wirft, wenn das falsche Attribut übergeben wird.

Die Hilfsmethode `toString` wandelt die UTF-8-Zeichenkette in einen Java-String um. Der Fall, dass diese Kodierung nicht unterstützt wird, ist zwar praktisch auszuschließen, wir werfen aber sicherheitshalber einen Fehler. Damit können wir uns dem `PasswordTestVerifier` zuwenden und unsere Testimplementierung anstatt der echten in `createConnection` zurückgeben.

```
import com.novell.ldap.LDAPConnection;

public class PasswordTestVerifier extends PasswordVerifier {

    public PasswordTestVerifier(String ldapHost,
            String loginDN, String password) {
        super(ldapHost, loginDN, password);
    }

    protected LDAPConnection createConnection() {
        return new LDAPTestConnection();
    }
}
```
Listing 11.7: Die Erweiterung des Password-Verifiers erzeugt eine Testimplementierung der LDAP-Connection

Anschließend können wir ohne weitere Schwierigkeiten Tests für die Klasse `PasswordVerifier` erstellen:

```
import com.novell.ldap.LDAPConnection;
import junit.framework.TestCase;

public class PasswordVerifierTest extends TestCase {
    PasswordTestVerifier verifier;

    public void setUp() {
        verifier = new PasswordTestVerifier("ldap.example.org",
                "CN=server", "pa55w0rd");
```

```
    }

    public void testConstructor() {
        assertEquals("ldap.example.org", verifier.ldapHost);
        assertEquals(LDAPConnection.DEFAULT_PORT,
                verifier.ldapPort);
        assertEquals(LDAPConnection.LDAP_V3,
                verifier.ldapVersion);
        assertEquals("CN=server", verifier.loginDN);
        assertEquals("pa55w0rd", verifier.password);
    }

    public void testVerifyPassword() throws Exception {
        assertTrue(verifier.verifyPassword("DN=user",
                "g3h31m"));
    }

    public void testVerifyPasswordFail() throws Exception {
        assertFalse(verifier.verifyPassword("DN=user",
                "*hack*"));
    }
}
```

Listing 11.8: Tests für den Password-Verifier

Der Test des Attributnamens in `connect` wird hier nirgends ausgeführt. Er ist aber dennoch sinnvoll, sollte jemand die Klasse `PasswordVerifier` umbauen und die Attribute verwechseln.

In diesem Fall verwendet der Test bewusst die öffentlichen Felder des `Password-Verifiers`. Diese waren aber möglicherweise gar nicht für den öffentlichen Zugriff vorgesehen. Vielleicht hat der Entwickler das Schlüsselwort `private` vergessen. Doch jetzt sind sie nun einmal öffentlich und müssen daher mit getestet werden. Änderungen der Anwendung, die über die Änderungen zur Anbringung von Tests hinausgehen, sind nicht das Ziel unserer gegenwärtigen Aktivität, weshalb wir von der Veränderung der Sichtbarkeit hier vorerst Abstand nehmen.

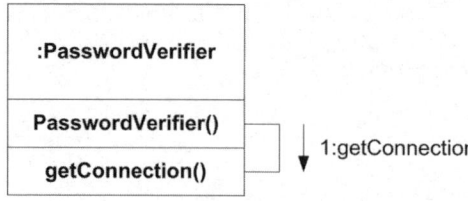

Abb. 11.1: Direkter Aufruf

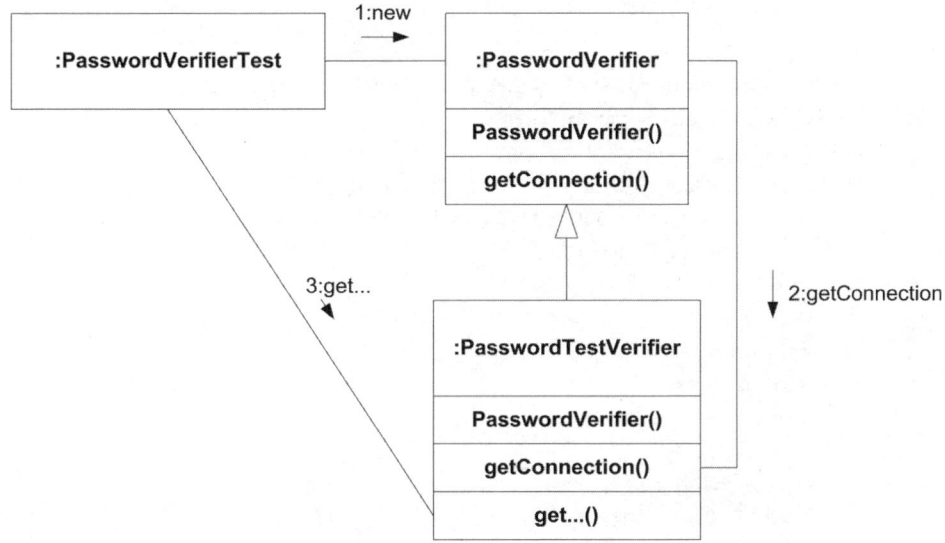

Abb. 11.2: Test über Ableitung

11.2 Tests für die Fehlerbehandlung

Abschließend fehlen noch Tests für die Fehlerbehandlung. Dazu müssen wir die LDAPTestConnection dazu bringen, dass sie auf Anweisung Exceptions wirft. Wir führen dazu das Feld exception ein. Ist es ungleich null, wirft die Methode compare diese Exception:

```
public class LDAPTestConnection extends LDAPConnection {

    ...

    private LDAPException exception = null;

    public void connect(String host, int port)
            throws LDAPException {
        this.host = host;
        this.port = port;
    }

    public void bind(int version, String dn, byte[] passwd)
            throws LDAPException {
        this.version = version;
        this.dn = dn;
        this.password = toString(passwd);
```

```
    }

    public boolean compare(String dn, LDAPAttribute attr)
            throws LDAPException {
        this.objectDN = dn;
        if (!attr.getName().equals("userPassword")) {
            throw new AssertionError("Invalid attribute " +
                    attr.getName());
        }

        if (exception != null) {
            throw exception;
        }

        return toString(attr.getByteValue()).equals(
                OBJECT_PASSWORD);
    }

    public void setException(LDAPException exception) {
        this.exception = exception;
    }

    ...
}

...
import com.novell.ldap.LDAPException;

public class PasswordTestVerifier extends PasswordVerifier {
    private LDAPTestConnection lastConnection = null;
    private LDAPException exception = null;

    public PasswordTestVerifier(String ldapHost,
            String loginDN, String password) {
        super(ldapHost, loginDN, password);
    }

    protected LDAPConnection createConnection() {
        lastConnection = new LDAPTestConnection();
        lastConnection.setException(exception);
        return lastConnection;
    }
```

```
    public LDAPTestConnection getLastConnection() {
        return lastConnection;
    }

    public void setException(LDAPException exception) {
        this.exception = exception;
    }
}
```
Listing 11.9: Erweiterung der Fehlerbehandlung

Damit können wir nun einen Test für jeden Fehlerfall nachziehen:

```
public class PasswordVerifierTest extends TestCase {
    ...
    public void testVerifyNoSuchObject() throws Exception {
        verifier.setException(new LDAPException("dn",
                LDAPException.NO_SUCH_OBJECT, null));
        try {
            verifier.verifyPassword("DN=user", "*hack*");
            fail();
        } catch (NoSuchElementException e) {
            assertEquals("No such entry: DN=user", e.getMessage());
        }
    }

    public void testVerifyNoSuchAttribute() throws Exception {
        verifier.setException(new LDAPException("dn",
                LDAPException.NO_SUCH_ATTRIBUTE, null));
        try {
            verifier.verifyPassword("DN=user", "*hack*");
            fail("Should fail as attribute is wrong");
        } catch (NoSuchElementException e) {
            assertEquals("No attribute 'userPassword' in DN=user",
                    e.getMessage());
        }
    }

    public void testVerifyConnectionError() throws Exception {
        verifier.setException(new LDAPException("dn",
                LDAPException.CONNECT_ERROR, null));
        try {
            verifier.verifyPassword("DN=user", "*hack*");
```

Kapitel 11
Auflösen von Abhängigkeiten durch Ableitung (Object Seam)

```
            fail("Should fail due to LDAPException");
        } catch (IOException e) {
            assertEquals("Failed to connect to ldap.example.org:389 "
                + "for Connect Error", e.getMessage());
        }
    }
}
```

Listing 11.10: Test für die Fehlerbehandlung

Hinweis

Wir haben es jetzt geschafft, Tests für die Klasse `PasswordVerifier` mit geringstmöglicher Änderung des Originals nachzuziehen. Dazu haben wir die Methode `createConnection` extrahiert und zwei Ableitungen für Testzwecke erstellt. Wir können die Klasse `PasswordVerifier` nun bei Bedarf erweitern und benötigen jetzt nicht mehr für jeden Test ein funktionierendes LDAP-Verzeichnis mit gültigen Testdaten.

Kapitel 12

Auflösen von Abhängigkeiten durch Beibehalten der Signatur (Link Seam)

In vielen Fällen lassen sich Abhängigkeiten durch Ableitung nicht auflösen. So funktioniert das beispielsweise nicht mit statischen Methoden. Ein anderes Beispiel sind finale Klassen: Sie lassen sich nicht ableiten – auch für Testzwecke nicht. Wenn Sie im Besitz des Quellcodes sind, können Sie das Schlüsselwort `final` natürlich entfernen. Bei externen Klassen geht das naturgemäß nicht. Die erfolgversprechendste Vorgehensweise ist, im letzteren Fall alle Klassen, die im Weg stehen, durch Klassen mit derselben Signatur zu ersetzen. Durch Ändern der `Import`-Anweisung tritt nun die Ersatzklasse in Erscheinung, welche die ursprüngliche Klasse kapselt und zusätzlich dafür sorgt, dass Tests ohne Einbeziehung der ursprünglichen Klasse durchgeführt werden können. Diese Vorgehensweise wird nun an einem Beispiel demonstriert.

12.1 Fallbeispiel: Java-Mail-API

In diesem Beispiel wird die Java-Mail-API verwendet. Deren zentrale Klasse `Session` ist final, es wird zudem deren statische Methode `getInstance` aufgerufen. Die Klasse `MimeMessage` hängt unmittelbar von der Klasse `Session` ab, da sie im Konstruktor übergeben werden muss. Von der Klasse `Transport` wird wiederum die statische Methode `send` aufgerufen.

```
import java.util.Properties;
import javax.mail.MessagingException;
import javax.mail.Session;
import javax.mail.Transport;
import javax.mail.Message.RecipientType;
import javax.mail.internet.InternetAddress;
import javax.mail.internet.MimeMessage;

public class MailSender {
    private final Properties props;
```

```
    public MailSender(String host) {
        props = new Properties();
        props.put("mail.smtp.host", host);
    }

    public void send(String sender, String recipient,
            String subject, String message)
            throws MessagingException {
        Session session = Session.getInstance(props, null);
        MimeMessage mimeMessage = new MimeMessage(session);
        mimeMessage.setFrom(new InternetAddress(sender));
        mimeMessage.setRecipient(RecipientType.TO,
            new InternetAddress(recipient));
        mimeMessage.setSubject(subject);
        mimeMessage.setText(message);
        Transport.send(mimeMessage);
    }
}
```

Listing 12.1: Mail-Sender – Ausgangssituation

Das folgende UML-Diagramm illustriert das Geflecht aus Abhängigkeiten zwischen dem `MailSender` und der Java-Mail-API.

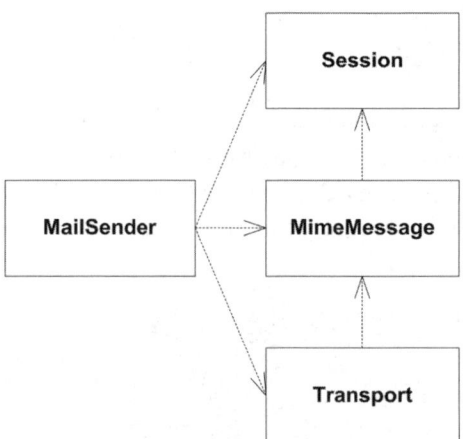

Abb. 12.1: Abhängigkeiten

Die einzige Methode, die von der Klasse `Session` benutzt wird, ist die Klasse `getInstance`. Möglicherweise benötigen wir später noch weitere Methoden dieser Klasse, für das Beispiel genügt es jedoch, nur diese Methode nachzubilden, da nur sie in der Klasse `MailSender` verwendet wird. Wir benötigen noch einen Indikator, nennen wir ihn `useMailSession`, der zwischen Testbetrieb und Produktivbetrieb umschaltet und normalerweise auf Produktivbetrieb gesetzt ist. Dieser muss statisch sein, da er von einer statischen Methode verwendet wird.

```java
import java.util.Properties;
import javax.mail.Authenticator;

public class Session {
    private static boolean useJavaMailSession = true;

    protected static void useJavaMailSession(boolean useJavaMailSession) {
        Session.useJavaMailSession = useJavaMailSession;
    }

    public static Session getInstance(Properties properties,
            Authenticator authenticator) {
        return new Session(properties, authenticator);
    }

    private final javax.mail.Session javaMailSession;

    protected Session(Properties properties,
            Authenticator authenticator) {
        if (useJavaMailSession) {
            javaMailSession =
                javax.mail.Session.getInstance(properties,
                    authenticator);
        } else {
            javaMailSession = null;
        }
    }

    public javax.mail.Session getJavaMailSession() {
        return javaMailSession;
    }
}
```

Listing 12.2: Ersatzklasse für die Session

Die Methode `getInstance` erzeugt nun ein neues Objekt der eigenen Klasse. Im Konstruktor wird das lokale Feld `javaMailSession` je nach Betriebsmodus entweder mit der neu erzeugten Session initialisiert oder mit `null`. Letzteres ist der Indikator für den Testbetrieb. Dies gilt dann für alle weiteren Klassen, die Teile der Java-Mail-API nachbilden und die diese Session-Implementierung verwenden. Für diese Klassen ist auch die Getter-Methode `getJavaMailSession` gedacht. Testen können wir von der Klasse `Session` nur, ob abhängig vom Indikator auch das richtige Objekt von `getJavaMailSession` zurückgegeben wird.

```
import java.util.Properties;
import junit.framework.TestCase;

public class SessionTest extends TestCase {
   public void tearDown() {
      Session.useJavaMailSession(true);
   }

   public void testGetTestInstance() {
      Session.useJavaMailSession(false);
      Session sess = Session.getInstance(new Properties(), null);
      assertNull(sess.getJavaMailSession());
   }

   public void testGetRealInstance() {
      Session sess = Session.getInstance(new Properties(), null);
      assertNotNull(sess.getJavaMailSession());
   }
}
```

Listing 12.3: Tests für die Session

> **Wichtig**
>
> Es ist wichtig, in jedem Fall den statischen Indikator der Session in der Methode `tearDown` zurückzusetzen, da der Indikator sonst über die Lebenszeit des Tests und damit der `Session`-Klasse erhalten bleibt.

Nun entfernen wir die Abhängigkeit zur Session der Java-Mail-API, indem wir die `Import`-Anweisung entfernen. Da sich die Ersatzklasse für die Session im selben Paket befindet wie der `MailSender`, wird automatisch unsere Version verwendet. Jetzt bekommen wir allerdings einen Fehler vom Compiler, da die Klasse `MimeMessage` der Java-Mail-API unsere Session nicht kennt:

```
import java.util.Properties;

import javax.mail.MessagingException;
import javax.mail.Session;
import javax.mail.Transport;
import javax.mail.Message.RecipientType;
```

```
import javax.mail.internet.InternetAddress;
import javax.mail.internet.MimeMessage;

public class MailSender {
   private final Properties props;

   public MailSender(String host) {
      props = new Properties();
      props.put("mail.smtp.host", host);
   }

   public void send(String sender, String recipient,
         String subject, String message)
         throws MessagingException {
      Session session = Session.getInstance(props, null);
      MimeMessage mimeMessage = new MimeMessage(session);
      mimeMessage.setFrom(new InternetAddress(sender));
      mimeMessage.setRecipient(RecipientType.TO,
         new InternetAddress(recipient));
      mimeMessage.setSubject(subject);
      mimeMessage.setText(message);
      Transport.send(mimeMessage);
   }
}
```

Listing 12.4: Mail-Sender mit Ersatzklasse für die Session

Auf das Experiment, von der Klasse MimeMessage abzuleiten und ihr eine null als Session im Konstruktor unterzuschieben, verzichten wir hier und ersetzen stattdessen die Klasse MimeMessage durch unsere eigene Implementierung. Die Vorgehensweise ist analog zu der beim Ersetzen der Klasse Session, mit dem Unterschied, dass wir als Indikator für den Testbetrieb den Umstand ausnutzen, dass getJavaMailSession null zurückliefert, wohingegen im Produktivbetrieb eine gültige Session der Java-Mail-API über diese Methode bezogen werden kann.

```
import javax.mail.Address;
import javax.mail.MessagingException;
import javax.mail.Message.RecipientType;

public class MimeMessage {
   private final Session session;
   private final javax.mail.internet.MimeMessage javaMailMessage;
   private Address from;
   private Address recipient;
   private String subject;
```

```java
    private String text;

    public MimeMessage(Session session) {
        this.session = session;
        if (this.session.getJavaMailSession() != null) {
            javaMailMessage = new javax.mail.internet.MimeMessage(
                    this.session.getJavaMailSession());
        } else {
            javaMailMessage = null;
        }
    }

    public void setFrom(Address from)
            throws MessagingException {
        this.from = from;
        if (javaMailMessage != null) {
            javaMailMessage.setFrom(from);
        }
    }

    public void setRecipient(RecipientType type,
            Address recipient) throws MessagingException {
        this.recipient = recipient;
        if (!type.equals(RecipientType.TO)) {
            throw new IllegalArgumentException(
                    "Unsupported recipient type" + type);
        }
        if (javaMailMessage != null) {
            javaMailMessage.setRecipient(type, recipient);
        }
    }

    public void setSubject(String subject)
            throws MessagingException {
        this.subject = subject;
        if (javaMailMessage != null) {
            javaMailMessage.setSubject(subject);
        }
    }

    public void setText(String text)
            throws MessagingException {
        this.text = text;
        if (javaMailMessage != null) {
            javaMailMessage.setText(text);
```

```
      }
   }

   public javax.mail.internet.MimeMessage getJavaMailMessage() {
      return javaMailMessage;
   }

   public String toString() {
      return "FROM: " + from + "; TO: " + recipient
         + "; SUBJECT: " + subject + "; TEXT: "
         + text;
   }
}
```
Listing 12.5: Ersatzklasse für die Mime-Message

Wieder wird im Konstruktor eine Instanz der `MimeMessage` der Java-Mail-API erzeugt, sofern eine gültige Session besagter API gefunden wird. Auf jeden Fall müssen wir die Übergabeparameter der Setter-Methoden abspeichern, damit wir sie nachher im Test überprüfen können. Die Methode `toString` fasst dann alle Felder zusammen und gibt sie als String zurück. In allen Setter-Methoden wird zusätzlich die Setter-Methode der Java-Mail-API-Implementierung von `MimeMessage` aufgerufen, sofern besagtes Objekt vorhanden, also ungleich `null` ist.

Die wiederholten `If`-Abfragen machen den Code allerdings unübersichtlich und es besteht die Gefahr, auch eine `If`-Abfrage zu vergessen, wenn wir eine weitere Methode des Originals nachbilden. Aber um dieses Problem werden wir uns später kümmern. Erst einmal benötigen wir einen Test, der sicherstellt, dass unsere Version der `MimeMessage` richtig funktioniert:

```
import java.util.Properties;
import javax.mail.MessagingException;
import javax.mail.Message.RecipientType;
import javax.mail.internet.InternetAddress;

import junit.framework.TestCase;

public class MimeMessageTest extends TestCase {
   private MimeMessage message;

   public void tearDown() {
      Session.useJavaMailSession(true);
   }

   public void testCreateTestMessage() {
```

```
        Session.useJavaMailSession(false);
        message = createMessage();
        assertNull(message.getJavaMailMessage());
    }

    public void testCreateRealMessage() {
        message = createMessage();
        assertNotNull(message.getJavaMailMessage());
    }

    public void testToString() throws MessagingException {
        Session.useJavaMailSession(false);
        message = createMessage();
        message.setFrom(new InternetAddress(
                "sender@example.org"));
        message.setRecipient(RecipientType.TO,
            new InternetAddress("recipient@example.org"));
        message.setSubject("Test Message");
        message.setText("Test Text");
        assertEquals("FROM: sender@example.org; "
                + "TO: recipient@example.org; "
                + "SUBJECT: Test Message; "
                + "TEXT: Test Text", message.toString());
    }

    private MimeMessage createMessage() {
        MimeMessage message = new MimeMessage(Session
                .getInstance(new Properties(), null));
        return message;
    }
}
```

Listing 12.6: Tests für die Mime-Message

Der Test unterscheidet sich vom Test der Session nur dadurch, dass er das Ergebnis über die Methode `toString` überprüft.

Nun entfernen wir die Abhängigkeit von der `MimeMessage` der Java-Mail-API, woraufhin der Compiler-Fehler bei der Erzeugung der `MimeMessage` verschwindet:

```
import java.util.Properties;
import javax.mail.MessagingException;
import javax.mail.Transport;
import javax.mail.Message.RecipientType;
import javax.mail.internet.InternetAddress;
```

```
import javax.mail.internet.MimeMessage;

public class MailSender {
   private final Properties props;

   public MailSender(String host) {
      props = new Properties();
      props.put("mail.smtp.host", host);
   }

   public void send(String sender, String recipient,
         String subject, String message)
         throws MessagingException {
      Session session = Session.getInstance(props, null);
      MimeMessage mimeMessage = new MimeMessage(session);
      mimeMessage.setFrom(new InternetAddress(sender));
      mimeMessage.setRecipient(RecipientType.TO,
         new InternetAddress(recipient));
      mimeMessage.setSubject(subject);
      mimeMessage.setText(message);
      Transport.send(mimeMessage);
   }
}
```
Listing 12.7: Mail-Sender mit Ersatzklasse für die Mime-Message

Das erkaufen wir uns allerdings mit einem Fehler beim Aufruf der Methode `Transport.send`, was aber nicht weiter tragisch ist, da der Ersatz der Klasse `Transport` jetzt schon Routine ist:

```
import javax.mail.MessagingException;

public class Transport {
   private static MimeMessage lastMessageSent = null;

   public static MimeMessage lastMessageSent() {
      return lastMessageSent;
   }

   public static void clearLastMessageSent() {
      Transport.lastMessageSent = null;
   }

   public static void send(MimeMessage message)
```

Kapitel 12
Auflösen von Abhängigkeiten durch Beibehalten der Signatur (Link Seam)

```
         throws MessagingException {
      if (message.getJavaMailMessage() != null) {
         javax.mail.Transport.send(
            message.getJavaMailMessage());
      } else {
         lastMessageSent = message;
      }
   }
}
```

Listing 12.8: Ersatzklasse für Transport

Wieder dient eine `null` als Ergebnis der Methode `MimeMessage.getJavaMailMessage` als Indikator für den Testbetrieb. Wir fügen noch das statische Feld `lastMessageSent` hinzu, in dem wir die zu sendende Nachricht im Testfall abspeichern:

```
import java.util.Properties;
import javax.mail.MessagingException;
import javax.mail.Transport;
import javax.mail.Message.RecipientType;
import javax.mail.internet.AddressException;
import javax.mail.internet.InternetAddress;

import junit.framework.TestCase;

public class TransportTest extends TestCase {
   public void tearDown() {
      Session.useJavaMailSession(true);
      Transport.clearLastMessageSent();
   }

   public void testSendTestMessage()
         throws MessagingException {
      Session.useJavaMailSession(false);
      MimeMessage message = createMessage();
      Transport.send(message);
      assertSame(message, Transport.lastMessageSent());
   }

   public void testSendRealMessageFail()
         throws MessagingException {
      try {
         MimeMessage message = createMessage();
```

```
            Transport.send(message);
            fail();
        } catch (MessagingException e) {
            assertEquals("smtp", e.getMessage());
            assertNull(Transport.lastMessageSent());
        }
    }

    private MimeMessage createMessage()
            throws AddressException, MessagingException {
        MimeMessage message = new MimeMessage(
            Session.getInstance(new Properties(), null));
        message.setFrom(new InternetAddress(
            "sender@example.org"));
        message.setRecipient(RecipientType.TO,
            new InternetAddress("recipient@example.org"));
        message.setSubject("Test Message");
        message.setText("Test Text");
        return message;
    }
}
```

Listing 12.9: Tests für Transport

In `testSendMessage` wird nun eine Nachricht im Testmodus zusammengestellt und über unsere Version der Klasse `Transport` versendet. Zum Schluss wird überprüft, ob die Nachricht im Feld `Transport.lastMessageSent` die gesendete Nachricht ist. In `testSendRealMessage` überprüfen wir die Übertragung der Nachricht an `Transport.send` der Java-Mail-API durch Provozieren eines Fehlers. Wir haben dazu vorsichtshalber gleich gar keinen SMTP-Host angegeben. Der Methodenaufruf `fail` stellt zudem sicher, dass auch wirklich eine Exception geworfen wird.

Wieder zurück zu der Klasse, für die wir eigentlich Tests schreiben wollen. Wir entfernen die Abhängigkeit zu `javax.mail.Transport` und – oh Wunder – der Compiler hat keine Einwände mehr:

```
import java.util.Properties;

import javax.mail.MessagingException;
import javax.mail.Transport;
import javax.mail.Message.RecipientType;
import javax.mail.internet.InternetAddress;

public class MailSender {
```

```java
    private final Properties props;

    public MailSender(String host) {
        props = new Properties();
        props.put("mail.smtp.host", host);
    }

    public void send(String sender, String recipient,
            String subject, String message)
            throws MessagingException {
        Session session = Session.getInstance(props, null);
        MimeMessage mimeMessage = new MimeMessage(session);
        mimeMessage.setFrom(new InternetAddress(sender));
        mimeMessage.setRecipient(RecipientType.TO,
            new InternetAddress(recipient));
        mimeMessage.setSubject(subject);
        mimeMessage.setText(message);
        Transport.send(mimeMessage);
    }
}
```

Listing 12.10: Mail-Sender mit Ersatzklasse für Transport

Es ist zu beachten, dass wir abgesehen vom `Import`-Block keine einzige Zeile verändert haben und doch können wir nun ganz ohne Umschweife einen Test für den `MailSender` erstellen:

```java
import junit.framework.TestCase;

public class MailSenderTest extends TestCase {
    public void tearDown() {
        Session.useJavaMailSession(true);
        Transport.clearLastMessageSent();
    }

    public void testSend() throws Exception {
        Session.useJavaMailSession(false);
        MailSender sender = new MailSender(
                "smtp.example.org");
        sender.send("sender@example.org",
            "receipt@example.org", "Test", "Test Text");
        assertEquals("FROM: sender@example.org;"
            + " TO: receipt@example.org;"
            + " SUBJECT: Test;" + " TEXT: Test Text",
```

```
            Transport.lastMessageSent().toString());
    }
}
```
Listing 12.11: Ein Test für den Mail-Sender

Eigentlich ist nun das Ziel erreicht: Die Klasse `MailSender` und ihre »Helfer« sind nun nahezu vollständig durch Tests abgedeckt. Der Rest geht nur noch über einen Integrationstest mit einem richtigen Mailserver. Die Klasse `MimeMessage` bedarf aber noch einer Korrektur, die wir jetzt allerdings gefahrlos durchführen können, da wir Tests für diese Klasse haben.

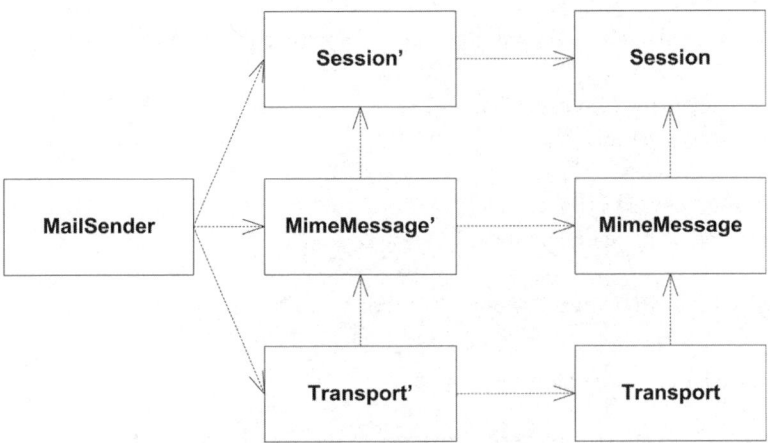

Abb. 12.2: Abhängigkeiten nach dem Ersetzen der Klassen der Java-Mail-API durch eigene Implementierungen. Ersatzklassen sind mit einem Apostroph gekennzeichnet.

12.2 Entfernen von unnötigen Duplikaten

Wie bereits erwähnt, wollen wir von den Duplikaten der If-Abfrage in der Klasse `MimeMessage` loskommen, wovon folgende ein Beispiel ist:

```
...
public void setFrom(Address from)
        throws MessagingException {
    this.from = from;
    if (javaMailMessage != null) {
        javaMailMessage.setFrom(from);
    }
}
...
```
Listing 12.12: Wiederholte If-Abfragen für die Mail-Session

Wir extrahieren dazu erst einmal ein Interface aus der Klasse `MimeMessage` und nennen es `MimeMessageImpl`:

```java
import javax.mail.Address;
import javax.mail.MessagingException;
import javax.mail.Message.RecipientType;

public interface MimeMessageImpl {
    public void setFrom(Address from)
            throws MessagingException;

    public void setRecipient(RecipientType type,
            Address recipient) throws MessagingException;

    public void setSubject(String subject)
            throws MessagingException;

    public void setText(String text)
            throws MessagingException;

    public javax.mail.internet.MimeMessage getJavaMailMessage();
}
```

Listing 12.13: Interface für die Mime-Message

Danach erzeugen wir zwei Implementierungen: eine Testimplementierung und eine »echte«, also eine, die auch wirklich auf die Java-Mail-API zugreift. Die Testimplementierung speichert wieder alles, was sie bekommt, in Felder und gibt die Nachricht als String in der `toString` Methode zurück:

```java
import javax.mail.Address;
import javax.mail.MessagingException;
import javax.mail.Message.RecipientType;
import javax.mail.internet.MimeMessage;

public class MimeMessageTestImpl implements MimeMessageImpl {
    private Address from;
    private Address recipient;
    private String subject;
    private String text;

    public void setFrom(Address from) {
        this.from = from;
    }
```

```java
    public void setRecipient(RecipientType type,
            Address recipient) throws MessagingException {
        this.recipient = recipient;
    }

    public void setSubject(String subject)
            throws MessagingException {
        this.subject = subject;
    }

    public void setText(String text)
            throws MessagingException {
        this.text = text;
    }

    public String toString() {
        return "FROM: " + from + "; TO: " + recipient
                + "; SUBJECT: " + subject + "; TEXT: "
                + text;
    }

    public MimeMessage getJavaMailMessage() {
        return null;
    }
}
```

Listing 12.14: Testimplementierung für die Mime-Message

Die Methode `getJavaMailMessage` kann zwangsläufig nur `null` zurückliefern. Die »echte« Implementierung stellt eine Fassade für die Java-Mail-API dar. Sie leitet einfach alle Methodenaufrufe an Letztere weiter:

```java
import javax.mail.Address;
import javax.mail.MessagingException;
import javax.mail.Message.RecipientType;
import javax.mail.internet.MimeMessage;

public class MimeMessageJavaMailImpl implements
        MimeMessageImpl {
    private final MimeMessage javaMimeMessage;

    public MimeMessageJavaMailImpl(Session session) {
```

```
        this.javaMimeMessage = new MimeMessage(
            session.getJavaMailSession());
    }

    public void setFrom(Address from)
            throws MessagingException {
        javaMimeMessage.setFrom(from);
    }

    public void setRecipient(RecipientType type,
            Address recipient) throws MessagingException {
        javaMimeMessage.setRecipient(type, recipient);
    }

    public void setSubject(String subject)
            throws MessagingException {
        javaMimeMessage.setSubject(subject);
    }

    public void setText(String text)
            throws MessagingException {
        javaMimeMessage.setText(text);
    }

    public MimeMessage getJavaMailMessage() {
        return javaMimeMessage;
    }
}
```

Listing 12.15: »Echte« Implementierung für die Mime-Message

Nur müssen wir die `MimeMessage` noch so umgestalten, dass sie beide Implementierungen verwendet und alle Methodenaufrufe an die jeweilige Implementierung durchschleift:

```
import javax.mail.Address;
import javax.mail.MessagingException;
import javax.mail.Message.RecipientType;

public class MimeMessage implements MimeMessageImpl {
    private final MimeMessageImpl impl;

    public MimeMessage(Session session) {
```

```java
            if (session.getJavaMailSession() != null) {
                impl = new MimeMessageJavaMailImpl(session);
            } else {
                impl = new MimeMessageTestImpl();
            }
        }

        public void setFrom(Address from)
                throws MessagingException {
            impl.setFrom(from);
        }

        public void setRecipient(RecipientType type,
                Address recipient) throws MessagingException {
            impl.setRecipient(type, recipient);
        }

        public void setSubject(String subject)
                throws MessagingException {
            impl.setSubject(subject);
        }

        public void setText(String text)
                throws MessagingException {
            impl.setText(text);
        }

        public javax.mail.internet.MimeMessage getJavaMailMessage() {
            return impl.getJavaMailMessage();
        }

        public String toString() {
            return impl.toString();
        }
    }
```

Listing 12.16: Mime-Message mit unterschiedlichen Implementierungen

Durch die unterschiedlichen Implementierungen fällt nun die Fallunterscheidung in jeder Methode gänzlich weg und die Gefahr, dass man vergisst, die Methodenaufrufe korrekt durchzuschleifen, ist stark reduziert. Die Tests haben außerdem sichergestellt, dass auch alles weiterhin funktioniert.

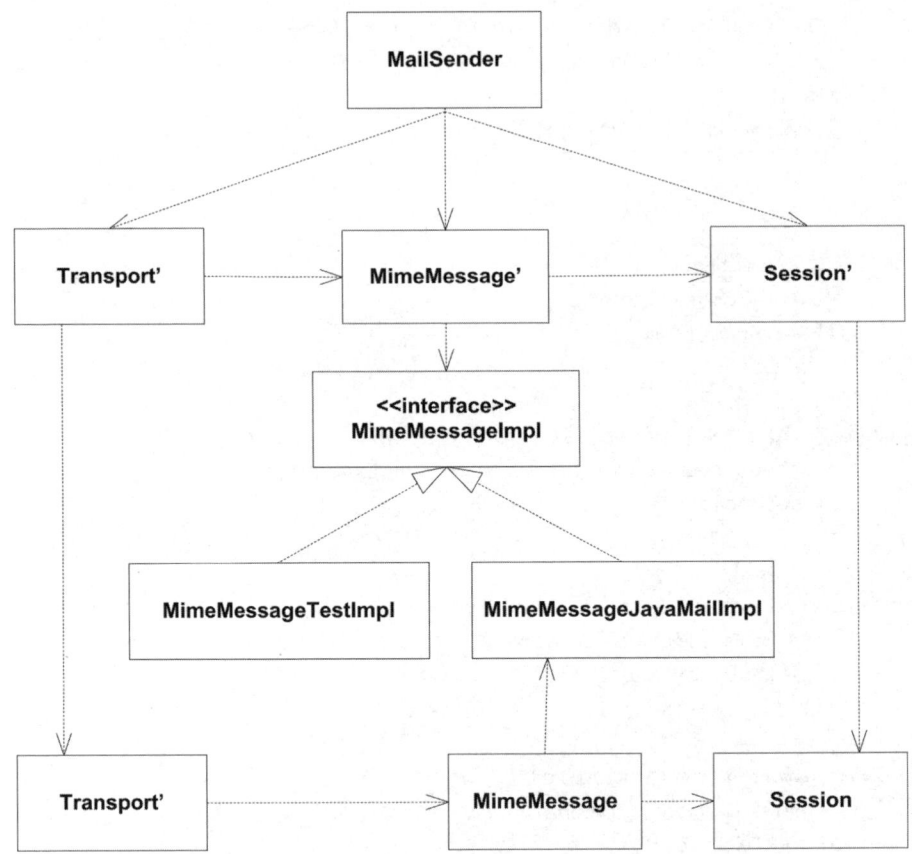

Abb. 12.3: Version mit Stellvertreter für MimeMessage

Kapitel 13

Automatisches Generieren von Tests

Computer sind ja eigentlich dazu da, um uns das Leben zu erleichtern und uns mechanische, wiederkehrende Tätigkeiten abzunehmen. Daher liegt der Schluss nahe, Tests automatisch generieren zu lassen. Zuerst möchte ich jedoch ganz allgemein unterschiedliche Arten von Code-Generator-Techniken vorstellen, die üblicherweise eingesetzt werden. Wir werden uns dann das passende Modell aussuchen, um damit Tests zu generieren.

13.1 Einweg-Generatoren

Einweg-Generatoren generieren Quellcode aus einem abstrakten Modell. Ist der Code generiert, wird das Modell verworfen und der Entwickler ist für Erweiterung und Wartung des generierten Codes alleine verantwortlich. Diese Art von Generatoren hat vor allem durch Assistenten in Entwicklungsumgebungen weite Verbreitung gefunden. Eclipse zum Beispiel erzeugt auf diese Weise Projekte, Klassen, Methoden, Tests und vieles mehr. So nützlich diese Assistenten auch sein können, haben sie da und dort aber auch schon zu wahren Katastrophen geführt. Das liegt unter anderem daran, dass sich der Code, der dabei generiert wird, häufig grundsätzlich von dem unterscheidet, den Entwickler produzieren – für Entwickler wird die Pflege dieser generierten Codefragmente oft eher eine Belastung als eine Hilfe. Als weniger schlimmes, aber dennoch eher missglücktes Feature sei hier die automatische Implementierung der `equals`- und `hasCode`-Methoden durch Eclipse genannt. Betrachten wir als Beispiel einmal folgendes Wertobjekt:

```
public class Host {
   private final String host;
   private final int port;

   public Host(String host, int port) {
      checkHost(host);
      checkPort(port);

      this.host = host;
      this.port = port;
   }
```

Kapitel 13
Automatisches Generieren von Tests

```java
    private void checkHost(String host) {
        if(host == null || host.length() == 0) {
            throw new IllegalArgumentException(
                "Argument host must not be null");
        }
    }

    private void checkPort(int port) {
        if(port <= 0) {
            throw new IllegalArgumentException(
                "Argument port must be greater than one");
        }
    }

    public String getHost() {
        return host;
    }

    public int getPort() {
        return port;
    }
}
```

Listing 13.1: Beispiel für ein Wertobjekt

Es hat die Eigenschaften `host` und `port` und wir benötigen eine Implementierung für `equals` und `hashCode`. Dazu verwenden wir den eingebauten Mechanismus von Eclipse und bekommen folgendes Ergebnis:

```java
public class Host {
    ...

    public int hashCode() {
        final int prime = 31;
        int result = 1;
        result = prime * result + ((host == null) ? 0 : host.hashCode());
        result = prime * result + port;
        return result;
    }

    public boolean equals(Object obj) {
        if (this == obj)
            return true;
        if (obj == null)
```

```
            return false;
        if (getClass() != obj.getClass())
            return false;
        final Host other = (Host) obj;
        if (host == null) {
            if (other.host != null)
                return false;
        } else if (!host.equals(other.host))
            return false;
        if (port != other.port)
            return false;
        return true;
    }
}
```

Listing 13.2: Wertobjekt mit automatisch generierten Methoden

Obwohl der Code korrekt ist, ist er doch alles andere als intuitiv verständlich. Darüber hinaus überprüft er überflüssigerweise die Eigenschaft host noch einmal auf null.

> **Vorsicht**
>
> Generell gilt, dass man es sich zweimal überlegen sollte, ob man Code zur Wartung übernimmt. Speziell, wenn – wie in diesem Fall – nicht ganz verständlich ist, was er überhaupt macht. Erschwerend kommt hinzu, dass man hier leicht zahlreiche Duplikate im Quellcode verstreut. In diesem Fall sollte man besser auf den Code-Generator verzichten und auf die traditionelle Wiederverwendung zurückgreifen.

Diese Implementierung ist weit verständlicher als ihr automatisch generiertes Pendant. Darüber hinaus lässt sich die Klasse Hash wiederverwenden:

```
public class Host {
    ...

    public int hashCode() {
        return new Hash()
            .add(host).add(port).code();
    }

    public boolean equals(Object other) {
        if(other instanceof Host) {
            Host otherHost = (Host)other;
```

```
            return host.equals(otherHost.host) &&
                port == otherHost.port;
        } else {
            return false;
        }
    }
}

public class Hash {
    private static final int PRIME = 31;
    private int result = 1;

    public Hash add(int value) {
        result = PRIME * result + value;
        return this;
    }

    public Hash add(Object object) {
        add(object.hashCode());
        return this;
    }

    public int code() {
        return result;
    }
}
```

Listing 13.3: Wertobjekt mit ausgelagerter Hash-Generierung

13.2 Regenerierende Generatoren

Im Gegensatz zum zuvor beschriebenen Einweg-Generator verwirft der *regenerierende Generator* das Modell nicht. Das Modell lässt sich jederzeit nachträglich verändern. Wird es geändert, wird der Code neu generiert. Der Generator kümmert sich also selbst um die Erweiterung des von ihm generierten Codes. Das eigentliche Programm nutzt den generierten Code wie eine Bibliothek. Als Beispiel sei hier JAXB von Sun Microsystems genannt: Der Generator generiert aus einem XML-Schema einen Objektbaum, auf den man – viel bequemer als mittels DOM – zugreifen kann, um einzelne Elemente auszulesen oder das DOM-Modell zu ändern. Diese Generatoren sind zwar praktisch, erzeugen aber eine dauerhafte Abhängigkeit zu dem generierenden Tool. Es ist auch nicht möglich, Einschränkungen im generierten Code zu beheben, da sämtliche Änderungen bei der Regeneration gelöscht werden.

13.3 Round-Trip-Generatoren

Der *Round-Trip-Generator* schließlich kann den generierten Code selber wieder verarbeiten. Änderungen am generierten Code fließen also zurück ins Modell. Bekanntestes Beispiel dafür war wohl das Borland Together ControlCenter. (Es war dann Bestandteil von Borland JBuilder. Inzwischen hat Borland seine Entwicklungsprodukte verkauft und ich weiß nicht, wo dieses Produkt inzwischen gelandet ist.) Dieses Werkzeug generierte Code aus UML-Diagrammen und ergänzte ihn um Metainformationen in Kommentaren. Änderte man den Quellcode, änderte sich automatisch das Modell in Form der Diagramme. Diese Art Generatoren ist inzwischen offenbar etwas aus der Mode gekommen. Sie haben mit den Einweg-Generatoren die Gefahr gemein, Code zu generieren, der schwierig zu warten ist.

13.4 Entwickeln von Testgeneratoren

Im Hinblick auf selbst entwickelte Testgeneratoren beschränken wir uns auf Fälle, in denen es mühselig wäre, jeweils einen eigenen Test für jeden Fall nachzuziehen. Beispiele dafür sind Mechanismen, die zahlreiche Fehlercodes einer Fremdbibliothek in entsprechende Exceptions umwandeln.

Als Beispiel verwenden wir hier wieder den `PasswordVerifier`. Zur Vorbereitung extrahieren wir den Inhalt des `Catch`-Blocks in die Methode `convert`:

```
import java.io.IOException;
import java.io.UnsupportedEncodingException;
import java.util.NoSuchElementException;
import com.novell.ldap.LDAPAttribute;
import com.novell.ldap.LDAPConnection;
import com.novell.ldap.LDAPException;

public class PasswordVerifier {
    String ldapHost;
    int ldapPort;
    int ldapVersion;
    String loginDN;
    String password;

    public PasswordVerifier(String ldapHost, int ldapPort,
            int ldapVersion, String loginDN, String password) {
        this.ldapHost = ldapHost;
        this.ldapPort = ldapPort;
        this.ldapVersion = ldapVersion;
```

```java
        this.loginDN = loginDN;
        this.password = password;
    }

    public PasswordVerifier(String ldapHost,
            String loginDN, String password) {
        this(ldapHost, LDAPConnection.DEFAULT_PORT,
                LDAPConnection.LDAP_V3, loginDN, password);
    }

    public boolean verifyPassword(String objectDN,
            String testPassword) throws IOException {
        LDAPConnection lc = null;

        try {
            lc = createConnection();
            lc.connect(ldapHost, ldapPort);
            lc.bind(ldapVersion, loginDN,
                    password.getBytes("UTF8"));
            LDAPAttribute attr = new LDAPAttribute(
                    "userPassword", testPassword);
            return lc.compare(objectDN, attr);
        } catch (LDAPException e) {
            throw convert(objectDN, e);
        } catch (UnsupportedEncodingException e) {
            throw new IllegalStateException(
                    "Unsupported encoding: UTF8");
        } finally {
            try {
                lc.disconnect();
            } catch (LDAPException e) {
            }
        }
    }

    protected IOException convert(String objectDN,
            LDAPException e) {
        if (e.getResultCode() == LDAPException.NO_SUCH_OBJECT) {
            NoSuchElementException f = new NoSuchElementException(
                    "No such entry: " + objectDN);
            f.initCause(e);
            throw f;
        } else if (e.getResultCode() == LDAPException.NO_SUCH_ATTRIBUTE) {
```

```
                NoSuchElementException f = new NoSuchElementException(
                        "No attribute 'userPassword' in "
                            + objectDN);
                f.initCause(e);
                throw f;
            } else {
                IOException f = new IOException(
                        "Failed to connect to " + ldapHost
                            + ":" + ldapPort + " for "
                            + e.getMessage());
                f.initCause(e);
                return f;
            }
        }

        protected LDAPConnection createConnection() {
            return new LDAPConnection();
        }
    }
```

Listing 13.4: Password-Verifier mit ausgelagerter Fehlerbehandlung

Jetzt können wir die Methode `convert` gefahrlos testen. Da es etwas umständlich ist, Tests für alle LDAP-Fehlercodes zu erstellen, entwickeln wir stattdessen einen Testgenerator.

Um spätere Änderungen zu erleichtern, wollen wir so wenig Code wie möglich erzeugen, deshalb erstellen wir die Hilfsmethode `assertException` in `PasswordVerifierTest`, die den LDAP-Fehlercode entgegennimmt und mit der erwarteten Exception abgleicht:

```
import java.io.IOException;
import java.util.NoSuchElementException;
import com.novell.ldap.LDAPConnection;
import com.novell.ldap.LDAPException
import junit.framework.TestCase;

public class PasswordVerifierTest extends TestCase {
    ...

    private void assertException(Exception expected,
            int ldapResultCode, String ldapErrorMessage) {
        try {
            throw verifier.convert("user", new LDAPException(
```

Kapitel 13
Automatisches Generieren von Tests

```
            ldapErrorMessage, ldapResultCode,
            ldapErrorMessage));
    } catch (Exception e) {
        assertEquals("Unexpected exception "
            + e.getClass() + " for result code "
            + ldapResultCode, expected.getClass(),
            e.getClass());
        assertEquals("Unexpected exception message"
            + " for result code " + ldapResultCode,
            expected.getMessage(), e.getMessage());
    }
  }
}
```

Listing 13.5: Methode zum Testen der Fehlerbehandlung

Damit lassen sich die einzelnen Tests durch einen Aufruf von `assertException` realisieren und es vereinfacht sich die Erstellung der Tests. So können wir jetzt sehr einfach einen Einweg-Generator schreiben, der für alle Fehlercodes von eins bis einhundertzwölf einen Test generiert:

```
import com.novell.ldap.LDAPException;

public class TestGenerator {
    public static void main(String[] args) {
        PasswordTestVerifier verifier = new PasswordTestVerifier(
            "ldap.example.org", "CN=server", "pa55w0rd");

        for (int i = 1; i <= 112; ++i) {
            Exception f = null;
            String ldapErrorMessage = "message #" + i;
            try {
                throw verifier.convert("user",
                    new LDAPException(ldapErrorMessage, i,
                        ldapErrorMessage));
            } catch (Exception e) {
                f = e;
            }

            if (f.getMessage().indexOf(
                "Unknown LDAP result code") != -1) {
                continue;
            }
```

```
            System.out.println("assertException(new "
                + f.getClass().getName() + "(\""
                + f.getMessage() + "\"), " + i + ", \""
                + ldapErrorMessage + "\");");
        }
    }
}
```

Listing 13.6: Der Testgenerator

Es ist zu beachten, dass nicht alle Codes auch wirklich genutzt werden. Solche Tests können wir daher ignorieren. Als Indikator für einen nicht gebrauchten Code machen wir uns den Teil Unknown LDAP result code der Fehlermeldung zunutze, die die LDAPException generiert. Ein Auszug aus der Ausgabe des Generators sieht wie folgt aus:

```
assertException(new java.io.IOException(
"Failed to connect to ldap.example.org:389 for Operations Error"), 1,
"message #1");

...

assertException(new java.util.NoSuchElementException(
"No attribute 'userPassword' in user"), 16, "message #16");

...

assertException(new java.util.NoSuchElementException(
"No such entry: user"), 32, "message #32");
```

Listing 13.7: Automatisch generierte Testfälle

Das Resultat können wir in einen Test namens testConvert aufnehmen und haben nun Tests für alle Fehlercodes:

```
public class PasswordVerifierTest extends TestCase {
    ...

    public void testConvert() {
        assertException(new java.io.IOException(
            "Failed to connect to ldap.example.org:389 for"
            + "Operations Error"),
            1, "message #1");

        ...
```

```
        assertException(new java.util.NoSuchElementException(
            "No attribute 'userPassword' in user"), 16, "message #16");

        ...

        assertException(new java.util.NoSuchElementException(
            "No such entry: user"), 32, "message #32");
    }
}
```

Listing 13.8: Test des Passwort-Verifiers mit automatisch generierten Testfällen

Ob nicht eine kleine Auswahl an Testfällen – wie zum Beispiel die obigen drei Fälle – ausreichend gewesen wäre, ist in diesem Beispiel sicher zu überdenken. Ist die Fehlerbehandlung jedoch etwas umfangreicher, ist das automatische Generieren von Tests sicher eine Hilfe.

Vorsicht

Wie wir gesehen haben, können besonders Einweg-Generatoren zur echten Plage werden, wenn man sie falsch einsetzt. Man sollte es sich daher besser zweimal überlegen, ob man nicht doch ohne sie auskommt. Wenn Sie sich für einen Einweg-Generator entscheiden, stellen Sie sicher, dass er so wenig Code wie möglich erstellt und keine Duplikate einschleppt. Das Gesagte gilt sowohl für Fremdprodukte als auch für Eigenentwicklungen. Schauen Sie sich den generierten Quellcode genau an und entscheiden Sie, ob Sie den generierten Code in dieser Form wirklich in Ihrer Anwendung haben möchten.

Teil IV

Refactoring bestehender Systeme

In diesem Teil:

- **Kapitel 14**
  Erste Schritte hin zu besserem Code 233

- **Kapitel 15**
  Entfernen von Duplikaten 243

- **Kapitel 16**
  Aufteilung bedingter Logik 253

- **Kapitel 17**
  Refactoring von Logging und Fehlerbehandlung... 285

- **Kapitel 18**
  Refactoring der Datenzugriffsschicht........... 301

Kapitel 14

Erste Schritte hin zu besserem Code

14.1 Refactoring oder Reengineering?

Nachdem wir im vorigen Teil Techniken kennengelernt haben, die es uns ermöglichen, Tests für bestehende Systeme nachzuziehen, wollen wir nun dazu übergehen, den bestehenden Code besser zu strukturieren, um den Entwicklungsprinzipien aus dem ersten Teil Geltung zu verschaffen. So können wir strukturelle Mängel beheben und den Code mit mehr Flexibilität ausstatten.

In manchen Fällen macht schrittweises Refactoring jedoch keinen Sinn. Wenn Sie zum Beispiel einen bestehenden Algorithmus durch einen effizienteren ersetzen, können Sie ihn wahrscheinlich nicht durch Refactoring aus einem anderen überleiten. In diesem Fall ist es unumgänglich, Teile des Codes neu zu schreiben. Sie können dazu sowohl die Tests für die bestehende Funktionalität verwenden, als auch neue Tests für den neuen Code hinzufügen. Neuentwicklungen sind allerdings immer mit einem höheren Risiko verbunden als Refactorings. Stellen Sie daher sicher, dass Sie sich nicht zu viel auf einmal vornehmen – Sie könnten Schwierigkeiten bekommen, mit Änderungen Ihrer Kollegen Schritt zu halten, sollte sich der alte Code verändern, während Sie ihn ersetzen wollen.

Wir werden uns in diesem Abschnitt daher im Wesentlichen auf Refactorings beschränken. Da sich allerdings auch bei vorsichtigem Vorgehen Fehler einschleichen können, sollen Refactorings möglichst nur dort umgesetzt werden, wo eine hinreichende Testabdeckung vorhanden ist. Refactorings ohne Tests werden zwar von vielen Entwicklern durchgeführt, sie gehen dabei jedoch beträchtliche Risiken ein, derer sie sich allerdings meist gar nicht bewusst sind.

Tests helfen uns dabei, Refactoring-Maßnahmen sicher umzusetzen. Dabei gilt natürlich wieder der Grundsatz, Änderungen in kleinen Schritten durchzuführen. Sie können dabei selbstverständlich wieder die im ersten Teil beschriebene Technik des Skizzierens verwenden, wenn Sie nicht genau wissen, in welche Richtung Sie Ihr Programm verändern wollen. Machen Sie ruhig ein paar Entwürfe und kehren Sie (mithilfe der Quellcodeverwaltung) wieder zur Ausgangssituation zurück, wenn Ihnen das Ergebnis nicht zusagt. Wenn Sie den richtigen Weg gefunden haben, können Sie sich den zuvor skizzierten Zielen schrittweise und sicher annähern.

Natürlich werden im Folgenden nicht alle möglichen Refactorings beschrieben. Sie können (und sollten) sich aus der einschlägigen Literatur weitere Anregungen holen oder auch eigene Refactoring-Strategien verfolgen, sobald Sie ausreichend Übung mit dieser Technik haben.

14.2 Wo sollte man mit dem Refactoring beginnen?

Mit dem Refactoring verhält es sich ähnlich wie mit dem Nachziehen von Tests: Zuerst sollten Sie einmal Erfahrung in neuen Komponenten inklusive Testabdeckung sammeln, bevor Sie Refactorings in bestehendem Code durchführen. Sind Sie einmal mit den Verfahren vertraut, hilft oft ein Blick auf das Log der Quellcodeverwaltung: Gibt es Komponenten, die sich ständig verändern und die sich kontinuierlich aufblähen, dann ist es an der Zeit, diese Komponenten aufzuteilen. Statische Code-Analysewerkzeuge wie PMD oder FindBugs (siehe Anhang) sind hier eine große Hilfe. PMD kann zum Beispiel bei erhöhter zyklomatischer Komplexität eine Warnung ausgeben. Das ist ein guter Indikator für zu komplexen Code und damit für Handlungsbedarf. (Natürlich ist der Messwert der zyklomatischen Komplexität, den Sie im Übrigen nicht im Detail verstehen müssen, um damit arbeiten zu können, nicht unfehlbar, er eignet sich dennoch gut als Hinweis für erhöhte Komplexität.) Ein weiterer Anlass für Refactoring-Maßnahmen sind Vorbereitungen für Veränderungen. Fragen Sie sich, ob Sie die neue Funktionalität ohne größere Schwierigkeiten in die bestehende Implementierung aufnehmen können oder ob Sie nicht doch etwas mehr Funktionalität benötigen.

> **Wichtig**
>
> Genau wie alle anderen vorgestellten Verfahren ist auch das Refactoring kein Selbstzweck. Man kann es natürlich auch übertreiben und den Code übertrieben flexibel gestalten. Davon kann ich auch in diesem Fall nur eindringlich abraten. Richtig angewendet ist das Refactoring jedoch erwiesenermaßen ein wirkungsvolles Verfahren, um Code zu verbessern. Wenn Sie es regelmäßig anwenden, werden Sie unter Umständen eines Tages einen Blick auf eine ältere Version Ihres Programms werfen und sich kopfschüttelnd fragen, wie Sie nur je mit solchem Code arbeiten konnten.

14.3 Die »tägliche Hygiene«

Es dauert einige Zeit, bis man sich mit Refactoring-Techniken vertraut gemacht hat. Einige elementare Verbesserungen können Sie aber ohne besondere Vorkenntnisse vornehmen: die tägliche Quellcodehygiene. Es handelt sich dabei um sehr einfache Dinge, die man allerdings nur allzu leicht vergisst:

- Aussagekräftige Bezeichner: Kann man anhand der Bezeichner Aussagen über die Funktionalität treffen oder hat das eine mit dem anderen nichts mehr zu tun?
- Sichtbarkeit von Feldern: Muss das Feld oder die Methode XY `public` sein oder sollte es bzw. sie nicht doch besser `private` sein?
- Auskommentierter oder »toter« Code: Es ist alles in der Quellcodeverwaltung vorhanden, also gibt es keinen Grund, irgendetwas auszukommentieren. Aus diesem Grund können Sie auskommentierten Code gefahrlos entfernen.

Bei all diesen Maßnahmen gehen Sie kein allzu großes Risiko ein, da der Compiler Sie davon abhält, Fehler zu machen. Selbstverständlich müssen Sie ein Auge auf Laufzeitabhängigkeiten haben, da der Compiler Ihnen hierbei nicht helfen kann.

Praktischerweise gibt es Werkzeuge wie FindBugs und PMD (siehe Anhang), die bei dieser Arbeit helfen. Wichtig bei der Verwendung dieser Werkzeuge ist es, erst einmal alle Warnungen abzudrehen und sie danach schrittweise wieder aufzudrehen – Warnungen haben schließlich überhaupt keinen Sinn, wenn sie in Scharen auftreten und dadurch der ganze Quellcode wie ein Christbaum leuchtet. Das führt nur dazu, dass sie generell ignoriert und lediglich noch als lästige »Nebengeräusche« empfunden werden. Wenn Sie beispielsweise nur die Sichtbarkeit korrigieren wollen, aktivieren Sie nur diese Warnungen. Arbeiten Sie sich schrittweise vor und ändern Sie nur die Sichtbarkeit. Nichts anderes. Sie müssen dabei auch aufpassen, dass Sie im Zuge der Behebung einer Warnung nicht unkontrolliert, also ohne Absicherung durch Tests, die Funktionalität verändern. Passiert Ihnen das doch, ist zwar die Warnung weg, aber der Code funktioniert nicht mehr, wie er soll.

> **Hinweis**
>
> Die beschriebenen Hygienemaßnahmen müssen nicht unbedingt täglich durchgeführt werden. Es lohnt sich allerdings, hin und wieder einen Blick darauf zu haben. Schließlich gewöhnen Sie und Ihre Kollegen sich daran, einige dieser Maßnahmen einfach automatisch zu erledigen. Das ist schon mal ein erster Schritt zu besserem Code.

14.4 Aufteilen großer Klassen

Mit großen Klassen sind in diesem Abschnitt Klassen mit einigen Tausend Zeilen gemeint. Große Klassen haben die Eigenschaft, immer schneller noch größer zu werden – mit all den negativen Auswirkungen, die wir schon im Zusammenhang mit dem Einzelzuständigkeitsprinzip erörtert haben. Solche Klassen aufzuteilen, ist oft alles andere als einfach. Das Verfahren, das ich hier kurz vorstellen möchte, habe ich schon des Öfteren erfolgreich angewendet. Mit etwas Vorsicht gelingt es auch, das Verfahren ohne Tests durchzuführen. Letzteres sollte allerdings nur dann geschehen, wenn es gar nicht anders geht. Im ersten Schritt identifizieren wir erst einmal Felder und Methoden, die zusammengehören und gruppieren sie umeinander. Danach teilen wir die Klasse durch das Refactoring *Klasse extrahieren* in eine Vererbungshierarchie auf. Das folgende UML-Diagramm illustriert den Vorgang:

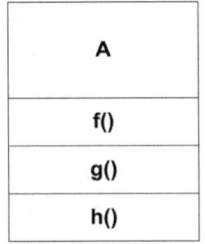
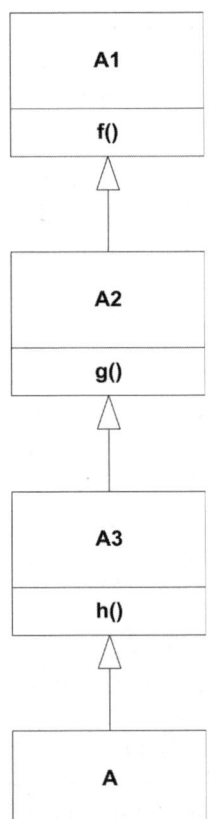

Abb. 14.1: Vor der Aufteilung – nach der Aufteilung

Die letzte Klasse in der Hierarchie hat den Namen der ursprünglichen Klasse. Sie sollte keine Methoden enthalten, damit Sie neue Klassen unten in der Hierarchie einfügen können, falls das nötig ist. Damit haben wir zwar das Sprachmittel der Vererbung etwas zweckentfremdet, die Situation ist so allerdings besser als zuvor. Üblicherweise muss man mehrere Versuche durchführen, um die Abhängigkeiten in den Griff zu bekommen. Bei wechselseitigen Abhängigkeiten zwischen

Methoden in zwei unterschiedlichen Klassen kann man Schablonenmethoden verwenden, um die Kindklasse von der Elternklasse abzuspalten.

Danach beginnt man, die externen Aufrufe auf die letzte Klasse in der Hierarchie auf Klassen oberhalb der Hierarchie umzulenken. Schlussendlich kann man die Vererbungskette in einen Baum umwandeln, indem man die Vererbungsreihenfolge ändert.

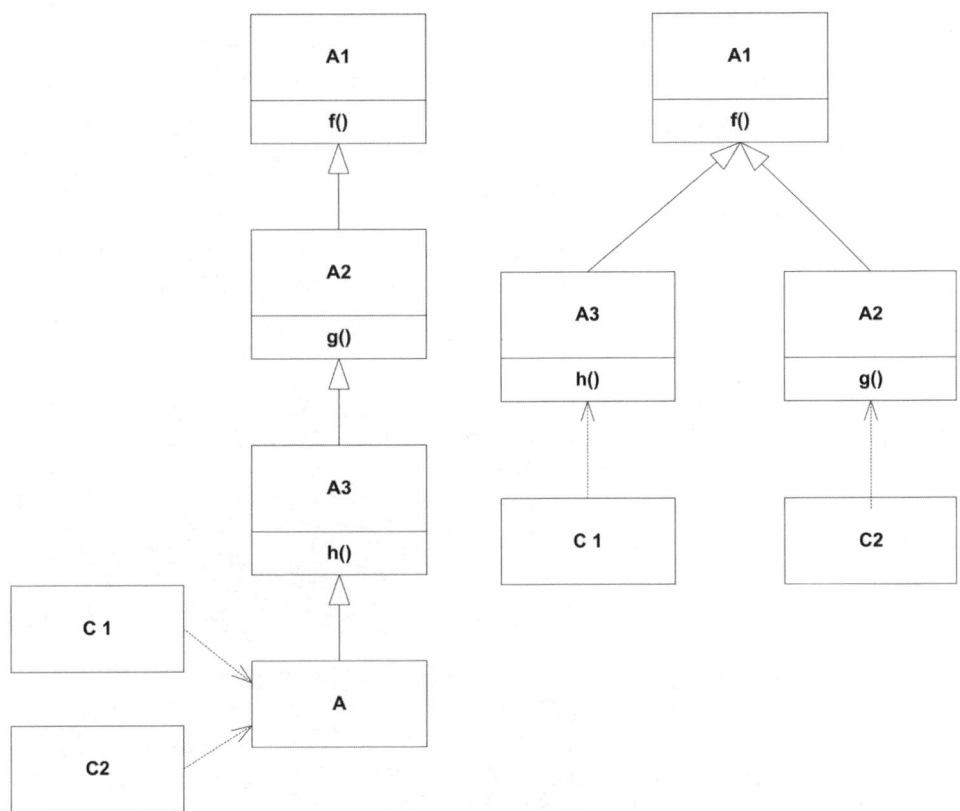

Abb. 14.2: Umlenken der Aufrufe (C1, C2) und Ändern der Vererbungshierarchie

Man kann natürlich ergänzend und alternativ durch Delegation Teile der Funktionalität in andere Klassen auslagern.

Das Verfahren funktioniert logischerweise nicht, wenn die Klasse hauptsächlich oder ausschließlich aus statischen Methoden besteht. In letzterem Fall ist die Aufteilung jedoch meist besonders einfach möglich: Man erstellt neue Klassen und verschiebt die statischen Methoden ganz einfach in die neuen Klassen.

Ich habe leider kein Beispiel gefunden, das sich zum Abdrucken eignen würde – die Beispiele sind einfach zu lang. Besonders der erste Schritt des Verfahrens ist relativ einfach, weshalb ich es bei der Beschreibung bewenden lasse. Im Kapitel über Active Records wird ein Beispiel für das Aufteilen von Klassen durch Delegation ausführlich beschrieben.

14.5 Zusammenfassen von Parametern durch Wertobjekte

Wertobjekte haben wir bereits im ersten Teil kennengelernt. Wir wollen sie nun einsetzen, um Paare von Parametern, die immer zusammen übergeben werden, zusammenzufassen. So hat zum Beispiel ein Geldbetrag ohne Währung keinen Sinn (sofern man nicht immer dieselbe Währung verwendet), weshalb man sinnvollerweise den Betrag und die Währung zu einem Wertobjekt zusammenfasst. Im Folgenden betrachten wir wieder die Klasse `PasswortVerifier` aus dem dritten Teil. Bei ihr fällt auf, das die Parameter für den Serverzugriff (`ldapHost`, `ldapPort`, `ldapVersion`) immer zusammen übergeben werden. Auch werden Benutzerdaten (`loginDN`, `password`) immer zusammen übergeben. Im ersten Schritt wollen wir ein Wertobjekt für die LDAP-Serverdaten einführen.

Dazu setzen wir erst einmal alle Felder `private` und `final`:

```java
import java.io.IOException;
import java.io.UnsupportedEncodingException;
import java.util.NoSuchElementException;

import com.novell.ldap.LDAPAttribute;
import com.novell.ldap.LDAPConnection;
import com.novell.ldap.LDAPException;

public class PasswordVerifier {
    private final String ldapHost;
    private final int ldapPort;
    private final int ldapVersion;
    private final String loginDN;
    private final String password;

    public PasswordVerifier(String ldapHost, int ldapPort,
        int ldapVersion,
        String loginDN, String password) {
        this.ldapHost = ldapHost;
        this.ldapPort = ldapPort;
        this.ldapVersion = ldapVersion;
        this.loginDN = loginDN;
```

```java
        this.password = password;
    }

    public PasswordVerifier(String ldapHost, String loginDN, String password) {
        this(ldapHost, LDAPConnection.DEFAULT_PORT, LDAPConnection.LDAP_V3,
                loginDN, password);
    }

    public boolean verifyPassword(String objectDN, String testPassword)
            throws IOException {
        LDAPConnection lc = null;

        try {
            lc = createConnection();
            lc.connect(ldapHost, ldapPort);
            lc.bind(ldapVersion, loginDN, password.getBytes("UTF8"));
            LDAPAttribute attr = new LDAPAttribute("userPassword",
                    testPassword);
            return lc.compare(objectDN, attr);
        } catch (LDAPException e) {
            throw convert(objectDN, e);
        } catch (UnsupportedEncodingException e) {
            throw new IllegalStateException("Unsupported encoding: UTF8");
        } finally {
            try {
                lc.disconnect();
            } catch (LDAPException e) {
            }
        }
    }

    protected IOException convert(String objectDN, LDAPException e)
            throws IOException {
        ...
    }

    protected LDAPConnection createConnection() {
        return new LDAPConnection();
    }
}
```

Listing 14.1: Password-Verifier mit privaten Feldern

Danach implementieren wir das Wertobjekt für die Zugangsdaten des Servers:

```java
public class LDAPHost {
    private final String name;
    private final int port;
    private final int version;

    public LDAPHost(String name, int port, int version) {
        this.name = name;
        this.port = port;
        this.version = version;
    }

    public String getName() {
        return name;
    }

    public int getPort() {
        return port;
    }

    public int getVersion() {
        return version;
    }
}
```

Listing 14.2: Wertobjekt für alle Host-Informationen

Die Identität wird in diesem Fall durch den Namen und den Port definiert. Das sollte man noch durch Implementierung der Methoden `equals` und `hashCode` dokumentieren, worauf hier allerdings aus Platzgründen verzichtet wird. Im nächsten Schritt ersetzen wir die Felder `ldapHost`, `ldapPort`, `ldapVersion` durch das Feld `host`. Jetzt benötigen wir noch einen Konstruktor, der dieses Feld befüllt. Den ursprünglichen Hauptkonstruktor – den, der die Felder direkt befüllt – können wir auf den neuen umleiten, indem wir einen `LDAPHost` erzeugen und mit den übergebenen Parametern befüllen:

```java
import java.io.IOException;
import java.io.UnsupportedEncodingException;
import java.util.NoSuchElementException;
import com.novell.ldap.LDAPAttribute;
import com.novell.ldap.LDAPConnection;
import com.novell.ldap.LDAPException;
```

```java
public class PasswordVerifier {
    private final LDAPHost host;
    private final String loginDN;
    private final String password;

    public PasswordVerifier(String ldapHost, int ldapPort,
            int ldapVersion,
            String loginDN, String password) {
        this(new LDAPHost(ldapHost, ldapPort, ldapVersion),
                loginDN, password);
    }

    public PasswordVerifier(LDAPHost host, String loginDN, String password) {
        this.host = host;
        this.loginDN = loginDN;
        this.password = password;
    }

    public PasswordVerifier(String ldapHost, String loginDN,
            String password) {
        this(ldapHost, LDAPConnection.DEFAULT_PORT,
                LDAPConnection.LDAP_V3,
                loginDN, password);
    }

    public boolean verifyPassword(String objectDN, String testPassword)
            throws IOException {
        LDAPConnection lc = null;

        try {
            lc = createConnection();
            lc.connect(host.getName(), host.getPort());
            lc.bind(host.getVersion(), loginDN, password.getBytes("UTF8"));
            LDAPAttribute attr = new LDAPAttribute("userPassword",
                    testPassword);
            return lc.compare(objectDN, attr);
        } catch (LDAPException e) {
            throw convert(objectDN, e);
        } catch (UnsupportedEncodingException e) {
            throw new IllegalStateException(
                    "Unsupported encoding: UTF8");
        } finally {
            try {
```

```
            lc.disconnect();
        } catch (LDAPException e) {
        }
    }
}

protected void compare(String objectDN, LDAPException e)
    throws IOException {
    ...
}

protected LDAPConnection createConnection() {
    return new LDAPConnection();
}
}
```

Wir können jetzt noch die Benutzername-Passwort-Paare durch ein Wertobjekt, nennen wir es `Credentials`, ersetzen. Die Vorgehensweise ist dieselbe wie zuvor, weshalb ich darauf verzichte, das hier zu demonstrieren. Der Vorteil dieser Änderung liegt darin, dass jetzt weniger Parameter über den neuen Konstruktor übergeben werden müssen. Man kann die Parameter auch nicht mehr so leicht verwechseln, da sie alle unterschiedliche Datentypen haben.

Wichtig

Manchmal zahlt es sich sogar aus, Wertobjekte zu erstellen, die nur einen einzigen Wert kapseln, um die Bedeutung des Wertes im Zusammenhang des Programms zu dokumentieren. Die Vielfalt an Datentypen, die dann entsteht, stellt sicher, dass Daten nicht irrtümlich an falscher Stelle verwendet werden. Das Zusammenfassen von Daten hilft generell dabei, die Anzahl der Felder in Klassen sowie die Anzahl der Übergabeparameter in Methoden zu reduzieren und Duplikate zu vermeiden.

Auch die Weiterentwicklung vereinfacht sich mitunter ungemein. Stellen Sie sich zum Beispiel vor, Sie müssten jetzt noch Zertifikatdaten für die verschlüsselte Kommunikation mit dem LDAP-Server übergeben. Dann müssten Sie überall die Parameterübergabe anpassen und bekämen unter Umständen Methoden mit Dutzenden Parametern. Somit würde jeder Aufruf dieser Methode zum Spießrutenlauf, weil jedes Mal eine überlange Parameterliste fehlerfrei zusammengestellt werden müsste.

Kapitel 15

Entfernen von Duplikaten

Wir kennen das Problem mit Duplikaten schon aus der Schule: Der eine Schüler schreibt vom anderen ab und übernimmt damit auch die Fehler des Kollegen. Der Lehrer kann daraufhin leicht nachverfolgen, wer von wem abgeschrieben hat. In der Softwareentwicklung hat das Abschreiben noch schlimmere Folgen: Unterschiedliche Kopien ein und desselben Quellcodeteils verändern sich erfahrungsgemäß mit der Zeit in unterschiedliche Richtungen, daher muss man den Fehler dann für jedes Duplikat separat beheben und testen. Duplikate blähen den Quellcode auch unnötig auf. Noch schlimmer wirken sich Duplikate auf Erweiterungen aus: Diese müssen für jedes Duplikat getrennt implementiert werden, womit scheinbar kleine Änderungen zu umfangreichen Projekten anwachsen können.

Generell gibt es zwei Arten von Duplikaten: Duplikate durch direktes Kopieren von Quellcode (*identische Duplikate*) und Duplikate durch mehrfache Implementierung ein und derselben Funktionalität (*funktionale Duplikate*).

Im Quellcode von Microsoft Visual Studio gibt es angeblich zwanzig verschiedene String-Implementierungen (das Programm ist in C++ verfasst und in dieser Sprache gibt es keine Standardimplementierung für Strings wie in Java). In diesem Fall handelt es sich wohl um funktionale Duplikate. Sie können sich vorstellen, welchen Aufwand die Microsoft-Entwickler treiben müssen, um hier Erweiterungen anzubringen.

> **Wichtig**
>
> Bitte beachten Sie, dass das Kopieren von Quellcode nicht prinzipiell schlecht ist. Oft ist es nämlich gar nicht so einfach möglich, die Gemeinsamkeiten zweier Implementierungen vorab festzustellen. Dann ist es leichter, den bestehenden Code, der Ähnliches tut, einfach zu kopieren und anzupassen. Danach entfernt man umgehend die verbleibenden Duplikate, indem man gemeinsame Funktionalitäten zusammenfasst.

Die Techniken zum Entfernen von Duplikaten haben wir bereits im ersten Teil bei der Erörterung der elementaren Refactorings kennengelernt. Hier wollen wir das Gelernte weiter vertiefen.

Generell gibt es zwei Möglichkeiten, Duplikate zu entfernen, die wir schon kennengelernt haben: *Vererbung* und *Delegation*. Das sind ganz nebenbei auch die einzigen Verfahren, die die objektorientierte Programmierung vorsieht, um Code aufzuteilen. In der prozeduralen Programmierung haben Sie nur die Delegation zur Aufteilung zur Verfügung. In der objektorientierten Programmierung gibt es zwei Arten von Delegation: Sie können Funktionalität entweder an Methoden oder an Klassen delegieren. Welches Verfahren eingesetzt wird, hängt von der jeweiligen Situation ab. Bei identischen Duplikaten ist die Delegation an eine Methode, oft in Kombination mit Vererbung, vorzuziehen. Funktionelle Duplikate wird man wohl eher durch Delegation in eine gemeinsame Klasse auflösen.

> **Wichtig**
>
> Alles Gesagte gilt natürlich auch für Tests. Wenn Sie Refactorings an Tests durchführen, wirkt das zu testende System als Test. Wenn also nach einer Refactoring-Maßnahme an einer Testklasse einige Tests nicht mehr funktionieren, liegt das nicht am zu testenden System, sondern an Ihren Änderungen. Natürlich gilt das nur unter der Voraussetzung, dass Sie das zu testende System inzwischen nicht geändert haben. Daher sollten Sie Refactoring-Tätigkeiten am zu testenden System und an den Tests niemals vermischen: Entweder Sie ändern die Tests oder das zu testende System. Niemals beide gleichzeitig!

15.1 Entfernen von Duplikaten durch Vererbung

Als Beispiel wenden wir uns einigen Tests aus dem vorigen Teil zu, nämlich jenen, die wir zur Absicherung des `MailSenders` nachgezogen haben. Wir haben einige Duplikate zurückgelassen, die wir nun durch *Vererbung* entfernen wollen. Sehen wir uns dazu die Tests noch einmal an. Wir stellen fest, dass die Methoden tearDown in allen Testklassen verdächtige Ähnlichkeiten aufweisen:

```
public class TransportTest extends TestCase {
    public void tearDown() {
        Session.useJavaMailSession(true);
        Transport.clearLastMessageSent();
    }

    ...
}

public class SessionTest extends TestCase {
    public void tearDown() {
        Session.useJavaMailSession(true);
    }

    ...
```

```
}

public class MimeMessageTest extends TestCase {
   private MimeMessage message;

   public void tearDown() {
      Session.useJavaMailSession(true);
   }

   ...
}

public class MailSenderTest extends TestCase {
   public void tearDown() {
      Session.useJavaMailSession(true);
      Transport.clearLastMessageSent();
   }

   ...
}
```

Listing 15.1: Ausgangssituation mit Duplikaten

Der einzige Unterschied zwischen den Implementierungen von `tearDown` ist das Löschen der letzten Nachricht in den Klassen `TransportTest` und `MailSenderTest`, welches in `MimeMessageTest` und `SessionTest` nicht durchgeführt wird. Würden wir in den letztgenannten Klassen auch die letzte Nachricht löschen, würden wir dadurch die Funktionalität der Tests nicht beeinflusst, daher könnten wir eigentlich dieselbe Implementierung der Methode `tearDown` in allen Klassen verwenden. Das wollen wir nun umsetzen.

Wir beginnen mit der Klasse `TransportTest`, indem wir daraus die Klasse `MailSenderTestCase` extrahieren, welche im Folgenden als Elternklasse aller Testklassen fungiert:

```
public abstract class MailSenderTestCase extends TestCase {

   public MailSenderTestCase() {
      super();
   }

   public MailSenderTestCase(String name) {
      super(name);
   }
```

```
    public void tearDown() {
      Session.useJavaMailSession(true);
      Transport.clearLastMessageSent();
    }
}

public class TransportTest extends MailSenderTestCase {
    public void tearDown() {
      Session.useJavaMailSession(true);
      Transport.clearLastMessageSent();
    }

    ...
}
```

Listing 15.2: Extraktion einer gemeinsamen Klasse für Tests

Im Anschluss müssen noch alle anderen Tests von dieser Klasse erben. Die Methode `tearDown` kann dann in diesen Klassen entfernt werden, so dass nur noch die Methode `tearDown` der Elternklasse `MailSenderTestCase` aufgerufen wird:

```
public class SessionTest extends MailSenderTestCase {
    public void tearDown() {
        Session.useJavaMailSession(true);
    }

    ...
}

public class MimeMessageTest extends MailSenderTestCase {
    private MimeMessage message;

    public void tearDown() {
        Session.useJavaMailSession(true);
    }

    ...
}

public class MailSenderTest extends MailSenderTestCase {
    public void tearDown() {
        Session.useJavaMailSession(true);
        Transport.clearLastMessageSent();
    }
```

```
    ...
}
```

Listing 15.3: Anpassung der restlichen Testklassen und Entfernen von überflüssigem Code

15.2 Entfernen von Duplikaten durch Delegation

Möchte man Funktionalität zusammenfassen, die in Klassen aufgeteilt ist, welche untereinander in keinerlei Beziehung stehen, ist es nicht ratsam, eine gemeinsame Elternklasse allein zu dem Zweck zu erstellen, um Duplikate dorthin auszulagern. In diesem Fall ist es besser, die Funktionalität in eigene Klassen auszulagern. Sehen wir uns als Beispiel die beiden Methoden `close` im folgenden Beispiel an. Es handelt sich dabei um das Archiv des Sequenzers, das wir im vorigen Teil kennengelernt haben:

```
import java.sql.Connection;
import java.sql.PreparedStatement;
import java.sql.ResultSet;
import java.sql.SQLException;
import java.sql.Statement;

public class SequencerDatabaseDataSource implements SequencerDataSource {
    private final Connection conn;

    public SequencerDatabaseDataSource(Connection conn)
            throws SQLException {
        this.conn = conn;
        this.conn.setTransactionIsolation(
            Connection.TRANSACTION_SERIALIZABLE);
    }

    public int nextPackage(int size) throws SQLException {
        int counter = counter();
        PreparedStatement stmt = null;
        try {
            stmt = conn.prepareStatement("update sequencer set counter=?");
            stmt.setInt(1, counter + size);
            int rowsAffected = stmt.executeUpdate();
            if (rowsAffected != 1) {
                throw new SQLException("Failed to update sequencer");
            }
        } finally {
            close(stmt);
        }
```

Kapitel 15
Entfernen von Duplikaten

```java
        return counter;
    }

    public int counter() throws SQLException {
        Statement stmt = null;
        ResultSet rs = null;
        try {
            stmt = conn.createStatement();
            rs = stmt.executeQuery("select counter from sequencer");
            if (rs.next()) {
                return rs.getInt(1);
            } else {
                throw new SQLException("Missing row in table sequencer");
            }
        } finally {
            close(stmt, rs);
        }
    }

    private void close(Statement stmt) throws SQLException {
        if (stmt != null) {
            stmt.close();
        }
    }

    private void close(Statement stmt, ResultSet rs) throws SQLException {
        try {
            if (rs != null) {
                rs.close();
            }
        } finally {
            if (stmt != null) {
                stmt.close();
            }
        }
    }
}
```

Listing 15.4: Ausgangssituation für Delegation

Speziell in Unternehmensanwendungen kommt diese Art von Methoden gehäuft vor, da bei jedem Datenbankzugriff mindestens ein Datenbank-Statement geschlossen werden muss. Es ist daher höchst angebracht, diese Methoden in eine eigene Klasse auszulagern. Um das bewerkstelligen zu können, müssen wir ihre Sichtbarkeit auf `public` setzen und da diese Methoden nicht auf Felder der Klasse zugreifen, können wir sie auch statisch machen.

```java
public class SequencerDatabaseDataSource implements SequencerDataSource {
    ...

    public static void close(PreparedStatement stmt) throws SQLException {
        if (stmt != null) {
            stmt.close();
        }
    }

    public static void close(Statement stmt, ResultSet rs) throws SQLException {
        try {
            if (rs != null) {
                rs.close();
            }
        } finally {
            if (stmt != null) {
                stmt.close();
            }
        }
    }
}
```

Listing 15.5: Close-Methoden statisch definiert

Jetzt benötigen wir noch einen passenden Namen für die neue Klasse. Als Oberbegriff für `ResultSet, Statement, Connection` identifizieren wir ganz allgemein »Datenbankressource«, deswegen nennen wir die Klasse auch am besten `DatabaseResources`. Jetzt müssen wir nur noch die statischen Methoden (`close`) in diese neue Klasse verschieben. Das geht am einfachsten mithilfe des Refactorings *Methode verschieben* der Entwicklungsumgebung:

```java
public class DatabaseResources {
    public static void close(Statement stmt) throws SQLException {
        if (stmt != null) {
            stmt.close();
        }
    }

    public static void close(Statement stmt, ResultSet rs) throws SQLException {
        try {
```

```
                if (rs != null) {
                    rs.close();
                }
            } finally {
                if (stmt != null) {
                    stmt.close();
                }
            }
        }
    }
```

Listing 15.6: Close-Methoden, in eigene Klasse delegiert

Die Entwicklungsumgebung entfernt dann auf Wunsch auch diese Methoden von der Klasse `SequencerDatabaseDataSource` und leitet deren Aufrufe auf die Klasse `DatabaseResources` um.

```java
import java.sql.Connection;
import java.sql.PreparedStatement;
import java.sql.ResultSet;
import java.sql.SQLException;
import java.sql.Statement;

public class SequencerDatabaseDataSource implements
        SequencerDataSource {
    private final Connection conn;

    public SequencerDatabaseDataSource(Connection conn)
            throws SQLException {
        this.conn = conn;
        this.conn.setTransactionIsolation(
            Connection.TRANSACTION_SERIALIZABLE);
    }

    public int nextPackage(int size) throws SQLException {
        int counter = counter();
        PreparedStatement stmt = null;
        try {
            stmt = conn.prepareStatement(
                    "update sequencer set counter=?");
            stmt.setInt(1, counter + size);
            int rowsAffected = stmt.executeUpdate();
            if (rowsAffected != 1) {
                throw new SQLException(
```

```
            "Failed to update sequencer");
        }
    } finally {
        DatabaseResources.close(stmt);
    }

    return counter;
}

public int counter() throws SQLException {
    Statement stmt = null;
    ResultSet rs = null;
    try {
        stmt = conn.createStatement();
        rs = stmt.executeQuery(
            "select counter from sequencer");
        if (rs.next()) {
            return rs.getInt(1);
        } else {
            throw new SQLException(
                    "Missing row in table sequencer");
        }
    } finally {
        DatabaseResources.close(stmt, rs);
    }
}
```

Listing 15.7: Methodenaufrufe, umgelegt auf Delegat

Danach kann man weitere Implementierungen von close mit der Suchfunktion der Entwicklungsumgebung identifizieren und ebenfalls auf DatabaseResources umlenken. Es ist immer von Vorteil, Kollegen einen einheitlichen und sicheren Mechanismus für kritische Situationen wie das sichere Schließen von Ressourcen an die Hand zu geben – ich möchte gar nicht wissen, wie oft ich schon Ressourcenprobleme in diversen Anwendungen korrigiert habe. Durch das Zusammenfassen in einen einheitlichen Mechanismus können auch weniger erfahrene Programmierer nichts mehr falsch machen. Als Randbemerkung sei darauf hingewiesen, dass das Eclipse-Plugin FindBugs (siehe Referenzen) inzwischen sehr gut darin ist, nicht geschlossene Datenbankressourcen zu identifizieren. Es lohnt sich daher, Ressourcenproblemen dieser Art durch regelmäßige Anwendung dieses Werkzeugs vorzubeugen.

15.3 Automatisches Aufspüren von Duplikaten

Das freie Eclipse-Plugin PMD (siehe Referenzen) beinhaltet ein Werkzeug zur Identifikation von Duplikaten (Menüpunkt *Find Suspect Cut And Paste*). Natürlich findet es nur identische Duplikate, es ist aber ungemein hilfreich dabei, speziell in größeren Programmen Duplikate aufzuspüren.

> **Wichtig**
>
> Nehmen Sie sich die Zeit und überprüfen Sie hin und wieder Ihren Quellcode mit diesem Tool. Sobald Sie einmal komponentenübergreifende Änderungen in Angriff nehmen müssen – und das kommt bekanntlich immer dann vor, wenn der Stress am größten ist –, werden Sie froh und dankbar sein, dass Sie Duplikate rechtzeitig entfernt haben und die geforderten Änderungen nur an einer Stelle durchführen müssen.

15.4 Duplikate außerhalb des Quellcodes

Natürlich können auch außerhalb des Quellcodes Duplikate auftreten, beispielsweise in JSP-Seiten, in XML-Dateien oder in der Dokumentation. Bedenken Sie bitte, dass Duplikate immer Probleme verursachen, unabhängig davon, wo und in welcher Form sie auftreten. In JSP-Seiten können Sie sich damit behelfen, dass Sie Teile der Seiten über das *Include-Tag* verbinden. Noch besser ist die Verwendung von *TagLibs*, um gemeinsame Komponenten zu erstellen. Letztere lassen sich auch viel leichter testen als JSP-Seiten. Für alle anderen Quellen von Duplikaten lassen sich meist ebenfalls Wege finden, die Duplikate zu beseitigen.

> **Vorsicht**
>
> Der schlimmste mir bekannte Fall von Duplikaten sind duplizierte Systeme. Es gibt immer noch Unternehmen, in denen für jeden Kunden eine Kopie des bestehenden Systems erstellt wird (die sogenannte »Kundenversion«), die dann unabhängig von den anderen Kundenversionen weiterentwickelt wird. Das Ganze gehört generell in die Kategorie »unnötige Arbeitsbeschaffung«. Sie haben in diesem Fall zwei Möglichkeiten, der Angelegenheit zu begegnen: Sie beginnen, die Versionen wieder zusammenzufügen, was kostspielig und teuer ist, oder Sie entwickeln jede Kundenversion für sich weiter. Wählen Sie den zweiten Weg, beschäftigen Sie bald ein Heer von »Reparaturentwicklern«, die den ganzen Tag damit beschäftigt sind, ein und denselben Fehler in unterschiedlichen Kundenversionen zu beheben. Der anfängliche Vorteil, nämlich dass Sie Kundenversionen unabhängig voneinander entwickeln können, treibt Sie direkt in eine Kostenfalle, aus der es kaum ein Entrinnen gibt. Denken Sie bitte daran, wenn jemand in Ihrer Umgebung einen solchen Vorschlag macht!

Kapitel 16

Aufteilung bedingter Logik

16.1 Umwandeln von Typcodes in Objekte

Unter *Typcodes* versteht man Variablen, die nur bestimmte, diskrete Werte annehmen können. In der prozeduralen Programmierung werden sie oft als Schalter verwendet, deren Wert eine gewisse Funktionalität auslöst. Wir haben bereits einen Typcode bei der Erläuterung der prozeduralen Programmierung kennengelernt. Der String `animal` kann hier zwei gültige Werte annehmen: `cat` und `dog`:

```
public class AnimalSounds {
    static void letSpeak(String animal) {
        if(animal.equals("dog")) {
            System.out.println("bark");
        } else if(animal.equals("cat")) {
            System.out.println("miaow");
        } else {
            System.err.println("No idea what " + animal + " speaks");
        }
    }

    public static void main(String[] args) {
        letSpeak("dog");
        letSpeak("cat");
    }
}
```

Listing 16.1: Beispiel für einen Typcode

Natürlich ist der String als Datentyp hier vollkommen ungeeignet. Viel besser wäre ein eigener Typ `AnimalTypes`, der nur diskrete Werte annehmen kann, damit man auf den ersten Blick sieht, welche Werte die Variable annehmen kann und was sie in der Anwendung repräsentiert (über den Wert, dies durch erläuternde Kommentare klarzustellen, brauche ich hoffentlich kein Wort mehr zu verlieren). In vielen Sprachen gibt für Typcodes einen »Aufzähltyp«, meist *Enumeration* (Schlüsselwort `enum`) genannt. In Java wurde dieser erst mit Java 5 eingeführt. Wir können ihn jedoch in älteren Java-Versionen emulieren.

Kapitel 16
Aufteilung bedingter Logik

Als Beispiel sehen wir uns folgende Klasse an, die personenbezogene Daten repräsentiert:

```java
public class Person {
    public static boolean FEMALE = true;
    public static boolean MALE = false;

    private int id;
    private String firstName;
    private String lastName;
    private boolean gender;

    public int getId() {
        return id;
    }

    public void setId(int id) {
        this.id = id;
    }

    public String getFirstName() {
        return firstName;
    }

    public void setFirstName(String firstName) {
        this.firstName = firstName;
    }

    public String getLastName() {
        return lastName;
    }

    public void setLastName(String lastName) {
        this.lastName = lastName;
    }

    public boolean getGender() {
        return gender;
    }

    public void setGender(boolean gender) {
        this.gender = gender;
    }
}
```

Listing 16.2: Klasse mit personenbezogenen Daten

16.1 Umwandeln von Typcodes in Objekte

Das Geschlecht (Feld `gender`) wird hier als `boolean` dargestellt. Das ist ungünstig, da `boolean` ein »technischer« Datentyp ist, der die Bedeutung des Typs für die Anwendung nicht wiederspiegelt. Wir wollen daher einen eigenen Datentyp namens Gender einführen, der die Bedeutung des Datentyps besser widerspiegelt. Bekanntermaßen kann man in Java für neue Datentypen nur Klassen (und Interfaces) verwenden. Das gilt auch für Enumerations in Java 5: Diese sind auch vollwertige Klassen. Daraus erwächst jedoch kein Nachteil, da Klassen allgemein äußerst vielseitig sind. Für unser Beispiel erstellen wir ein Wertobjekt, welches den Indikator für das Geschlecht kapselt:

```java
public class Gender {
    private final boolean value;

    public Gender(boolean value) {
        this.value = value;
    }

    public static Gender FEMALE = new Gender(true);
    public static Gender MALE = new Gender(false);

    public boolean getValue() {
        return value;
    }

    public int hashCode() {
        return value ? 1 : 0;
    }

    public boolean equals(Object obj) {
        if(obj instanceof Gender) {
            Gender other = (Gender)obj;
            return value == other.value;
        } else {
            return false;
        }
    }
}
```

Listing 16.3: Eigene Klasse für das Geschlecht

Abschließend ändern wir noch die Klasse `Person`, so dass sie den neuen Datentyp verwendet:

```
public class Person {
    private int id;
    private String firstName;
    private String lastName;
    private Gender gender;

    ...

    public Gender getGender() {
        return gender;
    }

    public void setGender(Gender gender) {
        this.gender = gender;
    }
}
```

Listing 16.4: Personenklasse mit Wertobjekt statt Typcode

Diese Vorgehensweise stößt dann an ihre Grenzen, wenn unterschiedlichen Werten des Typcodes unterschiedliches Verhalten zugeordnet ist. Wir haben bereits als Beispiel für die objektorientierte Programmierung am Anfang des ersten Teils gesehen, wie man in diesem Fall vorgeht: Man ersetzt die Typcodes durch eine Vererbungshierarchie. Damit kann man für jeden Wert unterschiedliches Verhalten in jeweils eigenen Klassen implementieren. Für unser Beispiel definieren wir das Interface Gender, welches die Methode getValue enthält, die den jeweiligen Wert als boolean zurückgibt.

```
public interface Gender {
    boolean getValue();
}
```

Listing 16.5: Interface für Gender-Varianten

Davon leiten wir die Klassen Female und Male ab:

```
public class Female implements Gender {
    public boolean getValue() {
        return true;
    }
}

public class Male implements Gender {
```

```
    public boolean getValue() {
        return false;
    }
}
```

Listing 16.6: Gender-Varianten als Ableitungen

Die Änderung für die Klasse `Person` unterscheidet sich nicht von der vorhergehenden Änderung dieser Klasse, weshalb sie hier nicht noch einmal abgedruckt ist. Die so entstehenden Klassen kapseln also das Verhalten des jeweiligen Wertes. Besonders praktisch ist dieses Refactoring im Zusammenhang mit dem Strategiemuster: Statt eines Wertes, der das Verhalten eines Objekts vorschreibt, injiziert man einfach eine Strategie, die das Objekt um dieses spezifische Verhalten erweitert. Auch in Kombination mit dem Kommandomuster ist dieses Refactoring äußerst gewinnbringend, wenn zum Beispiel durch einen Wert, der von außen in die Anwendung hereingebracht wird (beispielsweise über die Benutzerschnittstelle), ein gewisses Kommando ausgelöst werden soll. Dieser Fall wird im folgenden Kapitel anhand eines ausführlichen Beispiels erläutert.

16.2 Aufteilen von Verteilern durch Kommandos

In diesem Kapitel wollen wir unter Zuhilfenahme des Kommandomusters ein bestehendes Programm aufteilen. Besonders geeignet ist dieses Refactoring unter anderem für die Aufteilung zentraler *Dispatcher* – das sind Klassen, die Eingabedaten an die passende Stelle weiterreichen. Diese sind häufig in Webapplikationen zu finden, wenn es ein gemeinsames Servlet zur Verarbeitung von Eingabedaten gibt (sogenannte *Front Controller*).

Als Beispiel wollen wir ein Werkzeug überarbeiten, das vor allem in der Linux-Welt verbreitet ist. Es handelt sich dabei um eine rudimentäre Implementierung von `less`. Dieses Werkzeug dient der Betrachtung von längeren Textdateien und ist eine Erweiterung des Standardwerkzeugs *more*, welches auch unter Windows zu finden ist. (Der Name *less* ist in gewisser Weise ein Aphorismus, der sich vom Namen des ursprünglichen Werkzeugs *more* ableitet.) Beim Aufruf des Programms übergibt man eine beliebige Datei, von der anfänglich nur die erste Seite angezeigt wird. Die [Leertaste] (oder alternativ [d]) bewirkt, dass die nächste Seite angezeigt wird. Weitere Kommandos sind [u] (vorige Seite anzeigen), [g] (zur ersten Seite), [G] (zur letzten Seite) und [q] (Programm abbrechen). Die Implementierung verwendet die Klasse `RandomAccess` für den wahlfreien Zugriff auf Dateien. Die vorgestellte Implementierung hat leider den Schönheitsfehler, dass man nach jedem Kommando [Enter] drücken muss – eine lästige Eigenheit von Java.

```java
import java.io.File;
import java.io.IOException;
import java.io.OutputStream;
import java.io.RandomAccessFile;
import java.util.LinkedList;

public class Less {
    private final OutputStream out;
    private final int pageLength;
    private final RandomAccessFile in;
    private final LinkedList linePointers;

    int currentLineNumber;
    boolean wasAtEnd;

    public Less(File file, OutputStream out, int pageLength)
            throws IOException {
        this.out = out;
        this.pageLength = pageLength;
        this.in = new RandomAccessFile(file, "r");
        this.linePointers = new LinkedList();
        this.currentLineNumber = 0;
        this.wasAtEnd = false;
        down();
    }

    public void down() throws IOException {
        int lines = 0;
        while (readLine(out)) {
            ++lines;
            if (lines == pageLength) {
                break;
            }
        }
    }

    private boolean readLine(OutputStream out)
            throws IOException {
        saveLinePointer();
        int b;
```

```java
        while ((b = in.read()) >= 0) {
            out.write(b);
            if (b == '\n') {
                ++currentLineNumber;
                return true;
            }
        }
    }
    wasAtEnd = true;
    return false;
}

private void saveLinePointer() throws IOException {
    if (linePointers.size() <= currentLineNumber) {
        linePointers.add(
            new Long(in.getFilePointer()));
    }
}

public void top() throws IOException {
    in.seek(0);
    this.currentLineNumber = 0;
    down();
}

public void up() throws IOException {
    int previousPageLineNumber = Math.max(0,
        currentLineNumber - 2 * pageLength);
    seekLine(previousPageLineNumber);
    down();
}

public void bottom() throws IOException {
    if (!wasAtEnd) {
        scanAll();
    }

    int lastPageLineNumber = Math.max(0,
        linePointers.size() - pageLength - 1);
    seekLine(lastPageLineNumber);
    down();
}

private void scanAll() throws IOException {
```

```
        seekLine(Math.max(0,
            linePointers.size() - 1));
        while (readLine(
            new NullOutputStream())) {}
}

private void seekLine(int lineNumber)
        throws IOException {
    Long pointer =
        (Long)linePointers.get(lineNumber);
    in.seek(pointer.longValue());
    currentLineNumber = lineNumber;
}

public int getCurrentLineNumber() {
    return currentLineNumber;
}

public void close() {
    try {
        in.close();
    } catch(IOException e) {
        //
    }
}

public boolean type(char c)
        throws IOException {
    switch(c) {
        case ' ':
        case 'd':
            down();
            break;
        case 'g':
            top();
            break;
        case 'G':
            bottom();
            break;
        case 'u':
            up();
            break;
        case 'q':
```

```
            return false;
    }
    return true;
}

public static void main(String args[]) {
    Less less = null;
    try {
        less = new Less(new File(args[0]),
            System.out, 20);
        while(less.type((char)System.in.read())) {}
    } catch(IOException e) {
        System.out.println(e.getMessage());
    } finally {
        less.close();
    }
}
}

import java.io.IOException;
import java.io.OutputStream;

public class NullOutputStream extends OutputStream {
    public void write(byte[] b, int off, int len)
        throws IOException {
    }

    public void write(int b)
        throws IOException {
    }

    public void close() throws IOException {
    }

    public void flush() throws IOException {
    }
}
```

Listing 16.7: Less-Implementierung in Java

Die Methode **down** (entspricht dem Kommando d) liest jeweils eine ganze Zeile ein und gibt jedes eingelesene Zeichen an den Ausgabestream **out** weiter. Darüber hinaus speichert sie die aktuelle Position der Zeile in der Datei mittels `saveLinePointer` in die Liste `linePointers` und speichert die aktuelle

Zeilennummer in `currentLine`. Die Liste `linePointers` enthält die Anfangspositionen aller Zeilen in der Datei, sobald die gesamte Datei durchsucht worden ist. Ist diese Liste vollständig, wir der Indikator `wasAtEnd` gesetzt. Die Methode `top` (Kommando [g]) kehrt einfach an den Anfang der Datei zurück und gibt diesen Anfang über `down` aus. Die Methode `up` kehrt zur vorigen Seite zurück, indem sie die zugehörige Zeilenposition aus der Liste `saveLinePointer` ausliest und mittels `RandomAcess.seek` als aktuelle Dateiposition setzt. Schließlich zeigt die Methode `bottom` (Kommando [G]) die letzte Seite an, indem sie erst einmal alle Zeilenpositionen mithilfe von `readLine` ermittelt und dann unter Zuhilfenahme von `linePointers` die Position der ersten Zeile der letzten Seite.

Für dieses Beispiel habe ich die Tests weggelassen. Das Anbringen von Tests stellt in diesem Fall allerdings kein Problem dar, da man die Klasse `Less` über den Konstruktor ohne Weiteres erzeugen kann. Zum Testen erstellt man sinnvollerweise eine Datei in der Methode `setUp` der Testklasse. Die Ausgabe kann man beispielsweise über den Umweg eines `ByteArrayOutputStreams` überprüfen.

Zurück zum Refactoring: Der offensichtliche Nachteil dieser Implementierung ist der, dass die Klasse `Less` jetzt schon ziemlich umfangreich ist. Kommen noch weitere Kommandos hinzu, wird die Sache noch unübersichtlicher. Wir wollen daher jedes Kommando in eine eigene Klasse auslagern.

Bedauerlicherweise stehen uns hierzu die Felder der Klasse `Less` im Weg, die eng mit den Kommandomethoden verwoben sind. Wir erstellen daher erst einmal die Klasse `LessContext`, die als »Transportvehikel« für diese Felder dient. Dazu kopieren wir die Felder in diese Klasse und erstellen einen Konstruktor, der die Felder befüllt. Interimsmäßig machen wir die Felder der Klasse `LessContext` öffentlich, damit wir weniger Änderungsbedarf haben. Die privaten Methoden `savePointer`, `readLine`, `scanAll` sowie die Methode `down` werden von den Kommandomethoden gemeinsam genutzt, deshalb kopieren wir sie ebenfalls in die Klasse `LessContext`:

```java
import java.io.File;
import java.io.FileNotFoundException;
import java.io.IOException;
import java.io.OutputStream;
import java.io.RandomAccessFile;
import java.util.LinkedList;

public class LessContext {
    public final OutputStream out;
    public final int pageLength;
    public final RandomAccessFile in;
```

```java
public final LinkedList linePointers;
int currentLineNumber;
boolean wasAtEnd = false;

public LessContext(File file, OutputStream out, int pageLength)
        throws FileNotFoundException {
    this.out = out;
    this.in = new RandomAccessFile(file, "r");
    this.pageLength = pageLength;
    this.linePointers = new LinkedList();

    this.currentLineNumber = 0;
    this.wasAtEnd = false;
}

void saveLinePointer() throws IOException {
    if (linePointers.size() <= currentLineNumber) {
        linePointers.add(
            new Long(in.getFilePointer()));
    }
}

boolean readLine(OutputStream out)
        throws IOException {
    saveLinePointer();
    int b;
    while ((b = in.read()) >= 0) {
        out.write(b);
        if (b == '\n') {
            ++currentLineNumber;
            return true;
        }
    }
    wasAtEnd = true;
    return false;
}

void scanAll() throws IOException {
    seekLine(Math.max(0,
        linePointers.size() - 1));
    while (readLine(new NullOutputStream())) {}
}
```

```
    void seekLine(int lineNumber)
            throws IOException {
        Long pointer =
            (Long)linePointers.get(lineNumber);
        in.seek(pointer.longValue());
        currentLineNumber = lineNumber;
    }

    void down() throws IOException {
        int lines = 0;
        while (readLine(out)) {
            ++lines;
            if (lines == pageLength) {
                break;
            }
        }
    }
}
```

Listing 16.8: Gemeinsamer Kontext mit Feldern und Methoden für alle Kommandos

Damit können wir dazu übergehen, die Felder der Klasse `Less` durch Zugriffe auf die Klasse `LessContext` zu ersetzen und die Aufrufe der gemeinsam genutzten Methoden auf die Kopien in `LessContext` umzuleiten. Bitte führen Sie umfangreiche Änderungen dieser Art immer schrittweise durch. der Compiler hilft Ihnen dabei, indem er Sie umgehend auf Fehler aufmerksam macht. Wenn Sie zu viel auf einmal machen, können Sie leicht den Überblick über Ihre Änderungen verlieren.

```
import java.io.File;
import java.io.IOException;
import java.io.OutputStream;

public class Less {
    public final OutputStream out;
    public final int pageLength;
    public final RandomAccessFile in;
    public final LinkedList linePointers;
    int currentLineNumber;
    boolean wasAtEnd = false;

    private final LessContext context;

    public Less(File file, OutputStream out, int pageLength)
```

16.2 Aufteilen von Verteilern durch Kommandos

```java
        throws IOException {
    this.out = out;
    this.in = new RandomAccessFile(file, "r");
    this.pageLength = pageLength;
    this.linePointers = new LinkedList();

    this.currentLineNumber = 0;
    this.wasAtEnd = false;

    this.context = new LessContext(file, out,
        pageLength);
    down();
}

public void down() throws IOException {
    context.down();
}

public void top() throws IOException {
    context.in.seek(0);
    this.context.currentLineNumber = 0;
    down();
}

public void up() throws IOException {
    int previousPageLineNumber = Math.max(0,
        context.currentLineNumber -
            2 * context.pageLength);
    context.seekLine(previousPageLineNumber);
    down();
}

public void bottom() throws IOException {
    if (!context.wasAtEnd) {
        context.scanAll();
    }

    int lastPageLineNumber = Math.max(0,
        context.linePointers.size()
            - context.pageLength - 1);
    context.seekLine(lastPageLineNumber);
    down();
}
```

```
public int getCurrentLineNumber() {
   return context.currentLineNumber;
}

public void close() {
   try {
      context.in.close();
   } catch (IOException e) {
   }
}

...
}
```

Listing 16.9: Less-Klasse mit ausgelagertem Kontext

Nun können wir dazu übergehen, die Kommandoklassen zu erstellen. Die Ausführung eines Kommandos wird über die Methode `execute` vorgenommen, welche ein Objekt der Klasse `LessContext` übergibt. Damit haben wir in allen Kommandoklassen Zugriff auf die Variable `context` und können den Inhalt der Kommandomethoden `down`, `top`, `up`, `bottom` in die jeweilige Kommandoklasse kopieren.

```
public interface Command {
   public void execute(LessContext context)
      throws IOException;
}

public class Down implements Command {
   public void execute(LessContext context)
         throws IOException {
      context.down();
   }
}

public class Top implements Command {
   public void execute(LessContext context)
         throws IOException {
      context.in.seek(0);
      context.currentLineNumber = 0;
      context.down();
   }
}
```

```java
public class Up implements Command {
   public void execute(LessContext context)
         throws IOException {
      int previousPageLineNumber = Math.max(0,
         context.currentLineNumber - 2 * context.pageLength);
      context.seekLine(previousPageLineNumber);
      context.down();
   }
}


import java.io.IOException;

public class Bottom implements Command {
   public void execute(LessContext context)
         throws IOException {
      if (!context.wasAtEnd) {
         context.scanAll();
      }

      int lastPageLineNumber = Math.max(0,
         context.linePointers.size() - context.pageLength - 1);
      context.seekLine(lastPageLineNumber);
      context.down();
   }
}
```

Listing 16.10: Kommandos in eigenen Klassen

Damit können wir den Inhalt der Kommandomethoden entfernen und sie durch Aufrufe der Kommandoklassen ersetzen:

```java
public class Less {
   private final LessContext context;

   public Less(File file, OutputStream out, int pageLength)
         throws IOException {
      this.context = new LessContext(file, out, pageLength);
      context.down();
   }

   public void down() throws IOException {
      new Down().execute(context);
```

```
    }

    public void top() throws IOException {
       new Top().execute(context);
    }

    public void up() throws IOException {
       new Up().execute(context);
    }

    public void bottom() throws IOException {
       new Bottom().execute(context);
    }

    ...
}
```

Listing 16.11: Kommandomethoden leiten Aufrufe auf Kommandoklassen weiter

Soweit ist auch schon der größte Teil des Refactorings geschafft. Die Klasse `Less` ist merklich geschrumpft. Was noch stört, ist die Methode `type` mit dem langen `Switch`-Block. Wollen wir ein neues Kommando implementieren, müssen wir den `Switch`-Block erweitern, was nicht gerade zur Übersicht beiträgt. Ganz allgemein ist die Aufgabe des `Switch`-Blocks, ein Kommando zu einem übergebenen Kommandozeichen auszuwählen und das gefundene Kommando auszuführen. Daher ist die Verwendung einer Hash-Tabelle zur Auswahl der Kommandos naheliegend. Zur einfacheren Verwendung kapseln wir diese Hash-Tabelle in der Klasse `CommandList`. Die Methode `add` fügt neue Kommandos hinzu, die Methode `lookup` sucht zu einem Zeichen das passende Kommando heraus:

```
import java.util.HashMap;
import java.util.Map;

public class CommandList {
    Map commands = new HashMap();

    public void add(char key, Command command) {
       commands.put(new Character(key), command);
    }

    public Command lookup(char key) {
       Character keyObject = new Character(key);
       if(commands.containsKey(keyObject)) {
          return (Command)commands.get(keyObject);
```

```
        } else {
            throw new IllegalArgumentException("Unknown Key " + key);
        }
    }
}
```

Listing 16.12: Kommandoliste

Mit diesem Mechanismus können wir den `Switch`-Block vollständig entfernen. Im Konstruktor der Klasse `Less` werden die Kommandos in die Liste übernommen. Das Kommando ⌐q⌐ (Abbrechen des Programms) ließe sich nur dann als Kommandoklasse implementieren, wenn wir den Abbruch des Programms beispielsweise über eine Exception realisieren würden. Der Aufwand dafür lohnt sich aber wahrscheinlich nicht, weshalb wir dieses Kommando vor der eigentlichen Kommandoverarbeitung abfangen. Danach verwenden wir die Klasse `CommandList`, um passende Kommandos auszusuchen und auszuführen. Dass ein Benutzer ein nicht zugewiesenes Kommando benutzt, tritt wahrscheinlich häufig auf. Wir beschließen, den Benutzer nicht mit einer Fehlermeldung zu nerven, sondern solche Fehler stillschweigend zu ignorieren, womit der leere `Catch`-Block in diesem speziellen Fall gerechtfertigt ist. Ebenso ist er auch in der Methode `close` gerechtfertigt, da man völlig machtlos ist, irgendetwas Sinnvolles zu unternehmen, wenn das Schließen einer Datei fehlschlägt.

```
import java.io.File;
import java.io.IOException;
import java.io.OutputStream;

public class Less {
    private final LessContext context;
    private final CommandList commands;

    public Less(File file, OutputStream out, int pageLength)
            throws IOException {
        this.context = new LessContext(file, out, pageLength);
        commands = new CommandList();
        commands.add(' ', new Down());
        commands.add('d', new Down());
        commands.add('u', new Up());
        commands.add('g', new Top());
        commands.add('G', new Bottom());
        context.down();
    }

    public void down() throws IOException {
```

```
        new Down().execute(context);
    }

    public void top() throws IOException {
        new Top().execute(context);
    }

    public void up() throws IOException {
        new Up().execute(context);
    }

    public void bottom() throws IOException {
        new Bottom().execute(context);
    }

    public int getCurrentLineNumber() {
        return context.currentLineNumber;
    }

    public void close() {
        try {
            context.in.close();
        } catch(IOException e) {
            //
        }
    }

    public boolean type(char c)
            throws IOException {
        if(c == 'q') {
            return false;
        }

        try {
            commands.lookup(c).execute(context);
        } catch(IllegalArgumentException e) {
            // Ignoring unknown key
        }
        return true;
    }

    public static void main(String args[]) {
        Less less = null;
```

```
        try {
            less = new Less(new File(args[0]),
                System.out, 20);
            while(less.type((char)System.in.read())) {}
        } catch(IOException e) {
            System.out.println(e.getMessage());
        } finally {
            less.close();
        }
    }
}
```

Listing 16.13: Less-Klasse mit Kommandoliste

Abschließend sollte man noch den Zugriff auf die öffentlichen Felder der Methode `LessContext` durch Methodenaufrufe ersetzen, um die Kapselung der Klasse `LessContext` wieder sicherzustellen.

Nach diesen Änderungen ist es trivial, ein neues Kommando hinzuzufügen: Das Eintragen der Klasse im Konstruktor von `Less` genügt und schon ist das Programm um eine Funktionalität reicher. So gibt es auch keine Probleme, wenn unterschiedliche Entwickler parallel neue Kommandos hinzufügen.

> **Hinweis**
>
> Dieses Refactoring ist für mich eines der wichtigsten der großräumigen Refactorings geworden, da man mit überschaubarem Aufwand und Risiko relativ schnell spürbare Verbesserungen erzielen kann. Besonders dann, wenn man es in Verbindung mit dem im Folgenden beschriebenen Refactoring verwendet, kann man erstaunliche Resultate erzielen.

16.3 Aufteilen von Algorithmen durch Strategie

Fallunterscheidungen, implementiert als `If`- oder `Switch`-Anweisungen, sind in jedem nicht trivialen Programm unvermeidlich. Wie wir in der Einleitung gesehen haben, können Fallunterscheidungen schnell ziemlich komplex werden. Speziell wenn sie durch nachträgliche Änderungen erweitert werden. Für die weiteren Überlegungen betrachten wir noch einmal den Einkommensteuerrechner aus der Einleitung. Wir wollen diese Klasse so umgestalten, dass die unterschiedlichen Berechnungsfälle derart voneinander getrennt sind, dass jeder Fall in einer separaten Klasse abgehandelt wird. Dabei muss natürlich sichergestellt sein, dass sich für den Benutzer der Klasse weder die Signatur noch das Verhalten der Klasse ändert. Ziel ist es also, jedes Steuermodell in eine eigene Strategieklasse auszulagern, um dadurch die einzelnen Fälle voneinander zu isolieren. Damit sollte sich

Kapitel 16
Aufteilung bedingter Logik

dann auch die Möglichkeit ergeben, neue Berechnungsfälle einfach und ohne unerwünschte Nebenwirkungen hinzuzufügen.

Zuvor müssen natürlich Tests, speziell für alle Grenzfälle des Rechners, erstellt werden. Da das nicht weiter schwierig ist, habe ich auch hier die Tests weggelassen. Sehen wir uns also den Einkommensteuerrechner noch einmal an:

```java
public class IncomeTaxCalculator {
    public static double calculateTax(double income, int year,
            String country) {
        double tax = 0.0;
        double part = 0.0;
        double rest = 0.0;

        if (country.equals("AT")) {
            if (year < 2005) {
                rest = Math.max(income - 3640, 0);

                if (rest > 0.0) {
                    part = Math.min(rest, 3630.0);
                    tax = part * 0.21;
                    rest = Math.max(rest - part, 0.0);
                }

                if (rest > 0.0) {
                    part = Math.min(rest, 14530.0);
                    tax += part * 0.31;
                    rest = Math.max(rest - part, 0.0);
                }

                if (rest > 0.0) {
                    part = Math.min(rest, 29070.0);
                    tax += part * 0.41;
                    rest = Math.max(rest - part, 0.0);
                }

                if (rest > 0.0) {
                    tax += rest * 0.50;
                }
            } else {
                if (income < 10001.0) {
                    tax = 0.0;
                } else if (income < 25001.0) {
                    tax = ((income - 10000) * 5750.0) / 15000.0;
```

```
            } else if (income < 51001.0) {
                tax = 5750.0 + ((income - 25000) * 11335.0) / 26000.0;
            } else {
                tax = 17085.0 + (income - 51000.0) * 0.5;
            }
        }
    } else if (country.equals("DE")) {
        if (year >= 2008) {
            double x = Math.floor(income);
            double y = (x - 7664.0) / 10000.0;
            double z = (x - 12739.0) / 10000.0;

            if (income < 7665.0) {
                tax = 0.0;
            } else if (income >= 7665.0 && income < 12740.0) {
                tax = (883.74 * y + 1500.0) * y;
            } else if (income >= 12741.0 && income < 52151.0) {
                tax = (228.74 * z + 2.397) * z + 989.0;
            } else if (income >= 52151.0 && income < 250001.0) {
                tax = 0.42 * x - 7914.0;
            } else if (income >= 250001.0) {
                tax = 0.45 * x - 15414.0;
            }
        }
    }

    return tax;
    }
}
```

Listing 16.14: Einkommensteuerrechner – Ausgangssituation

Im ersten Schritt wollen wir die Berechnungen von den Fallunterscheidungen trennen. Um jedoch Methoden extrahieren zu können, müssen wir die Variablen part und rest erst einmal in den ersten Berechnungsfall verschieben, da sie nur dort gebraucht werden:

```
public class IncomeTaxCalculator {
    public static double calculateTax(double income, int year, String country) {
        double tax = 0.0;
        double part = 0.0;
        double rest = 0.0;

        if(country.equals("AT")) {
```

```
            if(year < 2005) {
                double part = 0.0;
                double rest = 0.0;
                ...
            }
        } else if(country.equals("DE")) {
            ...
        }

        return tax;
    }
}
```

Listing 16.15: Einkommensteuerrechner – Spezifische Variablen sind in den zugehörigen Berechnungsfall verschoben

Damit können wir die drei Berechnungen in eigene Methoden extrahieren:

```
public class IncomeTaxCalculator {
    public static double calculateTax(double income, int year,
            String country) {
        double tax = 0.0;

        if(country.equals("AT")) {
            if(year < 2005) {
                tax = calculateAT2004(income, tax);
            } else {
                tax = calculateAT2005(income);
            }
        } else if(country.equals("DE")) {
            if(year >= 2008) {
                tax = calculateDE2008(income, tax);
            }
        }

        return tax;
    }

    private static double calculateAT2004(double income, double tax) {
        double part = 0.0;
        double rest = 0.0;

        rest = Math.max(income - 3640, 0);

        if(rest > 0.0) {
```

```
        part = Math.min(rest, 3630.0);
        tax = part * 0.21;
        rest = Math.max(rest - part, 0.0);
    }

    if(rest > 0.0) {
        part = Math.min(rest, 14530.0);
        tax += part * 0.31;
        rest = Math.max(rest - part, 0.0);
    }

    if(rest > 0.0) {
        part = Math.min(rest, 29070.0);
        tax += part * 0.41;
        rest = Math.max(rest - part, 0.0);
    }

    if(rest > 0.0) {
       tax += rest * 0.50;
    }
    return tax;
}

private static double calculateAT2005(double income) {
    double tax;
    if(income < 10001.0) {
        tax = 0.0;
    } else if(income < 25001.0) {
        tax =  ((income - 10000) * 5750.0) / 15000.0;
    } else if(income < 51001.0) {
        tax =  5750.0 + ((income - 25000) * 11335.0) / 26000.0;
    } else {
        tax =  17085.0 + (income - 51000.0) * 0.5;
    }
    return tax;
}

private static double calculateDE2008(double income, double tax) {
    double x = Math.floor(income);
    double y = (x - 7664.0)/10000.0;
    double z = (x - 12739.0)/10000.0;

    if(income < 7665.0) {
```

```java
            tax = 0.0;
        } else if(income >= 7665.0 && income < 12740.0) {
            tax = (883.74 * y + 1500.0) * y;
        } else if(income >= 12741.0 && income < 52151.0) {
            tax = (228.74 * z + 2.397) * z + 989.0;
        } else if(income >= 52151.0 && income < 250001.0) {
            tax = 0.42 * x - 7914.0;
        } else if(income >= 250001.0){
            tax = 0.45 * x - 15414.0;
        }
        return tax;
    }
}
```

Listing 16.16: Einkommensteuerrechner mit Methoden für jeden Berechnungsfall

Soweit ist einmal der wichtigste Schritt geschafft: Jeder Berechnungsfall ist in einer eigenen Methode, womit die Methoden `calculateAT2004`, `calculateAT2005` und `calculateDE2008` unabhängig voneinander geändert werden können. Wir wollen diese Trennung noch erweitern, indem wir für all diese Fälle eine Klasse bzw., genauer gesagt, eine Strategie entwickeln. Alle diese Klassen verbinden wir wieder mittels eines gemeinsamen Interfaces:

```java
public interface IncomeTaxCalculationModel {
    double calculate(double income);
}
```

Listing 16.17: Interface für Einkommensteuer-Berechnungsmodelle

Wir kopieren nun die Inhalte der Methoden `calculateAT2004`, `calculateAT2005` und `calculateDE2008` in die Methode `calculate` des jeweiligen Modells. Natürlich sollte auch pro neue Klasse ein Test erstellt und die Berechnungen über die jeweilige Klasse direkt – ohne Zugriff auf `IncomeTaxCalculator` – geprüft werden.

```java
public class IncomeTaxAT2004 implements IncomeTaxCalculationModel {

    public double calculate(double income) {
        double tax = 0.0;
        double part = 0.0;
        double rest = 0.0;

        rest = Math.max(income - 3640, 0);

        if(rest > 0.0) {
            part = Math.min(rest, 3630.0);
```

16.3 Aufteilen von Algorithmen durch Strategie

```
            tax = part * 0.21;
            rest = Math.max(rest - part, 0.0);
        }

        if(rest > 0.0) {
            part = Math.min(rest, 14530.0);
            tax += part * 0.31;
            rest = Math.max(rest - part, 0.0);
        }

        if(rest > 0.0) {
            part = Math.min(rest, 29070.0);
            tax += part * 0.41;
            rest = Math.max(rest - part, 0.0);
        }

        if(rest > 0.0) {
          tax += rest * 0.50;
        }
        return tax;
    }

}

public class IncomeTaxAT2005 implements IncomeTaxCalculationModel {

    public double calculate(double income) {
        double tax;
        if(income < 10001.0) {
            tax = 0.0;
        } else if(income < 25001.0) {
            tax = ((income - 10000) * 5750.0) / 15000.0;
        } else if(income < 51001.0) {
            tax = 5750.0 + ((income - 25000) * 11335.0) / 26000.0;
        } else {
            tax = 17085.0 + (income - 51000.0) * 0.5;
        }
        return tax;
    }
}

public class IncomeTaxDE2008 implements IncomeTaxCalculationModel {
```

Kapitel 16
Aufteilung bedingter Logik

```java
public double calculate(double income) {
    double tax = 0.0;
    double x = Math.floor(income);
    double y = (x - 7664.0)/10000.0;
    double z = (x - 12739.0)/10000.0;

    if(income < 7665.0) {
        tax = 0.0;
    } else if(income >= 7665.0 && income < 12740.0) {
        tax = (883.74 * y + 1500.0) * y;
    } else if(income >= 12741.0 && income < 52151.0) {
        tax = (228.74 * z + 2.397) * z + 989.0;
    } else if(income >= 52151.0 && income < 250001.0) {
        tax = 0.42 * x - 7914.0;
    } else if(income >= 250001.0){
        tax = 0.45 * x - 15414.0;
    }
    return tax;
    }
}
```

Listing 16.18: Berechnungsmodelle in eigene Klassen ausgelagert

Im Anschluss leiten wir die Aufrufe der Methoden `calculateAT2004`, `calculateAT2005` und `calculateDE2008` auf die jeweilige Modellklasse um, allerdings trennen wir dabei die Auswahl der Strategie von der eigentlichen Ausführung, indem wir die Methode `lookupModel` einführen, die diese Auswahl übernimmt. Die Klasse `UnknownTaxModel` benötigen wir für den Fall, dass kein passendes Modell gefunden wird. In diesem Fall verlangt die Implementierung ja, dass bei der Steuerberechnung Null zurückgegeben wird. Das ist zwar nicht optimal – eine Exception wäre hier besser –, wir müssen jedoch das ursprüngliche Verhalten beibehalten.

```java
public class IncomeTaxCalculator {
    protected static IncomeTaxCalculationModel lookupModel(
            int year, String country) {
        if(country.equals("AT")) {
            if(year < 2005) {
                return new IncomeTaxAT2004();
            } else {
                return new IncomeTaxAT2005();
            }
        } else if(country.equals("DE")) {
            if(year >= 2008) {
```

```java
            return new IncomeTaxDE2008();
        }
    }

    return new UnknownTaxModel();
}

public static double calculateTax(double income, int year, String country) {
    double tax = 0.0;

    if(country.equals("AT")) {
        if(year < 2005) {
            tax = calculateAT2004(income, tax);
        } else {
            tax = calculateAT2005(income);
        }
    } else if(country.equals("DE")) {
        if(year >= 2008) {
            tax = calculateDE2008(income, tax);
        }
    }

    return tax;
}
    ...
}

public class UnknownTaxModel implements IncomeTaxCalculationModel {
    public double calculate(double income) {
        return 0.0;
    }
}
```
Listing 16.19: Einkommensteuerrechner mit ausgelagerten Berechnungsmodellen

Ein Test für den Auswahlmechanismus könnte wie folgt aussehen:

```java
public class IncomeTaxCalculatorTest extends TestCase {
    private static final double EPS = 1E-2;

    public void testLookupModel() {
        assertTrue(IncomeTaxCalculator.lookupModel(2004, "AT")
                instanceof IncomeTaxAT2004);
        assertTrue(IncomeTaxCalculator.lookupModel(2005, "AT")
```

```
                    instanceof IncomeTaxAT2005);
        assertTrue(IncomeTaxCalculator.lookupModel(2008, "DE")
                    instanceof IncomeTaxDE2008);
        assertTrue(IncomeTaxCalculator.lookupModel(2007, "DE")
                    instanceof UnknownTaxModel);
    }
}
```

Listing 16.20: Ein Test für den Auswahlmechanismus

Damit können wir jetzt den Auswahlmechanismus in der Methode `calculateTax` verwenden und die nicht mehr benötigten Berechnungsmethoden entfernen:

```
public class IncomeTaxCalculator {
    protected static IncomeTaxCalculationModel lookupModel(
            int year, String country) {
        if(country.equals("AT")) {
            if(year < 2005) {
                return new IncomeTaxAT2004();
            } else {
                return new IncomeTaxAT2005();
            }
        } else if(country.equals("DE")) {
            if(year >= 2008) {
                return new IncomeTaxDE2008();
            }
        }
        
        return new UnknownTaxModel();
    }
    
    public static double calculateTax(double income, int year,
            String country) {
        return lookupModel(year, country).calculate(income);
    }
}
```

Listing 16.21: Einkommensteuerrechner mit Umleitung auf neuen Auswahlmechanismus

Unser Ziel ist nun eigentlich erreicht, das Hinzufügen neuer Berechnungsfälle ist nun wesentlich einfacher als zuvor: Man erstellt einfach eine neue Implementierung von `IncomeTaxCalculationModel` mit zugehörigen Tests. Das geschieht separiert von allen anderen Berechnungsfällen. Danach erweitert man die Methode `lookupModel` und deren Test entsprechend.

Hält sich die Anzahl der Berechnungsfälle in Grenzen, ist diese Maßnahme wohl ausreichend. Kommen jedoch viele solcher Fälle hinzu, wird die Methode `lookupModel` zum Problemfall. Besser wäre es, wenn das Auswahlkriterium für einen Berechnungsfall in der zugehörigen Modellklasse selbst definiert würde. Das wollen wir auch im Folgenden erreichen. Dazu erweitern wir das Interface um eine Methode, die dem Aufrufer mitteilt, ob ein bestimmtes Berechnungsmodell unter den gegebenen Umständen anwendbar ist oder nicht. Wir nehmen dazu die neue Methode `isApplicable` (»ist anwendbar«) in das Interface der Strategien auf. Die Entscheidungskriterien sind das Land und das jeweilige Jahr, daher übergeben wir diese Daten an die neue Methode:

```java
public interface IncomeTaxCalculationModel {
    boolean isApplicable(String country, int year);
    double calculate(double income);
}
```

Listing 16.22: Erweitertes Interface für Berechnungsmodelle

Jetzt müssen wir diese Methode für jeden Fall implementieren. Im Fall des unbekannten Berechnungsmodells geben wir einfach `false` zurück, da dieses Modell ja unter keinen Umständen wirklich gültig ist:

```java
public class UnknownTaxModel implements IncomeTaxCalculationModel {
    public boolean isApplicable(String country, int year) {
        return false;
    }

    public double calculate(double income) {
        return 0.0;
    }
}
```

Listing 16.23: Unbekanntes Berechnungsmodell

In den weiteren Fällen halten wir uns an die Vorgaben der Methode `lookupModel`:

```java
public class IncomeTaxAT2004 implements IncomeTaxCalculationModel {
    public boolean isApplicable(String country, int year) {
        return country.equals("AT") && year < 2005;
    }

    ...
}

public class IncomeTaxAT2005 implements IncomeTaxCalculationModel {
```

```
    public boolean isApplicable(String country, int year) {
        return country.equals("AT") && year >= 2005;
    }

    ...
}

public class IncomeTaxDE2008 implements IncomeTaxCalculationModel {
    public boolean isApplicable(String country, int year) {
        return country.equals("DE") && year >= 2008;
    }

    ...
}
```

Listing 16.24: Berechnungsmodelle, erweitert um Auswahlkriterium

Diese Methoden benötigen natürlich auch Tests. Für das österreichische Modell für das Jahr 2004 könnte dieser so aussehen:

```
public class IncomeTaxAT2004Test extends IncomeTaxModelTest {
    public void testIsApplicabe() {
        assertTrue(new IncomeTaxAT2004().isApplicable("AT", 2004));
        assertFalse(new IncomeTaxAT2004().isApplicable("AT", 2005));
        assertFalse(new IncomeTaxAT2004().isApplicable("DE", 2004));
    }
    ...
}
```

Listing 16.25: Test für das Auswahlkriterium des österreichischen Modells bis 2004

Anschließend müssen wir die neue Methode noch im `IncomeTaxCalculator` verwenden. Dazu ersetzen wir die verschachtelten `If`-Abfragen durch eine Schleife:

```
import java.util.ArrayList;
import java.util.Iterator;
import java.util.List;

public class IncomeTaxCalculator {
    protected static IncomeTaxCalculationModel lookupModel(
            List modelList, int year, String country) {
        for(Iterator models = modelList.iterator(); models.hasNext();) {
            IncomeTaxCalculationModel model =
                (IncomeTaxCalculationModel)models.next();
            if(model.isApplicable(country, year)) {
                return model;
```

```
            }
        }
        return new UnknownTaxModel();
    }

    protected static IncomeTaxCalculationModel lookupModel(
            int year, String country) {
        List modelList = new ArrayList(3);
        modelList.add(new IncomeTaxAT2004());
        modelList.add(new IncomeTaxAT2005());
        modelList.add(new IncomeTaxDE2008());
        return lookupModel(modelList, year, country);
    }

    public static double calculateTax(double income, int year,
            String country) {
        return lookupModel(year, country).calculate(income);
    }
}
```

Listing 16.26: Einkommensteuerrechner mit Auswahlliste

Die Trennung zwischen allgemeinem Auswahlmechanismus und Befüllung der Liste muss auf jeden Fall gewährleistet sein, da man nur so Ersteren ohne Kenntnis der konkreten Berechnungsfälle testen kann. Die Tests für die erste Methode `lookupModel` entwickeln wir dann mit einfachen »künstlichen« Testfällen (im Beispiel `TestModel1` und `TestModel2` genannt). Die zweite wird über `calculateTax` selbst mitgetestet:

```
import java.util.ArrayList;
import java.util.List;

import junit.framework.TestCase;

public class IncomeTaxCalculatorTest extends TestCase {
    public void testLookupModel() {
        List modelList = new ArrayList(2);
        TestModel1 model1 = new TestModel1();
        TestModel2 model2 = new TestModel2();
        modelList.add(model1);
        modelList.add(model2);
        assertTrue(IncomeTaxCalculator.lookupModel(modelList, 2004, "AT")
                instanceof TestModel1);
        assertTrue(IncomeTaxCalculator.lookupModel(modelList, 2008, "DE")
```

```
                instanceof TestModel2);
        assertTrue(IncomeTaxCalculator.lookupModel(modelList, 2008, "AT")
                instanceof UnknownTaxModel);
        assertTrue(IncomeTaxCalculator.lookupModel(modelList, 2004, "DE")
                instanceof UnknownTaxModel);
    }

    static abstract class TestModel implements IncomeTaxCalculationModel {
        public double calculate(double income) {
            return 0.0;
        }
    }

    static class TestModel1 extends TestModel {
        public boolean isApplicable(String country, int year) {
            return country.equals("AT") && year == 2004;
        }
    }

    static class TestModel2 extends TestModel {
        public boolean isApplicable(String country, int year) {
            return country.equals("DE") && year == 2008;
        }
    }

    ...
}
```

Listing 16.27: Tests für den Auswahlmechanismus

Letzteres Verfahren könnte man noch dahingehend verallgemeinern, dass man für das Aufsuchen der Berechnungsmodelle den Java-Reflection-Mechanismus verwendet. Das wäre auch für das vorhergehende Beispiel anwendbar. Man durchsucht dabei alle Klassen in einem Package zur Laufzeit auf konkrete Implementierungen von `IncomeTaxCalculationModel`. Dabei ergibt sich natürlich wieder eine Laufzeitabhängigkeit, die sich aber vorab durch Tests überprüfen lässt. Die beschriebene Vorgehensweise ist mit einigem Aufwand verbunden und zahlt sich daher erst bei einer großen Anzahl von Berechnungsmodellen aus. Wenn Sie zum Beispiel alle Modelle von 1945 bis heute abdecken müssen, macht das durchaus Sinn. Ein weiterer Vorteil der Verwendung des Reflection-Mechanismus ergibt sich in diesem Fall aus der Tatsache, dass die Klasse `IncomeTaxCalculator` keinerlei Abhängigkeiten zu den Berechnungsfällen mehr hat. Man kann also neue Fälle hinzufügen, ohne diese Klasse zu ändern und damit das Erweiterungsprinzip uneingeschränkt umsetzen, um maximale Modularisierung zu erreichen.

Kapitel 17

Refactoring von Logging und Fehlerbehandlung

17.1 Ersetzen von Logging durch Beobachter

Logging ist prinzipiell eine gute Sache. Es ist ein unverzichtbares Hilfsmittel, um Fehler zur Laufzeit aufzuspüren. Leider haben hart codierte Log-Ausgaben auch einen Nachteil: Sie reduzieren die Lesbarkeit des bestehenden Codes. In diesem Kapitel wollen wir ein Verfahren kennenlernen, mit dem man »verschüttete« Fachlogik zwischen Log-Ausgaben »freizuschaufeln« kann. Das Mittel dazu haben wir bereits im ersten Teil kennengelernt: den *Beobachter*. Wir haben ihn auch schon zur Verbesserung der Testabdeckung benutzt. Jetzt wollen wir diese Vorgehensweise erweitern. Als Beispiel dient uns ein einfacher Mechanismus zur formalen Überprüfung von Kreditkartennummern, ein sogenannter *Luhn-Checker* (auch *Mod 10 Checker* genannt). Die Funktionsweise dieses Mechanismus ist simpel: Die Ziffern werden von hinten nach vorne zusammengezählt – beginnend mit der letzten Ziffer. Zusätzlich wird jede zweite Ziffer mit 2 multipliziert und die Quersumme des Ergebnisses für die Berechnung der Gesamtsumme verwendet. Die vorgestellte Implementierung ist eng mit der Zusammenstellung der Log-Meldung verwoben. Die eigentliche Funktionalität aufzuspüren, ist so nicht ganz einfach.

```java
import java.util.logging.Logger;

public class LuhnChecker {
    private static final Logger log = Logger.getLogger(
        LuhnChecker.class.getName());

    public static boolean isValid(String number) {
        StringBuffer column = new StringBuffer();
        int total = 0;
        boolean alt = false;
        for (int i = number.length() - 1; i >= 0; i--) {
            int digit = number.charAt(i) - '0';
            column.append("\n" + digit + " ");

            if (alt) {
                digit *= 2;
```

Kapitel 17
Refactoring von Logging und Fehlerbehandlung

```
            column.append("*2 = " + digit);
            if (digit > 9) {
                int unitPosition = digit % 10;
                int sumDigits = 1 + unitPosition;
                column.append(" -> 1 + " +
                        unitPosition + " = " +
                        sumDigits);
                digit = sumDigits;
            }
        }

        total += digit;
        alt = !alt;
    }

    column.append("\n------------------");

    int unitPositionTotal = total % 10;

    column.append("\n" + total + " % 10 = " + unitPositionTotal);
    log.info(column.toString());
    return (unitPositionTotal == 0);
    }
}
```
Listing 17.1: Luhn-Checker

Der (zugegebenermaßen rudimentäre) Test sieht wie folgt aus:

```
import junit.framework.TestCase;

public class LuhnCheckerTest extends TestCase {
    public void testIsValid() {
        assertTrue(LuhnChecker.isValid("49927398716"));
    }
}
```
Listing 17.2: Rudimentärer Test für den Luhn-Checker

Um die Sache transparenter zu machen, entwickeln wir für das Logging einen Beobachter. Der Umstand, dass die Log-Zeile sukzessive aufgebaut wird, macht die Sache etwas schwieriger. Wir benötigen zuerst einmal einen Mechanismus, der uns die Log-Spalte (`LogColumn`) zusammenbaut. Ist die Kartennummer vollständig abgearbeitet, übergeben wir diese Spalte an den eigentlichen Beobachter.

17.1 Ersetzen von Logging durch Beobachter

Das machen wir zu dem Zeitpunkt, an dem das Gesamtresultat (`total`) ausgegeben wird. An die Spalte wird Folgendes übergeben:

- Die aktuelle Ziffer über die Methode `notifyOriginalDigit`
- Die Ziffer multipliziert mit 2 über `notifyDigitTimesTwo`
- Die Einerstelle und die Quersumme der mit 2 multiplizierten Ziffer über `notifySumOfDigits`

Der eigentliche Beobachter (`LuhnCheckerLogObserver`) bekommt eine Methode zur Erstellung der Log-Spalte (`createColumn`) und eine Methode zur Übergabe der Spalte der Gesamtsumme (`total`) sowie der Einerstelle der Gesamtsumme (`unitPositionTotal`). Da die Spalte ein integraler Bestandteil des Beobachters ist und nur mit ihm gemeinsam eingesetzt wird, implementieren wir die Spalte als *Inner-Class*:

```java
import java.util.logging.Logger;

public class LuhnCheckerLogObserver {
    private static final Logger log =
        Logger.getLogger(LuhnChecker.class.getName());

    public LogColumn createColumn() {
        return new LogColumn();
    }

    public void notifyTotal(LogColumn column, int total,
            int unitPositionTotal) {
        column.data.append("\n------------------");
        column.data.append("\n" + total +
            " % 10 = " + unitPositionTotal);
        log.info(column.data.toString());
    }

    public static class LogColumn {
        private final StringBuffer data = new StringBuffer();

        private LogColumn() {}

        public void notifyOriginalDigit(int digit) {
            data.append("\n" + digit + " ");
        }

        public void notifyDigitTimesTwo(int digitTimesTwo) {
```

```
        data.append("*2 = " + digitTimesTwo);
    }

    public void notifySumOfDigits(int unitPosition,
            int sumDigits) {
        data.append(" -> 1 + " + unitPosition + " = " +
            sumDigits);
    }
  }
}
```

Listing 17.3: Beobachter für den Luhn-Checker

Wir übernehmen die Log-Ausgaben dabei eins zu eins in die Methoden des Beobachters und der Spalte – schließlich soll sich weder das Format noch die Ausgabe von der ursprünglichen Implementierung unterscheiden. Im Anschluss definieren wir den Beobachter als statisches Feld und leiten die Log-Ausgabe auf den Beobachter um:

```
public class LuhnChecker {
    protected static LuhnCheckerLogObserver observer =
        new LuhnCheckerLogObserver();

    public static boolean isValid(String number) {
        LuhnCheckerLogObserver.LogColumn column =
            observer.createColumn();
        int total = 0;
        boolean alt = false;
        for (int i = number.length() - 1; i >= 0; i--) {
            int digit = number.charAt(i) - '0';
            column.notifyOriginalDigit(digit);

            if (alt) {
                digit *= 2;
                column.notifyDigitTimesTwo(digit);
                if (digit > 9) {
                    int unitPosition = digit % 10;
                    int sumDigits = 1 + unitPosition;
                    column.notifySumOfDigits(unitPosition, sumDigits);
                    digit = sumDigits;
                }
            }

            total += digit;
            alt = !alt;
```

```
        }
        int unitPositionTotal = total % 10;
        observer.notifyTotal(column, total, unitPositionTotal);
        return (unitPositionTotal == 0);
    }
}
```

Listing 17.4: Luhn-Checker mit Beobachter

Damit ist die Logik klar von der Zusammensetzung der Log-Zeile getrennt. Ein abschließender Test bestätigt, dass wir die Funktionalität nicht verändert haben. Da wir nun schon einmal einen Beobachter zur Verfügung haben, wollen wir diesen auch zur Verbesserung der Testabdeckung verwenden. Dazu extrahieren wir ein Interface für Beobachter und Spalte namens `LuhnCheckerObserver` und `Column`:

```java
public interface LuhnCheckerObserver {
    Column createColumn();
    void notifyTotal(Column column, int total, int unitPositionTotal);

    public static interface Column {
        void notifyOriginalDigit(int digit);
        void notifyDigitTimesTwo(int digitTimesTwo);
        void notifySumOfDigits(int unitPosition, int sumDigits);
    }
}

public class LuhnCheckerLogObserver implements LuhnCheckerObserver {
    private static final Logger log =
        Logger.getLogger(LuhnChecker.class.getName());

    public Column createColumn() {
        return new LogColumn();
    }

    public void notifyTotal(Column column, int total, int unitPositionTotal) {
        StringBuffer data = ((LogColumn)column).data;
        data.append("\n------------------");
        data.append("\n" + total + " % 10 = " + unitPositionTotal);
        log.info(data.toString());
    }

    private static class LogColumn implements Column {
        ...
```

```
        }
}
```

Listing 17.5: Beobachter mit extrahiertem Interface

Abschließend passen wir noch den `LuhnChecker` so an, dass das Feld `observer` das Interface verwendet:

```
public class LuhnChecker {
    protected static LuhnCheckerObserver observer =
        new LuhnCheckerLogObserver();

    ...
}
```

Listing 17.6: Verwendung des Interfaces des Beobachters im Luhn-Checker

Jetzt können wir den Test erweitern. Dazu erzeugen wir eine Implementierung des Beobachters, die alle Mitteilungen zusammensammelt. Der Test kann dann den Ablauf der Berechnung schrittweise überprüfen:

```
import junit.framework.TestCase;

public class LuhnCheckerTest extends TestCase {
    public void testIsValid() {
        TestObserver observer = new TestObserver();
        LuhnChecker.observer = observer;
        boolean valid = LuhnChecker.isValid("49927398716");
        assertEquals("6; 1*2=2; 7; 8*2=16->1+6=7; 9; " +
                     "3*2=6; 7; 2*2=4; 9; 9*2=18->1+8=9; 4",
                     observer.column.data.toString());
        assertEquals(70, observer.total);
        assertEquals(0, observer.unitPositionTotal);
        assertTrue(valid);
    }

    public void testIsValidFail() {
        TestObserver observer = new TestObserver();
        LuhnChecker.observer = observer;
        boolean valid = LuhnChecker.isValid("49997398716");
        assertEquals("6; 1*2=2; 7; 8*2=16->1+6=7; 9; " +
                     "3*2=6; 7; 9*2=18->1+8=9; 9; 9*2=18->1+8=9; 4",
                     observer.column.data.toString());
        assertEquals(75, observer.total);
        assertEquals(5, observer.unitPositionTotal);
```

```
        assertFalse(valid);
    }

    class TestObserver implements LuhnCheckerObserver {
        TestColumn column;
        int total;
        int unitPositionTotal;

        public Column createColumn() {
            return new TestColumn();
        }

        public void notifyTotal(Column column, int total,
                int unitPositionTotal) {
            this.column = (TestColumn)column;
            this.total = total;
            this.unitPositionTotal = unitPositionTotal;
        }

        public class TestColumn implements Column {
            final StringBuffer data = new StringBuffer();

            private TestColumn() {}

            public void notifyOriginalDigit(int digit) {
                if(data.length() > 0) {
                    data.append("; ");
                }
                data.append(digit);
            }

            public void notifyDigitTimesTwo(int digitTimesTwo) {
                data.append("*2=" + digitTimesTwo);
            }

            public void notifySumOfDigits(int unitPosition, int sumDigits) {
                data.append("->1+" + unitPosition + "=" +
                    sumDigits);
            }
        }
    }
}
```

Listing 17.7: Erweiterte Tests für den Luhn-Checker

Die Log-Spalte wird für Testzwecke in einer einzigen Zeile zusammengefasst und etwas kompakter gestaltet, damit man das Ergebnis einfacher vergleichen kann. Die Überprüfung der Rückgabe von `LuhnChecker.isValid` wird erst zum Schluss durchgeführt, damit zunächst einmal die vorgeschalteten Tests die Zwischenresultate überprüfen. An der Ausgabe sehen wir, dass der Test die Funktionalität eigentlich recht gut ausschöpft. Ein zusätzlicher Test einer ungültigen Nummer sollte hier genügen.

Auf den ersten Blick sieht die Benachrichtigung an den Beobachter etwas zu detailliert aus. Diese Genauigkeit hilft jedoch ungemein bei der Fehlersuche. Probieren Sie zum Beispiel einige Änderungen am `LuhnChecker` aus und beobachten Sie, wie sich diese auf die einzelnen Tests auswirken. Diese Vorgehensweise lohnt sich besonders bei komplexen Berechnungen. Die Log-Ausgabe zu isolieren und den Code dadurch lesbarer zu gestalten, hilft ungemein, Programme zu erweitern und Fehler frühzeitig zu erkennen. Dabei wird die ursprüngliche Intention der Entwickler, sinnvolle Log-Ausgaben zur Laufzeit zu produzieren, in jedem Fall beibehalten.

17.2 Ersetzen mangelhafter Fehlerbehandlung durch Exceptions

Im ersten Teil haben wir die Wichtigkeit der korrekten Fehlerbehandlung bereits ausführlich erörtert. Nun wollen wir die mangelhafte Fehlerbehandlung in bestehenden Systemen korrigieren. Da wir die Überlegenheit von *Exceptions* für die Fehlerbehandlung außer Zweifel gestellt haben, werden wir die Behandlung von Fehlersituationen mittels Rückgabeparameter durch Exceptions ersetzen. Das folgende Beispiel stellt eine andere Ausgangssituation des bereits bekannten `PasswordVerifiers` dar:

```
import java.util.logging.Logger;

import com.novell.ldap.LDAPAttribute;
import com.novell.ldap.LDAPConnection;
import com.novell.ldap.LDAPException;

public class PasswordVerifier {
    static Logger log =
            Logger.getLogger
                (PasswordVerifier.class.getName());

    String ldapHost;
    int ldapPort;
    int ldapVersion;
    String loginDN;
```

```java
    String password;

    public PasswordVerifier(String ldapHost, int ldapPort,
            int ldapVersion, String loginDN, String password) {
        this.ldapHost = ldapHost;
        this.ldapPort = ldapPort;
        this.ldapVersion = ldapVersion;
        this.loginDN = loginDN;
        this.password = password;
    }

    public PasswordVerifier(String ldapHost,
            String loginDN, String password) {
        this(ldapHost, LDAPConnection.DEFAULT_PORT,
            LDAPConnection.LDAP_V3, loginDN, password);
    }

    public boolean verifyPassword(String objectDN,
            String testPassword) {
        LDAPConnection lc = null;

        try {
            lc = new LDAPConnection();
            lc.connect(ldapHost, ldapPort);
            lc.bind(ldapVersion, loginDN, password
                    .getBytes("UTF8"));
            LDAPAttribute attr = new LDAPAttribute(
                    "userPassword", testPassword);
            return lc.compare(objectDN, attr);
        } catch (Exception e) {
            log.warning(e.getMessage());
            return false;
        } finally {
            try {
                lc.disconnect();
            } catch (LDAPException e) {
            }
        }
    }
}
```

Listing 17.8: Password-Verifier mit mangelhafter Fehlerbehandlung

Im Gegensatz zu jener Implementierung, die wir in den vorigen Kapiteln besprochen haben, werden diesmal alle Exceptions abgefangen. Daraufhin wird die

Kapitel 17
Refactoring von Logging und Fehlerbehandlung

Nachricht der Exception geloggt und `false` zurückgegeben, wenn ein Fehler auftritt. Diese Implementierung hat unter anderem den Nachteil, dass beim Verlassen der Methode `verifyPassword` wichtige Informationen verloren gehen. Zu diesen Informationen gehören Details über die Ursache des Fehlers sowie der Stack Trace, die für eine Fehlerdiagnose unentbehrlich sind.

Die einzig sinnvolle Maßnahme ist hier, eine Kopie dieser Methode (`verifyPasswordNew`) mit vernünftiger Fehlerbehandlung zu erstellen. Die alte Methode wird als *deprecated* markiert und alle Aufrufe dieser Methode angepasst. Das Nachziehen von Tests für diesen Fall haben wir bereits im zweiten Teil erörtert – dies sollte natürlich vor den Refactoring-Maßnahmen geschehen.

Wir können die Methode nicht einfach extrahieren, deshalb erstellen wir eine Kopie, die nur den Kodierungsfehler behandelt. (`UnsupportedEncodingException`, falls die Codierung UTF-8 nicht existiert. Wir können hier sicher sein, dass dieser Fehler auch in den exotischsten Java-Laufzeitumgebungen nie auftritt.) Die ursprüngliche Methode `verifyPassword` ändern wir dahingehend, dass sie alle Exceptions abfängt, so dass sie sich wie die ursprüngliche Methode verhält.

```
import java.io.UnsupportedEncodingException;
import java.util.logging.Logger;
import com.novell.ldap.LDAPAttribute;
import com.novell.ldap.LDAPConnection;
import com.novell.ldap.LDAPException;

public class PasswordVerifier {
    ...

    /* @deprecated */
    public boolean verifyPassword(String objectDN,
            String testPassword) {
        try {
            return verifyPasswordNew(objectDN, testPassword);
        } catch (Exception e) {
            log.warning(e.getMessage());
            return false;
        }
    }

    public boolean verifyPasswordNew(String objectDN,
            String testPassword) throws LDAPException {
        LDAPConnection lc = null;

        try {
```

```
            lc = createConnection();
            lc.connect(ldapHost, ldapPort);
            lc.bind(ldapVersion, loginDN, password
                    .getBytes("UTF8"));
            LDAPAttribute attr = new LDAPAttribute(
                    "userPassword", testPassword);
            return lc.compare(objectDN, attr);
        } catch (UnsupportedEncodingException e) {
            throw new IllegalStateException(
                    "Unsupported encoding UTF8");
        } finally {
            try {
                lc.disconnect();
            } catch (LDAPException e) {
            }
        }
    }

    protected LDAPConnection createConnection() {
        return new LDAPConnection();
    }
}
```

Listing 17.9: Passwort-Verifier mit verbesserter Fehlerbehandlung

Der Nachteil der neuen Implementierung ist allerdings der, dass die Klasse `PasswordVerifier` die LDAP-Bibliothek nicht mehr vollständig kapselt, da wir die `LDAPException` an den Aufrufer zurückgeben. Deswegen bilden wir diese Exception auf unsere eigene Exception-Hierarchie ab. Wie das geschieht, hängt ganz entscheidend vom aufrufenden Code ab. Wir entscheiden uns hier für eine einfache Hierarchie aus vier Exceptions. Die `PasswordVerifierException` ist die Elternklasse aller weiteren Exceptions, die weiteren Exceptions decken folgende Fälle ab:

- `NoSuchObjectException` – Der Benutzer ist im LDAP-Verzeichnis nicht vorhanden
- `LDAPCommunicationException` – Kommunikationsfehler zwischen Anwendung und Verzeichnisdienst
- `LDAPAuthenticationException` – Authentifizierungsproblem am LDAP-Verzeichnis
- `LDAPSystemErrorException` – Systemfehler im LDAP-Verzeichnis

Abgesehen von der letzten Exception sind alle anderen Fehlerfälle durch den Administrator behebbar. Der Systemfehler deutet auf ein gravierenderes Problem

Kapitel 17
Refactoring von Logging und Fehlerbehandlung

in der Anwendung oder im LDAP-Verzeichnis hin. Alle Exceptions enthalten den ursprünglichen Fehlercode, so dass im Notfall der aufrufende Code eine detailliertere Aufschlüsselung der Fehlerfälle durchführen kann (auch wenn sich hieraus wieder eine Abhängigkeit ergibt, die man jedoch durch Refactoring der vorgestellten Fehlerbehandlung wieder entfernen kann, sobald dies ein Problem darstellt). Der Stack-Trace wird ebenfalls für spätere Reporting-Zwecke weitergeleitet.

```java
import java.io.UnsupportedEncodingException;
import java.util.logging.Logger;
import com.novell.ldap.LDAPAttribute;
import com.novell.ldap.LDAPConnection;
import com.novell.ldap.LDAPException;

public class PasswordVerifier {
    static Logger log = Logger.getLogger
        (PasswordVerifier.class.getName());

    String ldapHost;
    int ldapPort;
    int ldapVersion;
    String loginDN;
    String password;

    public PasswordVerifier(String ldapHost, int ldapPort,
            int ldapVersion, String loginDN, String password) {
        this.ldapHost = ldapHost;
        this.ldapPort = ldapPort;
        this.ldapVersion = ldapVersion;
        this.loginDN = loginDN;
        this.password = password;
    }

    public PasswordVerifier(String ldapHost,
            String loginDN, String password) {
        this(ldapHost, LDAPConnection.DEFAULT_PORT,
            LDAPConnection.LDAP_V3, loginDN, password);
    }

    /* @deprecated */
    public boolean verifyPassword(String objectDN,
            String testPassword) {
        try {
            return verifyPasswordNew(objectDN, testPassword);
        } catch (Exception e) {
```

17.2 Ersetzen mangelhafter Fehlerbehandlung durch Exceptions

```java
            log.warning(e.getMessage());
            return false;
        }
    }

    public boolean verifyPasswordNew(String objectDN,
            String testPassword)
            throws PasswordVerifierException {
        LDAPConnection lc = null;

        try {
            lc = createConnection();
            lc.connect(ldapHost, ldapPort);
            lc.bind(ldapVersion, loginDN, password
                    .getBytes("UTF8"));
            LDAPAttribute attr = new LDAPAttribute(
                    "userPassword", testPassword);
            return lc.compare(objectDN, attr);
        } catch (UnsupportedEncodingException e) {
            throw new IllegalStateException(
                    "Unsupported encoding UTF8");
        } catch (LDAPException e) {
            throw convert(e);
        } finally {
            try {
                lc.disconnect();
            } catch (LDAPException e) {
            }
        }
    }

    protected LDAPConnection createConnection() {
        return new LDAPConnection();
    }

    private PasswordVerifierException convert(LDAPException e)
            throws PasswordVerifierException {
        if (e.getResultCode() == LDAPException.NO_SUCH_OBJECT) {
            return new NoSuchObjectException(e);
        } else if (e.getResultCode() == LDAPException.CONNECT_ERROR
                || e.getResultCode() == LDAPException.TIME_LIMIT_EXCEEDED
                || e.getResultCode() == LDAPException.ADMIN_LIMIT_EXCEEDED
                || e.getResultCode() == LDAPException.BUSY
```

```
                || e.getResultCode() == LDAPException.UNAVAILABLE
                || e.getResultCode() == LDAPException.SASL_BIND_IN_PROGRESS) {
            return new LDAPCommunicationException(e);
        } else if (e.getResultCode() == LDAPException.AUTH_METHOD_NOT_SUPPORTED
                || e.getResultCode() == LDAPException.STRONG_AUTH_REQUIRED
                || e.getResultCode() == LDAPException.AUTH_METHOD_NOT_SUPPORTED
                || e.getResultCode() == LDAPException.STRONG_AUTH_REQUIRED
                || e.getResultCode() ==
                    LDAPException.INAPPROPRIATE_AUTHENTICATION
                || e.getResultCode() == LDAPException.INVALID_CREDENTIALS
                || e.getResultCode() ==
                    LDAPException.INSUFFICIENT_ACCESS_RIGHTS) {
            return new LDAPAuthenticationException(e);
        } else {
            return new LDAPSystemErrorExeption(e);
        }
    }
}


import com.novell.ldap.LDAPException;

public abstract class PasswordVerifierException extends Exception {
    private final int resultCode;

    public PasswordVerifierException(LDAPException e) {
        super(e.getMessage(), e);
        resultCode = e.getResultCode();
    }

    public int getResultCode() {
        return resultCode;
    }
}

import com.novell.ldap.LDAPException;

public class NoSuchObjectException extends PasswordVerifierException {
    private static final long serialVersionUID = 1L;

    private final String objectDN;

    public NoSuchObjectException(LDAPException e) {
```

```java
        super(e);
        this.objectDN = e.getMatchedDN();
    }

    public String getObjectDN() {
        return objectDN;
    }
}


import com.novell.ldap.LDAPException;

public class LDAPCommunicationException extends
PasswordVerifierException {
    private static final long serialVersionUID = 1L;

    public LDAPCommunicationException(LDAPException e) {
        super(e);
    }
}


import com.novell.ldap.LDAPException;

public class LDAPAuthenticationException extends
PasswordVerifierException {
    private static final long serialVersionUID = 1L;

    public LDAPAuthenticationException(LDAPException e) {
        super(e);
    }
}


import com.novell.ldap.LDAPException;

public class LDAPSystemErrorException extends
PasswordVerifierException {
    private static final long serialVersionUID = 1L;

    public LDAPSystemError(LDAPException e) {
        super(e);
    }
}
```

Listing 17.10: Passwort-Verifier mit Exception-Hierarchie

Die `NoSuchObjectException` enthält zusätzlich den Namen des Objekts als Parameter. Das erleichtert eine detaillierte Fehlerbehandlung in anderen Schichten der Applikation. Wenn alle Aufrufe der Methode `verifyPassword` auf `verifyPasswordNew` umgestellt sind, kann man die alte Version löschen und die neue in `verifyPassword` umbenennen.

Kapitel 18

Refactoring der Datenzugriffsschicht

18.1 Aufteilen von Active Records

Active Records sind Klassen, die Fachlogik und Persistenz vereinigen. Sie repräsentieren üblicherweise eine Zeile in einer Relationalen Datenbank. Die Synchronisation der Daten dieser Klassen mit der Datenbank ist in diesen Klassen direkt implementiert. Sie lassen sich schnell erstellen und das Muster ist einfach zu verstehen, weshalb sie große Popularität erlangt haben. Die Einführung von Entity-Beans in Java EE hat sie sogar zum Standard für die Speicherung von »grobkörnigen« Objekten gemacht.

Leider verletzen Sie das Einzelzuständigkeitsprinzip, sobald sie mit Fachlogik ausgestattet werden. Das ist aber leider häufig der Fall. Die enge Koppelung zwischen Fachlogik und Datenbank, die dadurch entsteht, hat große Nachteile. Active Records neigen dazu, sich in kurzer Zeit enorm aufzublähen. Tests anzubringen ist – dank der Verflechtung mit der Datenbank – nur über Umwege möglich. Die Erfahrung hat gezeigt, dass es am sinnvollsten ist, die Datenbankzugriffe von Active Records in ein *Archiv* (auch bekannt als *Repository, Datenquelle* oder *Datenzugriffsobjekt*) auszulagern beziehungsweise zu delegieren. Da die Kommunikation mit der Datenbank mittels JDBC sehr viel Code erfordert, verringert sich durch diese Maßnahme die Größe der Klasse spürbar. Die weiteren Vorteile sind einfachere Testbarkeit und eine größere Unabhängigkeit von der Datenbank.

Wir wollen die Vorgehensweise anhand eines einfachen Beispiels erläutern. Es handelt sich dabei um eine Klasse, die personenbezogene Daten speichert. Sie kommt so oder so ähnlich – meist jedoch in viel komplexerer Form – häufig in Geschäftsanwendungen vor.

```java
import java.sql.Connection;
import java.sql.PreparedStatement;
import java.sql.ResultSet;
import java.sql.SQLException;
import java.util.NoSuchElementException;

public class Person {
    private int id;
    private String firstName;
```

Kapitel 18
Refactoring der Datenzugriffsschicht

```java
    private String lastName;

    public void create(Connection con) throws SQLException {
        PreparedStatement stmt = null;
        try {
            stmt = con.prepareStatement("insert into person " +
                    "(id, firstname, lastName) " +
                    "values (?, ?, ?)");
            stmt.setInt(1, id);
            stmt.setString(2, firstName);
            stmt.setString(3, lastName);
            stmt.executeUpdate();
        } finally {
            if (stmt != null) {
                stmt.close();
            }
        }
    }

    public void load(Connection con) throws SQLException {
        PreparedStatement stmt = null;
        ResultSet rs = null;
        try {
            stmt = con.prepareStatement(
                    "select firstname, lastName " +
                    "from person where id = ?");
            stmt.setInt(1, id);
            rs = stmt.executeQuery();
            if (rs.next()) {
                firstName = rs.getString(1);
                lastName = rs.getString(2);
            } else {
                throw new NoSuchElementException(
                        "Person " + id + " Not found");
            }
        } finally {
            try {
                if (rs != null) {
                    rs.close();
                }
            } finally {
                if (stmt != null) {
                    stmt.close();
```

```java
            }
        }
    }
}

public void update(Connection con) throws SQLException {
    PreparedStatement stmt = null;
    try {
        stmt = con.prepareStatement("update person " +
            "set firstName = ?, lastName = ? " +
            "where id = ?");
        stmt.setString(1, firstName);
        stmt.setString(2, lastName);
        stmt.setInt(3, id);
        int updates = stmt.executeUpdate();
        if (updates != 1) {
            throw new NoSuchElementException(
                "Was supposed to update 1 but updated " +
                updates);
        }
    } finally {
        if (stmt != null) {
            stmt.close();
        }
    }
}

public int getId() {
    return id;
}

public void setId(int id) {
    this.id = id;
}

public String getFirstName() {
    return firstName;
}

public void setFirstName(String firstName) {
    this.firstName = firstName;
}
```

```
    public String getLastName() {
        return lastName;
    }

    public void setLastName(String lastName) {
        this.lastName = lastName;
    }
}
```

Listing 18.1: Beispiel für ein Active Record

> **Vorsicht**
>
> Es zeigt sich, dass schon das Persistieren von nur drei Feldern einen ziemlichen Aufwand mit sich bringt. Dabei ist das Löschen des Active Records noch gar nicht implementiert. Wenn hier noch Fachlogik, Datenvalidierung und weitere Aufgaben hinzukommen, vergrößert sich die Implementierung schnell auf einige Tausend bis Zigtausend Codezeilen – inklusive all der Probleme, die damit verbunden sind.

Ziel dieses Refactorings ist es, Datenbankzugriffe von der Klasse abzuspalten und in eine eigene Klasse auszulagern. Im ersten Schritt erstellen wir eine Klasse, die Daten zwischen dem Active Record und der Außenwelt gesammelt transportiert (auch bekannt als *Transferobjekt, Data Transfer Object* oder kurz *DTO*). Sie enthält alle Daten, die gespeichert werden müssen. Die Entwicklungsumgebung hilft dabei, automatische Getter- und Setter-Methoden zu erstellen:

```
public class PersonData {
    private int id;
    private String firstName;
    private String lastName;

    public int getId() {
        return id;
    }

    public void setId(int id) {
        this.id = id;
    }

    public String getFirstName() {
        return firstName;
    }
```

```java
    public void setFirstName(String firstName) {
        this.firstName = firstName;
    }

    public String getLastName() {
        return lastName;
    }

    public void setLastName(String lastName) {
        this.lastName = lastName;
    }
}
```
Listing 18.2: Transferobjekt für die Klasse »Person«

Anschließend erstellen wir das Datenarchiv und dessen Interface. Das Datenarchiv (`PersonArchive`) enthält Methoden zum Laden, Aktualisieren und Speichern (`create`, `load`, `update`) der Daten des Transferobjekts (`PersonData`). Die Implementierungen dieser Methoden werden aus der Klasse `Person` in die jeweiligen Methoden des Datenarchivs kopiert und die Zugriffe auf die Felder der Klasse `Person` auf die Getter- und Setter-Methoden der Klasse `PersonArchive` umgelenkt.

```java
import java.sql.Connection;
import java.sql.SQLException;

public interface PersonArchive {
    void create(Connection con, PersonData data)
            throws SQLException;
    PersonData load(Connection con, int id) throws SQLException;
    void update(Connection con, PersonData data)
            throws SQLException;
}

import java.sql.Connection;
import java.sql.PreparedStatement;
import java.sql.ResultSet;
import java.sql.SQLException;
import java.util.NoSuchElementException;

public class PersonDatabaseArchive implements PersonArchive {

    public void create(Connection con, PersonData data)
            throws SQLException {
```

```java
            PreparedStatement stmt = null;
            try {
                stmt = con.prepareStatement(
                        "insert into person " +
                        "(id, firstname, lastName) " +
                        "values (?, ?, ?)");
                stmt.setInt(1, data.getId());
                stmt.setString(2, data.getFirstName());
                stmt.setString(3, data.getLastName());
                stmt.executeUpdate();
            } finally {
                if (stmt != null) {
                    stmt.close();
                }
            }
        }

        public PersonData load(Connection con, int id)
                throws SQLException {
            PreparedStatement stmt = null;
            ResultSet rs = null;
            try {
                stmt = con.prepareStatement(
                        "select firstname, lastName " +
                        "from person where id = ?");
                stmt.setInt(1, id);
                rs = stmt.executeQuery();
                if(rs.next()) {
                    PersonData data = new PersonData();
                    data.setId(id);
                    data.setFirstName(rs.getString(1));
                    data.setLastName(rs.getString(2));
                    return data;
                } else {
                    throw new NoSuchElementException(
                            "Person " + id + " Not found");
                }
            } finally {
                try {
                    if (rs != null) {
                        rs.close();
                    }
```

```
        } finally {
            if (stmt != null) {
                stmt.close();
            }
        }
    }

    public void update(Connection con, PersonData data)
            throws SQLException {
        PreparedStatement stmt = null;
        try {
            stmt = con.prepareStatement(
                    "update person " +
                    "set firstName = ?, lastName = ? " +
                    "where id = ?");
            stmt.setString(1, data.getFirstName());
            stmt.setString(2, data.getLastName());
            stmt.setInt(3, data.getId());
            int updates = stmt.executeUpdate();
            if(updates != 1) {
                throw new NoSuchElementException(
                        "Was supposed to update 1 but updated " +
                        updates);
            }
        } finally {
            if (stmt != null) {
                stmt.close();
            }
        }
    }
}
```

Listing 18.3: Archiv für die Klasse »Person«

Danach nehmen wir das Archiv und das Transferobjekt (`PersonData`) in die Klasse `Person` auf. Dazu entwickeln wir zwei Methoden: eine, die die Felder der Klasse `Person` in das Transferobjekt (`get`) umspeichert, sowie eine, die die Daten aus dem Transferobjekt auf die Felder überträgt (`set`). Da die Definition dieser Methoden ziemlich mechanisch abläuft, könnte man dafür einen Generator entwickeln – dies ist vor allem dann sinnvoll, wenn man das öfter macht. Das Archiv selbst wird als Feld zur Verfügung gestellt. Zum Abschluss dieses Schrittes werden die Methoden mit Datenbankzugriff auf das Archiv umgeleitet.

```java
import java.sql.Connection;
import java.sql.SQLException;

public class Person {
   private int id;
   private String firstName;
   private String lastName;
   private PersonArchive archive;

   public Person() {
      this(new PersonDatabaseArchive());
   }

   public Person(PersonArchive archive) {
      this.archive = archive;
   }

   protected PersonData get() {
      PersonData data = new PersonData();
      data.setId(id);
      data.setFirstName(firstName);
      data.setLastName(lastName);
      return data;
   }

   protected void set(PersonData data) {
      id = data.getId();
      firstName = data.getFirstName();
      lastName = data.getLastName();
   }

   public void create(Connection con) throws SQLException {
      archive.create(con, get());
   }

   public void load(Connection con) throws SQLException {
      set(archive.load(con, id));
   }

   public void update(Connection con) throws SQLException {
      archive.update(con, get());
   }
}
```

Listing 18.4: Die Klasse »Person« verwendet das Archiv

Wie wir sehen, ist nun das Active Record (die Klasse `Person`) merklich geschrumpft. Je mehr Datenbanklogik sich im Active Record befindet, desto lohnender ist offensichtlicherweise der Aufwand. Für Methoden, die nicht auf das Archiv zugreifen (`get`, `set` und die Getter- und Setter-Methoden), können wir schon einmal Tests implementieren:

```
import junit.framework.TestCase;

public class PersonTest extends TestCase {
    public void testFill() {
        Person max = new Person();
        fillMax(max);
        testMax(max);
    }

    private void fillMax(Person max) {
        max.setId(1);
        max.setFirstName("Max");
        max.setLastName("Mustermann");
    }

    private void testMax(Person max) {
        assertEquals(1, max.getId());
        assertEquals("Max", max.getFirstName());
        assertEquals("Mustermann", max.getLastName());
    }

    public void testSet() {
        PersonData data = new PersonData();
        data.setId(1);
        data.setFirstName("Max");
        data.setLastName("Mustermann");
        Person max = new Person();
        max.set(data);
        testMax(max);
    }

    public void testGet() {
        Person max = new Person();
        fillMax(max);
        PersonData data = max.get();
        assertEquals(1, data.getId());
        assertEquals("Max", data.getFirstName());
```

```
            assertEquals("Mustermann", data.getLastName());
    }
}
```

Listing 18.5: Tests für die Klasse »Person«

Nehmen wir nun an, das Active Record besäße eine statische Methode, die auf die Datenbank zugreift. Das sind meist sogenannte Finder-Methoden, mit denen man mehrere Objekte aus der Datenbank heraussuchen kann. Die neue Methode `findByNamePattern` sucht Personen anhand des Vor- oder Nachnamens aus der Datenbank. Da diese Methode statisch ist, muss das Archiv in einem statischen Feld zur Verfügung stehen. Wir können das Feld leider nicht im Konstruktor befüllen (rein technisch gesehen geht das schon, aber es ist aus vielen Gründen gefährlich, statische Felder über nicht statische Methoden und Konstruktoren zu verändern, da sich die Änderung ja auf alle Objekte der Klasse auswirkt), weshalb wir das Archiv durch die statische Setter-Methode `setArchive` übergeben.

```java
import java.sql.Connection;
import java.sql.PreparedStatement;
import java.sql.ResultSet;
import java.sql.SQLException;
import java.util.LinkedList;
import java.util.List;

public class Person {
    private static PersonArchive archive = new PersonDatabaseArchive();

    public static void setArchive(PersonArchive archive) {
        Person.archive = archive;
    }

    public static List findByNamePattern(Connection con, String namePattern)
            throws SQLException {
        PreparedStatement stmt = null;
        ResultSet rs = null;

        try {
            stmt = con.prepareStatement("select id, firstName, lastName "
                    + "from person where firstName like ? or "
                    + "lastName like ?");
            stmt.setString(1, namePattern);
            stmt.setString(2, namePattern);
            rs = stmt.executeQuery();
```

```
            List persons = new LinkedList();
            while (rs.next()) {
                Person person = new Person();
                person.setId(rs.getInt(1));
                person.setFirstName(rs.getString(2));
                person.setLastName(rs.getString(3));
                persons.add(person);
            }

            return persons;
        } finally {
            try {
                if (rs != null) {
                    rs.close();
                }
            } finally {
                if (stmt != null) {
                    stmt.close();
                }
            }
        }
    }

    private int id;
    private String firstName;
    private String lastName;

    ...
}
```

Listing 18.6: Klasse »Person« mit Finder-Methode

Auch hier lagern wir die Methode findByName in das Archiv aus. Die Implementierung im Archiv geschieht ebenfalls durch Umkopieren und Umleiten der Zugriffe von den lokalen Feldern auf das Transferobjekt.

```
public interface PersonArchive {
    void create(Connection con, PersonData data)
            throws SQLException;
    PersonData load(Connection con, int id) throws SQLException;
    void update(Connection con, PersonData data)
            throws SQLException;
    List findByNamePattern(Connection con, String namePattern)
        throws SQLException;
```

```java
}


import java.sql.Connection;
import java.sql.PreparedStatement;
import java.sql.ResultSet;
import java.sql.SQLException;
import java.util.LinkedList;
import java.util.List;
import java.util.NoSuchElementException;

public class PersonDatabaseArchive implements PersonArchive {

    ...

    public List findByNamePattern(Connection con, String namePattern)
            throws SQLException {
        PreparedStatement stmt = null;
        ResultSet rs = null;
        try {
            stmt = con.prepareStatement(
                    "select id, firstName, lastName " +
                    "from person where firstName like ? or " +
                    "lastName like ?");
            stmt.setString(1, namePattern);
            stmt.setString(1, namePattern);
            rs = stmt.executeQuery();

            List persons = new LinkedList();
            while(rs.next()) {
                PersonData data = new PersonData();
                data.setId(rs.getInt(1));
                data.setFirstName(rs.getString(2));
                data.setLastName(rs.getString(3));
                persons.add(data);
            }

            return persons;
        } finally {
            try {
                if (rs != null) {
                    rs.close();
                }
            } finally {
```

```
                if (stmt != null) {
                    stmt.close();
                }
            }
        }
    }
}
```
Listing 18.7: Archiv mit Finder-Methode

In der Active-Record-Klasse müssen wir nun noch jedes Transferobjekt in ein eigenes Active-Record-Objekt umwandeln, da das Archiv nur Objekte vom Typ PersonData zurückgibt.

```
import java.sql.Connection;
import java.sql.SQLException;
import java.util.ArrayList;
import java.util.Iterator;
import java.util.List;

public class Person {
    private static PersonArchive archive = new PersonDatabaseArchive();

    public static void setArchive(PersonArchive archive) {
        Person.archive = archive;
    }

    public static List findByNamePattern(Connection con, String namePattern)
            throws SQLException {
        List personDataList = archive.findByNamePattern(con, namePattern);
        List persons = new ArrayList(personDataList.size());
        for(Iterator it = personDataList.iterator(); it.hasNext();) {
            Person person = new Person();
            person.set((PersonData)it.next());
            persons.add(person);
        }

        return persons;
    }

    ...
}
```
Listing 18.8: Klasse »Person« mit ausgelagerter Finder-Methode

Kapitel 18
Refactoring der Datenzugriffsschicht

Die Vorgehensweise des Umkopierens von einer Liste mit Transferobjekten in eine Liste mit Active Records hat den Nachteil, dass zwei gleich große Listen parallel vorhanden sein müssen. Eine frühzeitige Optimierung ist zwar nach Donald Knuth die Wurzel allen Übels, in diesem Fall kann man jedoch einfach Abhilfe schaffen, ohne dass der Code dadurch komplizierter wird (wie wir noch sehen werden eher im Gegenteil). Wir definieren dazu erst einmal ganz allgemein eine *Datensenke*, ein Objekt also, welches der Reihe nach Daten »verschluckt«:

```java
public interface DataSink {
    public void add(Object o);
}
```

Listing 18.9: Interface für die Datensenke

Für unsere Zwecke implementieren wir das Interface so, dass es Objekte vom Typ `PersonData` entgegennimmt, in Objekte vom Typ `Person` umwandelt und Letztere in einer Liste speichert.

```java
import java.util.LinkedList;

public class PersonListSink implements DataSink {
    private final LinkedList list = new LinkedList();

    public void add(Object o) {
        Person person = new Person();
        person.set((PersonData)o);
        list.add(person);
    }

    public LinkedList getList() {
        return list;
    }
}
```

Listing 18.10: Datensenke für Personendaten

Im Archiv übergeben wir jetzt eine Datensenke als Parameter für die Methode `findByNamePattern`. Diese muss nun keine Liste mehr zurückgeben, weshalb wir diese Methode `void` definieren.

```java
import java.sql.Connection;
import java.sql.SQLException;

public interface PersonArchive {
    void create(Connection con, PersonData data)
```

```
        throws SQLException;
    PersonData load(Connection con, int id) throws SQLException;
    void update(Connection con, PersonData data)
        throws SQLException;
    void findByNamePattern(Connection con, String namePattern,
        DataSink sink)
      throws SQLException;
}
```
Listing 18.11: Interface des Archivs mit Datensenke

Das Ergebnis sind zahlreiche Fehler im Archiv und im Active Record, was nicht weiter verwundert, da das Interface `PersonArchive` von beiden Klassen benutzt wird. Korrigieren wir zunächst einmal die Fehler im Archiv, indem wir die Methodendefinitionen anpassen und die erzeugten Transferobjekte in der Datensenke statt in der Liste speichern:

```
import java.sql.Connection;
import java.sql.PreparedStatement;
import java.sql.ResultSet;
import java.sql.SQLException;
import java.util.NoSuchElementException;

public class PersonDatabaseArchive implements PersonArchive {

    ...

    public void findByNamePattern(Connection con,
            String namePattern, DataSink sink)
        throws SQLException {
      PreparedStatement stmt = null;
      ResultSet rs = null;
      try {
        stmt = con.prepareStatement(
            "select id, firstName, lastName " +
            "from person where firstName like ? or " +
            "lastName like ?");
        stmt.setString(1, namePattern);
        stmt.setString(1, namePattern);
        rs = stmt.executeQuery();

        List persons = new LinkedList();
        while(rs.next()) {
          PersonData data = new PersonData();
```

```
            data.setId(rs.getInt(1));
            data.setFirstName(rs.getString(2));
            data.setLastName(rs.getString(3));
            persons.add(data);
            sink.add(data);
         }

         return persons;
      } finally {
         try {
            if (rs != null) {
               rs.close();
            }
         } finally {
            if (stmt != null) {
               stmt.close();
            }
         }
      }
   }
}
```

Listing 18.12: Archiv mit Datensenke

Jetzt müssen wir noch das Active Record entsprechend anpassen:

```
import java.sql.Connection;
import java.sql.SQLException;
import java.util.List;

public class Person {
   private static PersonArchive archive = new PersonDatabaseArchive();

   protected static void setArchive(PersonArchive archive) {
      Person.archive = archive;
   }

   public static List findByNamePattern(Connection con,
            String namePattern)
         throws SQLException {
      PersonListSink sink = new PersonListSink();
      archive.findByNamePattern(con, namePattern, sink);
      return sink.getList();
```

```
~~List persons = new ArrayList(personDataList.size());~~
~~for(Iterator it = personDataList.iterator(); it.hasNext();) {~~
    ~~Person person = new Person();~~
    ~~person.set((PersonData)it.next());~~
    ~~persons.add(person);~~
~~}~~

    ~~return persons;~~
    }

    ...
}
```

Listing 18.13: Active Record mit Datensenke

Das Transferobjekt wird jetzt nicht mehr zwischengespeichert, sondern direkt in der Datensenke in das Active Record umgewandelt. Dies ist einer der wenigen Fälle, in denen eine Optimierung tatsächlich zu besserem Code führt. Natürlich lassen sich Datensenken auch verschachteln, so dass man sehr große Datenmengen mit geringem Speicheraufwand verarbeiten kann, da man auf diese Weise keine großen Listen mehr im Speicher halten muss. Wir könnten die Methode findByNamePattern ebenfalls so verändern, dass sie eine Datensenke entgegennimmt, anstatt eine Liste zurückzugeben. Kombinieren ließen sich die Datenquellen über diese »Durchzugsdatenquelle«:

```
public class PassthroughPersonSink implements DataSink {
    private final DataSink target;

    public PassthroughPersonSink(DataSink target) {
        this.target = target;
    }

    public void add(Object o) {
        Person person = new Person();
        person.set((PersonData) o);
        target.add(person);
    }
}
```

Listing 18.14: Kombinierte Datensenke

Abschließend können wir auch Tests für Methoden mit Zugriff auf das Archiv entwickeln. Das datenbankbasierte Archiv lässt sich dabei einfach durch eine Testimplementierung austauschen. Dazu benötigen wir allerdings noch einen

Kapitel 18
Refactoring der Datenzugriffsschicht

Mechanismus, der String-Vergleiche mit den Quantoren »_« und »%« unterstützt. Dieser ist in der Hilfsklasse `LikePattern` implementiert.

```java
public class LikePattern {
    private static final String ONE_ARBITRARY_CHARACTER = ".{1}";
    private static final String ANY_CHARACTER = ".*";
    private static final char NO_ESCAPE_CHARACTER = '\0';
    private final String regex;

    public LikePattern(String pattern) {
        this(pattern, NO_ESCAPE_CHARACTER);
    }

    public LikePattern(String pattern, char escapeCharacter) {
        StringBuilder sb = new StringBuilder("^");
        boolean escaped = false;
        for(int i = 0; i < pattern.length(); ++i) {
            char c = pattern.charAt(i);
            if(isEscapeCharacter(escaped,
                    escapeCharacter, c)) {
                escaped = true;
            } else {
                appendCharacter(sb, escaped, c);
                escaped = false;
            }
        }
        sb.append("$");
        regex = sb.toString();
    }

    private static boolean isEscapeCharacter(boolean escaped,
            char escapeCharacter, char c) {
        return !escaped && escapeCharacter != NO_ESCAPE_CHARACTER &&
            c == escapeCharacter;
    }

    private static void appendCharacter(StringBuilder sb,
            boolean escaped, char c) {
        if(isCharacterOrDigit(c)) {
            sb.append(c);
        } else if(isNotEscapedPercent(escaped, c)) {
            sb.append(ANY_CHARACTER);
        } else if(isNotEscapedUnderline(escaped, c)) {
            sb.append(ONE_ARBITRARY_CHARACTER);
```

```
        } else {
            sb.append(escapeUnicode(c));
        }
    }

    private static boolean isNotEscapedUnderline(boolean escaped, char c)
    {
        return !escaped && c == '_';
    }

    private static boolean isNotEscapedPercent(boolean escaped, char c) {
        return !escaped && c == '%';
    }

    private static boolean isCharacterOrDigit(char c) {
        return (c >= '0' && c <= '9') ||
           (c >= 'a' && c <= 'z') ||
           (c >= 'A' && c <= 'Z');
    }

    private static String escapeUnicode(char c) {
        String h =
            Integer.toHexString((int)c).toUpperCase();
        while(h.length() < 4) {
            h = "0" + h;
        }
        return "\\u" + h;
    }

    public boolean matches(String s) {
        if(s == null) {
            return false;
        }
        return s.matches(regex);
    }

    public String getRegex() {
        return regex;
    }
}
```

Listing 18.15: Nachbildung des »LIKE-Mechanismus« in Java

Die Hilfsklasse `LikePattern` übersetzt das Suchmuster erst einmal in einen regulären Ausdruck. Die Methode `matches` überprüft dann, ob der angegebene String

Kapitel 18
Refactoring der Datenzugriffsschicht

dem Suchmuster entspricht. Sie müssen nicht genau verstehen, was diese Klasse wirklich macht, wichtig ist nur, dass sie das Verhalten der Datenbank nachahmt.

Damit können wir eine Testimplementierung für das Archiv entwickeln, die Daten zu Testzwecken in einer Hash-Tabelle (`LinkedHashMap`), statt in einer Datenbanktabelle speichert:

```java
import java.sql.Connection;
import java.sql.SQLException;
import java.util.Iterator;
import java.util.LinkedHashMap;
import java.util.Map;
import java.util.NoSuchElementException;

public class PersonInMemoryArchive implements PersonArchive {
    Map persons = new LinkedHashMap();

    public void create(Connection con, PersonData data)
            throws SQLException {
        Integer key = new Integer(data.getId());
        if(!persons.containsKey(key)) {
            persons.put(key, data);
        } else {
            throw new IllegalStateException("Person " + key +
                " already created");
        }
    }

    public PersonData load(Connection con, int id)
            throws SQLException {
        Integer key = new Integer(id);
        if(persons.containsKey(key)) {
            return (PersonData)persons.get(key);
        } else {
            throw new NoSuchElementException("Person " + key +
                " does not exist");
        }
    }

    public void update(Connection con, PersonData data)
            throws SQLException {
        Integer key = new Integer(data.getId());
        if(persons.containsKey(key)) {
            persons.put(key, data);
```

```
        } else {
            throw new NoSuchElementException("Person " + key +
                " does not exist");
        }
    }

    public void findByNamePattern(Connection con, String namePattern,
            DataSink sink) throws SQLException {
        for(Iterator entries = persons.entrySet().iterator();
                entries.hasNext();) {
            Map.Entry entry = (Map.Entry)entries.next();
            PersonData candidate = (PersonData)(entry.getValue());
            if(matches(candidate, namePattern)) {
                sink.add(candidate);
            }
        }
    }

    private boolean matches(PersonData candidate, String namePattern) {
        LikePattern pattern = new LikePattern(namePattern);
        return pattern.matches(candidate.getFirstName()) ||
            pattern.matches(candidate.getLastName());
    }
}
```

Listing 18.16: Testimplementierung des Archivs

Mit der Testimplementierung ist dann die Entwicklung eines Tests für die Methode `findByNamePattern` der Klasse `Person` nicht weiter schwierig. Die Hilfsmethode `findOneByNamePattern` vereinfacht die Suche nach einem einzigen Objekt.

```
import java.sql.SQLException;
import java.util.List;

import junit.framework.TestCase;

public class PersonTest extends TestCase {
    ...

    public void testFindByName() throws SQLException {
        Person.setArchive(new PersonInMemoryArchive());
        Person max = new Person();
        fillMax(max);
```

```
        max.create(null);
        testMax(findOneByNamePattern("Ma%"));
        testMax(findOneByNamePattern("Muster%"));
        List persons = Person.findByNamePattern(null, "Marianne");
        assertEquals("Invalid number of persons returned",
                0, persons.size());
    }

    private Person findOneByNamePattern(String namePattern)
            throws SQLException {
        List persons = Person.findByNamePattern(null, namePattern);
        assertEquals("Invalid number of persons returned",
                1, persons.size());
        return (Person)persons.get(0);
    }
}
```

Listing 18.17: Erweiterter Test für die Klasse »Person«

Damit sind für alle Methoden der Klasse `Person` Tests vorhanden, abgesehen von den Methoden, die direkt ans Archiv durchgeschleift sind. Die Klasse `PersonDatabaseArchive` ist die einzige Klasse, für die wir keine Tests haben. Sie ist eng mit der Datenbank verwoben, weshalb hier nur ein Test gegen die Datenbank selbst sinnvoll ist. Wie man so einen Test gestaltet, wird im nächsten Kapitel behandelt.

18.2 Zusammenfassen von Finder-Methoden durch Filter

Die unterschiedlichen Paradigmen der objektorientierten Programmierung und der relationalen Datenbanken führen oft zu Schwierigkeiten, wenn man diese verbinden will. Konkret geht es um das Problem, eine Abfrage als Objekt zu formulieren. Es gibt mehrere Methoden, dies zu bewerkstelligen, von denen jede ihre Vor- und Nachteile hat. Wir wollen im Folgenden nicht so weit gehen, jede mögliche Abfrage als Ansammlung von Objekten zu modellieren, sondern beschränken uns auf den Fall, dass unterschiedliche Abfragekriterien durch logische UND-Operationen verknüpft werden können. Diese Art der Abfrage tritt in der Praxis häufig auf, beispielsweise bei der Verarbeitung von Suchformularen. Der Name *Filter* kommt dem Mechanismus als physisches Pendant meiner Meinung nach am Nächsten. Dieses Muster wurde im ersten Teil übrigens nicht erörtert, weil es nicht zu den Standardmustern in der Literatur gehört.

Ein Filter ist eine Klasse, bei der jede Eigenschaft für ein Suchkriterium steht. Werden mehrere Eigenschaften gesetzt, werden diese in der Abfrage durch ein

18.2 Zusammenfassen von Finder-Methoden durch Filter

logisches UND verknüpft. Sehen wir uns einmal ein Datenobjekt an, auf das unser Filter angewendet werden soll:

```
public class ObjectToFilter {
    private int x;
    private int y;

    public int getX() {
        return x;
    }

    public void setX(int x) {
        this.x = x;
    }

    public int getY() {
        return y;
    }

    public void setY(int y) {
        this.y = y;
    }
}
```
Listing 18.18: Zu filterndes Objekt

Der zugehörige Filter könnte wie folgt aussehen:

```
public class Filter {
    private Integer x = null;
    private Integer y = null;

    public Integer getX() {
        return x;
    }

    public Filter setX(Integer x) {
        this.x = x;
        return this;
    }

    public Integer getY() {
        return y;
    }
}
```

```
    public Filter setY(Integer y) {
        this.y = y;
        return this;
    }

    public boolean matches(ObjectToFilter object) {
        boolean matches = false;
        matches &= x == null || x.intValue() == object.getX();
        matches &= y == null || y.intValue() == object.getY();
        return matches;
    }
}
```

Listing 18.19: Beispiel für einen Filter

Der Filter hat in diesem Fall dieselben Eigenschaften, wie das Objekt, welches er filtert. Das muss natürlich nicht sein. Die Methode `matches` dient dazu, festzustellen, ob ein Objekt vom Filter durchgelassen wird oder nicht. Wird kein Kriterium gesetzt, lässt der Filter jedes Objekt durch. Je mehr Kriterien gesetzt werden desto restriktiver wird der Filter. Wird eine Eigenschaft des Filters auf `null` gesetzt, bedeutet dies, dass das Kriterium nicht berücksichtigt wird. Die Setter-Methoden geben das Filterobjekt selbst zurück. Diese Technik – *Methodenverkettung* oder *Method Chaining* genannt, ist praktisch, da man so Filter in einer Zeile definieren kann. Das kann zum Beispiel wie folgt aussehen:

```
Filter filter = new Filter().setX(1).setY(2)
```

Listing 18.20: Filterdefinition mit Methodenverkettung

Was noch fehlt, ist ein Mechanismus, der den Filter in eine SQL-Anweisung übersetzt. Diesen wollen wir in einem Refactoring-Beispiel demonstrieren. Filter lassen sich nämlich dazu einsetzen, Finder-Methoden, die wir bereits im vorigen Kapitel kennengelernt haben, zusammenzufassen. Das zu filternde Objekt entspricht im Wesentlichen dem, welches wir im Zusammenhang mit Active Records betrachtet haben, mit dem Unterschied, dass es keine Methoden zum Laden und Speichern enthält. Letztere würden kein Hindernis für das Verfahren darstellen, sind jedoch für die weiteren Erörterungen nicht erforderlich.

```
public class Person {
    private int id;
    private String firstName;
    private String lastName;

    public int getId() {
```

```
        return id;
    }

    public void setId(int id) {
        this.id = id;
    }

    public String getFirstName() {
        return firstName;
    }

    public void setFirstName(String firstName) {
        this.firstName = firstName;
    }

    public String getLastName() {
        return lastName;
    }

    public void setLastName(String lastName) {
        this.lastName = lastName;
    }
}
```

Listing 18.21: Zu filterndes Personenobjekt

Zu diesem Objekt gesellt sich ein Archiv, welches Personenobjekte in der Datenbank suchen kann. Es werden dazu drei Finder-Methoden zur Verfügung gestellt: `findByID` sucht ein einziges Objekt anhand einer eindeutigen Identifikationsnummer, `findByFirstName` und `findByLastName` suchen Personen anhand ihrer Vor- und Nachnamen.

```
import java.sql.Connection;
import java.sql.PreparedStatement;
import java.sql.ResultSet;
import java.sql.SQLException;
import java.util.LinkedList;
import java.util.List;
import java.util.NoSuchElementException;

public class PersonArchive {
    public Person findByID(Connection con, int id)
            throws SQLException {
        PreparedStatement stmt = null;
        ResultSet rs = null;
```

Kapitel 18
Refactoring der Datenzugriffsschicht

```java
        try {
            stmt = con.prepareStatement("select id, firstName, lastName "
                    + "from person where id = ?");
            stmt.setInt(1, id);
            rs = stmt.executeQuery();
            assertAtLeastOneWithID(id, rs);
            Person person = createPerson(rs);
            assertNoMore(rs);
            return person;
        } finally {
            close(stmt, rs);
        }
    }

    public List findByFirstName(Connection con, String firstName)
            throws SQLException {
        PreparedStatement stmt = null;
        ResultSet rs = null;
        try {
            stmt = con.prepareStatement("select id, firstName, lastName " +
                    "from person " +
                    "where ? is null or firstName = ?");
            stmt.setString(1, firstName);
            stmt.setString(2, firstName);
            rs = stmt.executeQuery();
            List persons = new LinkedList();
            while(rs.next()) {
                Person person = createPerson(rs);
                persons.add(person);
            }
            return persons;
        } finally {
            close(stmt, rs);
        }
    }

    public List findByLastName(Connection con, String lastName)
            throws SQLException {
        PreparedStatement stmt = null;
        ResultSet rs = null;
        try {
            stmt = con.prepareStatement("select id, firstName, lastName " +
                    "from person " +
                    "where ? is null or lastName = ?");
```

```java
            stmt.setString(1, lastName);
            stmt.setString(2, lastName);
            rs = stmt.executeQuery();
            List persons = new LinkedList();
            while(rs.next()) {
                Person person = createPerson(rs);
                persons.add(person);
            }
            return persons;
        } finally {
            close(stmt, rs);
        }
    }

    private Person createPerson(ResultSet rs) throws SQLException {
        Person person = new Person();
        person.setId(rs.getInt(1));
        person.setFirstName(rs.getString(2));
        person.setLastName(rs.getString(3));
        return person;
    }

    private void assertAtLeastOneWithID(int id, ResultSet rs)
            throws SQLException {
        if (!rs.next()) {
            throw new NoSuchElementException("No person with ID " + id
                + " found");
        }
    }

    private void assertNoMore(ResultSet rs) throws SQLException {
        if (rs.next()) {
            throw new IllegalStateException("Expected only one person");
        }
    }

    private void close(PreparedStatement stmt, ResultSet rs)
            throws SQLException {
        try {
            if (rs != null) {
                rs.close();
            }
        } finally {
            if (stmt != null) {
```

```
                stmt.close();
            }
        }
    }
}
```

Listing 18.22: Archiv mit Finder-Methoden

Wie man sieht, ist der Code voll von identischen Duplikaten (der Try-Catch-Block, Variablendeklarationen), die man allerdings nicht ganz leicht wegbekommt. Nebenbei bemerkt stellt die Konstruktion »where ? is null or firstName = ?« in den Abfragen sicher, dass alle Personen zurückgegeben werden, wenn als Vorname null übergeben wird. Wäre »? is null or ...« nicht vorhanden, würde in diesem Fall gar kein Objekt zurückgegeben, auch dann nicht, wenn der Vorname in der Tabelle selbst null ist (die Ausnahme bilden hier Microsoft Access und der Microsoft SQL Server in der Standardkonfiguration, die Operationen mit NULL anders interpretieren).

Wir werden die Finder-Methoden durch einen Filter im Wesentlichen auf eine reduzieren und dadurch den Code bedeutend vereinfachen. Leider können wir das Archiv nur mit erheblichem Aufwand mit Tests versehen – ein Aufwand, der sich in diesem Fall wohl nicht lohnt, weshalb wir in diesem Fall den Test gegen eine Datenbank durchführen wollen. Für diese Art von Tests bieten sich Datenbanken an, die direkt im Speicher laufen und selbst in Java entwickelt sind. Dadurch vermeidet man umfangreiche Vorbereitungsarbeiten. Für das folgende Beispiel habe ich die HSQLDB verwendet. Diese Datenbank wird einfach als Bibliothek in den Klassenpfad aufgenommen. Man braucht sie nicht zu starten, um auf sie zugreifen zu können. Die Hilfsklasse TestDataBase übernimmt die Konfiguration der HSQLDB. Alle Daten werden dabei im Speicher gehalten.

```
import java.sql.Connection;
import java.sql.DriverManager;
import java.sql.SQLException;
import java.sql.Statement;
import junit.framework.TestCase;

public class TestDataBase {
    private final Connection conn;

    public TestDataBase() throws SQLException {
        try {
            Class.forName("org.hsqldb.jdbcDriver");
        } catch (Exception e) {
            TestCase.fail("Unable to load hsql: " + e.getMessage());
```

```java
        }
        conn = DriverManager.getConnection(
                            "jdbc:hsqldb:file:db", "sa", "");
    }

    public Connection getConnection() {
        return conn;
    }

    public void run(String sql) throws SQLException {
        run(sql, false);
    }

    public void run(String sql, boolean ignoreException) throws SQLException {
        Statement stmt = null;
        try {
            stmt = conn.createStatement();
            stmt.executeUpdate(sql);
        } catch (SQLException e) {
            if (!ignoreException) {
                throw e;
            }
        } finally {
            if (stmt != null) {
                stmt.close();
            }
        }
    }

    public void close() throws SQLException {
        conn.close();
    }
}
```

Listing 18.23: Hilfsklasse für den Datenbankzugriff

> **Hinweis**
>
> Sollten Sie viele Tests mit Datenbankzugriff haben oder können Sie keine eingebettete Datenbank verwenden, lohnt es sich, diese Tests in eine eigene Test-Suite auszulagern. Diese wird dann etwas seltener ausgeführt als die Unit-Tests, so dass Sie bei der Arbeit nicht durch langsame Tests behindert werden. Natürlich sollten Sie diese Tests ebenfalls so häufig wie möglich ausführen – zumindest bevor Sie Änderungen in die Quellcodeverwaltung einchecken.

Die zwei Methoden run sind Hilfsmethoden, mit denen die Datenbank für die Testfälle vorbereitet wird. Die zweite dieser Methoden hat die Fähigkeit, Fehler zu ignorieren. Der Sinn davon wird klar, wenn wir uns die Tests für das Archiv ansehen:

```java
import java.sql.SQLException;
import java.util.List;
import junit.framework.TestCase;

public class PersonArchiveTest extends TestCase {
    TestDataBase db;
    PersonArchive archive;

    public void setUp() throws SQLException {
        db = new TestDataBase();
        db.run("drop table person", true);
        db.run("create table person(id integer, firstName varchar(255), " +
            "lastName varchar(255))");
        db.run("insert into person(id, firstName, lastName) " +
            "values(1, 'Max', 'Mustermann')");
        db.run("insert into person(id, firstName, lastName) " +
            "values(2, 'Marianne', 'Musterfrau')");
        archive = new PersonArchive();
    }

    public void tearDown() throws SQLException {
        db.close();
    }

    public void testFindByID() throws SQLException {
        Person person = archive.findByID(db.getConnection(), 1);
        assertEquals(1, person.getId());
    }

    public void testFindByFirstName() throws SQLException {
        List persons = archive.findByFirstName(db.getConnection(), "Max");
        assertEquals(1, persons.size());
        Person person = (Person)persons.get(0);
        assertEquals("Max", person.getFirstName());
    }

    public void testFindByFirstNameNull() throws SQLException {
        List persons = archive.findByFirstName(db.getConnection(), null);
```

```
        assertEquals(2, persons.size());
    }

    public void testFindByLastName() throws SQLException {
        List persons = archive.findByLastName(db.getConnection(), "Musterfrau");
        assertEquals(1, persons.size());
        Person person = (Person) persons.get(0);
        assertEquals("Musterfrau", person.getLastName());
    }

    public void testFindByLastNameNull() throws SQLException {
        List persons = archive.findByLastName(db.getConnection(), null);
        assertEquals(2, persons.size());
    }
}
```

Listing 18.24: Test für das Personenarchiv

Jetzt wird wohl klar, warum man Tests gegen die Datenbank nur auf die Datenzugriffsschicht selbst reduzieren sollte: Diese Art Tests wird schnell ziemlich umfangreich. In der Methode `setUp` wird erst einmal die Tabelle `person` gelöscht, sofern sie vorhanden ist. Danach wird sie neu erstellt und mit Daten befüllt. Wir könnten die Tabelle auch in der Methode `tearDown` löschen, das wäre allerdings ziemlich ungeschickt, denn wenn der Code in der Methode `tearDown` nicht gleich auf Anhieb funktioniert, wird die Tabelle nicht gelöscht. Dann ist sie unter Umständen noch da und behindert andere Tests dabei, diese Tabelle zu erstellen. Im weiteren Verlauf werden die einzelnen Finder-Methoden der Reihe nach mit einem gültigen Namen und mit `null` getestet.

Leider können wir nicht alles als Refactoring durchführen, weshalb wir in diesem Beispiel die Filterlogik parallel hochziehen und hinterher die alte Logik verwerfen. Dazu definieren wir erst einmal den Filter mit den Kriterien, die auch in den Finder-Methoden verwendet werden:

```
public class PersonFilter {
    Integer id;
    String firstName;
    String lastName;

    public Integer getId() {
        return id;
    }
    public PersonFilter setId(Integer id) {
        this.id = id;
```

```java
        return this;
    }

    public PersonFilter setId(int id) {
        this.id = new Integer(id);
        return this;
    }

    public String getFirstName() {
        return firstName;
    }

    public PersonFilter setFirstName(String firstName) {
        this.firstName = firstName;
        return this;
    }

    public String getLastName() {
        return lastName;
    }

    public PersonFilter setLastName(String lastName) {
        this.lastName = lastName;
        return this;
    }

    public boolean matches(Person person) {
        boolean match = true;
        match &= equals(id, person.getId());
        match &= equals(firstName, person.getFirstName());
        match &= equals(lastName, person.getLastName());
        return match;
    }

    private boolean equals(Object criterion, int property) {
        return equals(criterion, new Integer(property));
    }

    private boolean equals(Object criterion, Object property) {
        return criterion == null || criterion.equals(property);
    }
}
```

Listing 18.25: Filter für Personendaten

Ich habe hier den Vergleich zwischen Kriterium und Objekteigenschaft in eine eigene Methode (equals) ausgelagert, um keine funktionalen Duplikate zu erzeugen. Der Test für diesen Filter sieht wie folgt aus:

```
public class PersonFilterTest extends TestCase {
    PersonFilter filter;

    public void testEmptyFilter() {
        filter = new PersonFilter();
        assertTrue(filter.matches(person(1, "John", "Dow")));
        assertTrue(filter.matches(person(2, "John", "Dow")));
        assertTrue(filter.matches(person(0, null, null)));
    }

    public void testSetID() {
        filter = new PersonFilter().setId(1);
        assertTrue(filter.matches(person(1, "John", "Dow")));
        assertFalse(filter.matches(person(2, "John", "Dow")));
    }

    public void testSetFirstName() {
        filter = new PersonFilter().setFirstName("John");
        assertTrue(filter.matches(person(1, "John", "Dow")));
        assertFalse(filter.matches(person(2, "Jane", "Dow")));
        assertFalse(filter.matches(person(3, null, "Dow")));
    }

    public void testLastName() {
        filter = new PersonFilter().setLastName("Dow");
        assertTrue(filter.matches(person(1, "John", "Dow")));
        assertFalse(filter.matches(person(2, "John", "Jonson")));
        assertFalse(filter.matches(person(3, "John", null)));
    }

    public void testCombined() {
        filter = new PersonFilter()
            .setId(1)
            .setFirstName("John")
            .setLastName("Dow");
        assertTrue(filter.matches(person(1, "John", "Dow")));
        assertFalse(filter.matches(person(2, "John", "Dow")));
        assertFalse(filter.matches(person(1, "Jane", "Dow")));
        assertFalse(filter.matches(person(1, "John", "Jonson")));
```

```
            assertFalse(filter.matches(person(1, null, null)));
    }

    Person person(int id, String firstName, String lastName) {
        Person p = new Person();
        p.setId(id);
        p.setFirstName(firstName);
        p.setLastName(lastName);
        return p;
    }
}
```
Listing 18.26: Tests für den Personenfilter

Er testet die Kriterien erst einmal einzeln und einmal in Kombination. Danach erstellen wir die neue Finder-Methode `find` im `PersonArchive`, welche den Filter verwendet:

```
...
import java.sql.Types;

public class PersonArchive {
    public List find(Connection con, PersonFilter filter)
            throws SQLException {
        PreparedStatement stmt = null;
        ResultSet rs = null;
        try {
            stmt = con.prepareStatement(
                    "select id, firstName, lastName " +
                    "from person where (? is null or id = ?) " +
                    "and (? is null or firstName = ?) " +
                    "and (? is null or lastName = ?)");
            int offset = setInteger(stmt, 0, filter.getId());
            offset = setString(stmt, offset, filter.getFirstName());
            setString(stmt, offset, filter.getLastName());
            rs = stmt.executeQuery();
            List persons = new LinkedList();
            while(rs.next()) {
                Person person = createPerson(rs);
                assertMatch(filter, person);
                persons.add(person);
            }
            return persons;
        } finally {
```

```java
            close(stmt, rs);
        }
    }

    private int setInteger(PreparedStatement stmt,
            int offset, Integer i)
        throws SQLException {
      if(i != null) {
        stmt.setInt(++offset, i.intValue());
        stmt.setInt(++offset, i.intValue());
      } else {
        stmt.setNull(++offset, Types.INTEGER);
        stmt.setInt(++offset, 0);
      }
      return offset;
    }

    private int setString(PreparedStatement stmt,
          int offset, String s)
            throws SQLException {
      stmt.setString(++offset, s);
      stmt.setString(++offset, s);
      return offset;
    }

    private void assertMatch(PersonFilter filter, Person person) {
      if(!filter.matches(person)) {
        throw new IllegalStateException(
            "Person id " + person.getId() +
            " returned by query does not match filter");
      }
    }

    ...
}
```

Listing 18.27: Personenarchiv mit Filter

Die where-Klausel der Abfrage sieht im Wesentlichen genauso aus, wie die Methode matches selbst, nur eben in SQL, statt in Java. Die Methode matches dient der Überprüfung der zurückgegebenen Personen und ist somit ein impliziter Test für die Datenbankabfrage. Ihr Hauptzweck ist jedoch der, dass der Filter auch ohne Datenbank verwendet werden kann. Das ist nützlich, wenn Sie eine Testimplementierung für das Archiv verwenden, dort die Objekte in einer Liste speichern und den Filter verwenden, um daraus Objekte auszuwählen. Wenden wir uns aber wieder der Methode `find` zu: Die Parameter für das `PreparedStatement` habe ich nicht mit fixen Nummern implementiert, damit ich mit dem Zählen nicht durcheinander komme. Die umständliche Konstruktion in `setInteger` kann in den meisten Datenbanken durch `setObject` ersetzt werden, sofern der Mechanismus im JDBC-Treiber richtig funktioniert (was leider nicht immer der Fall ist).

Der `PersonArchiveTest` wird dabei um Tests für die neue Finder-Methode erweitert:

```java
import java.sql.SQLException;
import java.util.List;
import junit.framework.TestCase;

public class PersonArchiveTest extends TestCase {
    TestDataBase db;
    PersonArchive archive;

    public void setUp() throws SQLException {
        db = new TestDataBase();
        db.run("drop table person", true);
        db.run("create table person(id integer, firstName varchar(255), "
                + "lastName varchar(255))");
        db.run("insert into person(id, firstName, lastName) "
                + "values(1, 'Max', 'Mustermann')");
        db.run("insert into person(id, firstName, lastName) "
                + "values(2, 'Marianne', 'Musterfrau')");
        archive = new PersonArchive();
    }

    public void tearDown() throws SQLException {
        db.close();
    }

    public void testFindEmptyFilter() throws SQLException {
        List persons = archive.find(db.getConnection(), new PersonFilter());
        assertEquals(2, persons.size());
    }

    public void testFindByIDWithFilter() throws SQLException {
        List persons = archive.find(db.getConnection(),
                new PersonFilter().setId(1));
        assertEquals(1, persons.size());
```

```
        Person person = (Person) persons.get(0);
        assertEquals(1, person.getId());
    }

    public void testFindFirstNameWithFilter() throws SQLException {
        List persons = archive.find(db.getConnection(),
                new PersonFilter().setFirstName("Max"));
        assertEquals(1, persons.size());
        Person person = (Person) persons.get(0);
        assertEquals("Max", person.getFirstName());
    }

    public void testFindLastNameWithFilter() throws SQLException {
        List persons = archive.find(db.getConnection(),
                new PersonFilter().setLastName("Musterfrau"));
        assertEquals(1, persons.size());
        Person person = (Person) persons.get(0);
        assertEquals("Musterfrau", person.getLastName());
    }

    public void testCombined() throws SQLException {
        List persons = archive.find(db.getConnection(),
                new PersonFilter().setId(2)
                    .setFirstName("Marianne")
                    .setLastName("Musterfrau"));
        assertEquals(1, persons.size());
        Person person = (Person) persons.get(0);
        assertEquals(2, person.getId());
        assertEquals("Marianne", person.getFirstName());
        assertEquals("Musterfrau", person.getLastName());
    }

    ...
}
```

Listing 18.28: Tests für die zusätzliche Finder-Methode

Abschließend können wir den kompletten Code in den alten Finder-Methoden verwerfen und durch einen Aufruf der gemeinsamen Finder-Methode ersetzen.

```
public class PersonArchive {
    ...

    public Person findByID(Connection con, int id)
            throws SQLException {
```

```
        List list = find(con, new PersonFilter().setId(id));
        assertExactlyOne(id, list);
        return (Person)list.get(0);
    }

    private void assertExactlyOne(int id, List list) {
        if (list.size() == 0) {
            throw new NoSuchElementException("No person with ID " + id
                + " found");
        }

        if (list.size() > 1) {
            throw new IllegalStateException("Expected only one person");
        }
    }

    public List findByFirstName(Connection con, String firstName)
            throws SQLException {
        return find(con, new PersonFilter().setFirstName(firstName));
    }

    public List findByLastName(Connection con, String lastName)
            throws SQLException {
        return find(con, new PersonFilter().setLastName(lastName));
    }

    ...
}
```

Listing 18.29: Archiv mit umgeleiteten Finder-Methoden

Damit zeigt sich auch der Vorteil dieser Änderungen: Die Anzahl der Finder-Methoden kann merklich reduziert werden. Zusätzlich können wir die neuen Suchmechanismen auch ohne Datenbank verwenden.

> **Vorsicht**
>
> Man kann den Filtermechanismus noch viel flexibler gestalten. Das vorgestellte Beispiel war eigentlich nur ein Einstieg in diesen Mechanismus. Es ist jedoch auch hier dringend anzuraten, nur dann komplexere Filtermechanismen zu entwickeln, wenn diese Flexibilität auch wirklich gebraucht wird.

Der folgende Einschub erörtert ein paar Erweiterungsmöglichkeiten für Filter. Es handelt sich dabei allerdings nicht um Refactoring-Maßnahmen, die das eigentliche Thema dieses Teils sind.

18.2.1 Einschub: Erweiterte Filter

Gegen die zuvor beschriebene Filterimplementierung könnte man den Einwand vorbringen, dass folgender Fall nicht unterstützt wird: Wir möchten ein Kriterium setzen, das abfragt, ob der Vorname gesetzt ist oder nicht (in letzterem Fall ist die Objekteigenschaft `firstName` `null`).

Das lässt sich allerdings ohne Schwierigkeiten mit dem zusätzlichen Kriterium `firstNameSet` bewerkstelligen. Dieses hat den Typ `Boolean`. Ist der Wert `true`, darf die Eigenschaft des Objekts nicht `null` (also gesetzt) sein, sonst wird es nicht durchgelassen. Ist das Kriterium `false`, muss die Eigenschaft des Objekts `null` sein (also nicht gesetzt), damit es durchgelassen wird. Die Vergleichsfunktion, die dann von der Methode `matches` aus aufgerufen wird, sieht wie folgt aus:

```java
private boolean isset(Boolean criterion, Object property) {
    return criterion == null ||
        (criterion.booleanValue() == true && property != null) ||
        (criterion.booleanValue() == false && property == null);
}
```

Listing 18.30: Methode, die überprüft, ob eine Objekteigenschaft gesetzt ist

Sie wird anstelle der Methode `equals` verwendet, wenn ein Kriterium dieser Art verwendet wird. Weiterhin möchten wir noch einen Vergleich mit Quantoren für den Vornamen einführen. Wenn wir das Kriterium `firstName` nicht ändern können, müssen wir ein neues, nennen wir es `firstNameLike`, definieren. Wir verwenden dazu wieder die Klasse `LikePattern`, die wir im vorigen Abschnitt kennengelernt haben. Die Vergleichsfunktion dazu sieht wie folgt aus:

```java
private boolean like(String criterion, String property) {
    return criterion == null ||
        new LikePattern(criterion).matches(property);
}
```

Listing 18.31: Methode, die einen Vergleich mit Quantoren auf eine Objekteigenschaft durchführt

Mit diesen Informationen können wir nun den Filter und die Tests erweitern:

```java
public class PersonFilter {
    Integer id;
    String firstName;
    String lastName;
    Boolean firstNameSet;
```

Kapitel 18
Refactoring der Datenzugriffsschicht

```java
    String firstNameLike;

    public String getFirstNameLike() {
        return firstNameLike;
    }

    public PersonFilter setFirstNameLike(String firstNameLike) {
        this.firstNameLike = firstNameLike;
        return this;
    }

    public Boolean getFirstNameSet() {
        return firstNameSet;
    }

    public PersonFilter setFirstNameSet(Boolean firstNameSet) {
        this.firstNameSet = firstNameSet;
        return this;
    }

    ...

    public boolean matches(Person person) {
        boolean match = true;
        match &= equals(id, person.getId());
        match &= equals(firstName, person.getFirstName());
        match &= equals(lastName, person.getLastName());
        match &= isset(firstNameSet, person.getFirstName());
        match &= like(firstNameLike, person.getFirstName());
        return match;
    }

    private boolean isset(Boolean criterion, Object property) {
        return criterion == null ||
            (criterion.booleanValue() == true && property != null) ||
            (criterion.booleanValue() == false && property == null);
    }

    private boolean like(String criterion, String property) {
        return criterion == null ||
            new LikePattern(criterion).matches(property);
    }
```

```
    private boolean equals(Object criterion, int property) {
        return match(criterion, new Integer(property));
    }

    private boolean equals(Object criterion, Object property) {
        return criterion == null || criterion.equals(property);
    }
}

public class PersonFilterTest extends TestCase {
    PersonFilter filter;

    public void testSetFirstNameSet() {
        filter = new PersonFilter().setFirstNameSet(true);
        assertTrue(filter.matches(person(1, "John", "Dow")));
        assertFalse(filter.matches(person(2, null, "Dow")));
        filter = new PersonFilter().setFirstNameSet(false);
        assertFalse(filter.matches(person(1, "John", "Dow")));
        assertTrue(filter.matches(person(2, null, "Dow")));
    }

    public void testSetFirstNameLike() {
        filter = new PersonFilter().setFirstNameLike("Jo%");
        assertTrue(filter.matches(person(1, "John", "Dow")));
        assertFalse(filter.matches(person(2, "Jane", "Dow")));
        assertFalse(filter.matches(person(3, null, "Dow")));
    }

    ...
}
```

Listing 18.32: Erweiterter Filter

Jetzt können wir das Archiv entsprechend erweitern. Die logischen Operationen in SQL entsprechen wieder denen in Java in der Methode `matches`.

```
public class PersonArchive {
    public List find(Connection con, PersonFilter filter)
            throws SQLException {
        PreparedStatement stmt = null;
        ResultSet rs = null;
        try {
            stmt = con.prepareStatement(
                    "select id, firstName, lastName " +
```

Kapitel 18
Refactoring der Datenzugriffsschicht

```
                "from  person where (? is null or id = ?) " +
                "and (? is null or firstName = ?) " +
                "and (? is null or lastName = ?)" +
                "and (? is null" +
                " or (? = 1 and firstName is not null)" +
                " or (? = 0 and firstName is null)) " +
                "and (? is null or firstName like ?)");
            int offset = setInteger(stmt, 0, filter.getId());
            offset = setString(stmt, offset, filter.getFirstName());
            offset = setString(stmt, offset, filter.getLastName());
            offset = setIsset(stmt, offset, filter.getFirstNameSet());
            setString(stmt, offset, filter.getFirstNameLike());
            rs = stmt.executeQuery();
            List persons = new LinkedList();
            while(rs.next()) {
                Person person = createPerson(rs);
                assertMatch(filter, person);
                persons.add(person);
            }
            return persons;
        } finally {
            close(stmt, rs);
        }
    }

    private int setIsset(PreparedStatement stmt,
            int offset, Boolean b)
                throws SQLException {
        for(int i = 0; i < 3; ++i) {
            if(b != null) {
                stmt.setInt(++offset, b.booleanValue() ? 1 : 0);
            } else {
                stmt.setNull(++offset, Types.INTEGER);
            }
        }
        return offset;
    }

    ...
}
```

Listing 18.33: Personenarchiv für den erweiterten Filter

18.2 Zusammenfassen von Finder-Methoden durch Filter

Für die Tests benötigen wir jetzt eine neue Datenbankzeile, die einen leeren Vornamen beinhaltet. Dadurch muss die Anzahl der zurückgegebenen Objekte in manchen Tests angepasst werden:

```
public class PersonArchiveTest extends TestCase {
    TestDataBase db;
    PersonArchive archive;

    public void setUp() throws SQLException {
        db = new TestDataBase();
        db.run("drop table person", true);
        db.run("create table person(id integer, firstName varchar(255), "
            + "lastName varchar(255))");
        db.run("insert into person(id, firstName, lastName) "
            + "values(1, 'Max', 'Mustermann')");
        db.run("insert into person(id, firstName, lastName) "
            + "values(2, 'Marianne', 'Musterfrau')");
        db.run("insert into person(id, firstName, lastName) "
            + "values(3, null, 'Mustermann AG')");
        archive = new PersonArchive();
    }

    public void tearDown() throws SQLException {
        db.close();
    }

    public void testFindFirstNameSet() throws SQLException {
        List persons = archive.find(db.getConnection(),
                new PersonFilter().setFirstNameSet(true));
        assertEquals(2, persons.size());
        persons = archive.find(db.getConnection(),
                new PersonFilter().setFirstNameSet(false));
        assertEquals(1, persons.size());
        Person person = (Person) persons.get(0);
        assertNull(person.getFirstName());
    }

    public void testFindFirstNameLike() throws SQLException {
        List persons = archive.find(db.getConnection(),
                new PersonFilter().setFirstNameLike("Mar%"));
        assertEquals(1, persons.size());
        Person person = (Person) persons.get(0);
        assertEquals("Marianne", person.getFirstName());
    }
```

```java
public void testFindEmptyFilter() throws SQLException {
    List persons = archive.find(db.getConnection(),
            new PersonFilter());
    assertEquals(3, persons.size());
}

...

public void testFindByFirstNameNull() throws SQLException {
    List persons = archive.findByFirstName(db.getConnection(), null);
    assertEquals(3, persons.size());
}

...

public void testFindByLastNameNull() throws SQLException {
    List persons = archive.findByLastName(db.getConnection(), null);
    assertEquals(3, persons.size());
}
}
```

Listing 18.34: Erweiterter Test für das Personenarchiv

Damit ist natürlich bei Weitem nicht alles erschöpft, was man zu diesem Thema sagen könnte: Es ist möglich, Filter über Mengenoperationen (minus, union) zu verknüpfen. Man kann eigene Objekte für Kriterien einführen. Man kann Kriterien mit Vergleichsoperationen (eine Objekteigenschaft ist größer oder kleiner als der Wert eines Kriteriums) einführen. Man kann die Kriterien eines Filters auch erst zur Laufzeit beispielsweise durch eine XML-Datei festlegen. Der Phantasie sind da keine Grenzen gesetzt. Abschließend ist noch zu bemerken, dass Filterobjekte Objekte wie alle anderen sind. Man kann also Vererbungshierarchien für Filter erstellen und damit Duplikate in SQL-Abfragen reduzieren (bekanntlich ist es im Allgemeinen äußerst schwierig, Duplikate in SQL-Abfragen zu reduzieren, da die Sprachmittel von SQL dafür einfach nicht ausreichen).

Wie bereits erwähnt, sollte man sich dabei allerdings nicht ohne Grund in zu komplexe Konzepte stürzen, sondern wirklich nur so weit gehen, wie es die Anforderungen erfordern.

Anhang

A.1 Software-Sanierung – Ein nicht zu unterschätzender Aufwand

Wenn Sie die Ausführungen der Teile 1 bis 4 dieses Buches auch nur überflogen haben, werden Sie festgestellt haben, dass die Software-Sanierung mit einem nicht unbeträchtlichen Arbeitsaufwand verbunden ist. Da stellt sich natürlich die Frage nach einer »Abkürzung«. Leider muss hier festgehalten werden, dass es derzeit weder eine solche gibt und auch dass die Wahrscheinlichkeit gegen Null geht, dass es jemals ein Werkzeug oder Verfahren geben wird, das diese Arbeit um Größenordnungen beschleunigt. Die Überarbeitung von bestehendem Code und die Erkenntnisse, die man durch den Code Review, der zwangsläufig mit dieser Tätigkeit verbunden ist, gewinnt, sind jedoch unschätzbar.

Nicht selten wurden mir erst durch die Überarbeitung die technischen und fachlichen Hintergründe einer Anwendung wirklich bewusst. Man sollte sich, was den Aufwand betrifft, jedoch keinen Illusionen hingeben. Im Schnitt haben Tests für ein Programm den 1,4-fachen Umfang des Programms selbst, wenn eine gute Testabdeckung gegeben ist. Ganz so schlimm ist die Sache jedoch nicht, da man beim Nachziehen von Tests bedeutend schneller vorankommt, als bei der Erstellung des Programms zuvor und je mehr Übung man bekommt, desto einfacher geht die Arbeit von der Hand. Dann kommen noch die Refactoring-Tätigkeiten hinzu und das alles muss neben der Weiterentwicklung des Systems geschehen. Zahlreiche Entwickler und Unternehmen würden diesen ganzen Aufwand aber wohl kaum auf sich genommen haben, wenn es sich nicht wirklich lohnen würde.

Soweit es mich betrifft, hat das Ganze nach gewissen Anfangshürden, die vor allem in mangelnden Kenntnissen in Sachen Unit-Tests begründet waren, begonnen, richtig Spaß zu machen. Vor allem das Gefühl, nach Jahren der Softwareentwicklung nach dem Motto »Implementieren und hoffen, dass nichts schief geht« endlich die Entwicklung unter Kontrolle zu haben, ist unbeschreiblich. Da verwundert es nicht, dass Entwickler, die mit Tests zu entwickeln gelernt haben, äußerst selten wieder damit aufhören. Mit dem Refactoring verhält es sich natürlich genauso. Mit gut strukturiertem Code zu arbeiten, ist in keinster Weise vergleichbar mit den Mühen und Plagen, die mit der Arbeit an schlechtem Code einhergehen.

A.1.1 Damit es nicht wieder soweit kommt

Wie bereits im ersten Teil erwähnt, lauert die größte Gefahr darin, die Zügel schleifen zu lassen – den einen oder anderen Test nicht nachzuziehen, die eine oder andere Erweiterung ohne Tests zu erstellen und Refactoring-Maßnahmen zu weit hinauszuschieben. Die Ausrede »Der Kunde gibt sich auch mit weniger Qualität zufrieden« hilft hier überhaupt nicht, da schlechtere Qualität keinesfalls zu mehr Produktivität führt, wie leider allzu oft behauptet wird. Generell gilt, dass man umso genauer auf die Qualität achten sollte, je höher der Projektstress ist. Das klingt zwar widersinnig, ist aber damit zu erklären, dass man im größten Stress eher geneigt ist, Kartenhäuser zu bauen. Diese stürzen einem dann im späteren Projektverlauf unweigerlich über dem Kopf zusammen. Dann kommt man in folgenden Teufelskreis:

1. Man behebt Fehler ohne Tests;
2. die Fehlerbehebung führt zu Folgefehlern;
3. zurück zu Schritt 1, nur hat man jetzt mehr Fehler als vorher.

Wenn Sie nicht zeitgerecht eingreifen und wenn es mit der Disziplin abwärts geht, droht der schlimmste anzunehmende Fall: Sie müssen irgendwann Ihre nicht mehr funktionierenden Tests wegwerfen und ganz von vorne beginnen. Dem Verlust an Disziplin können Sie jedoch bis zu einem gewissen Grad vorbeugen, indem Sie in Ihrer Organisation einen Qualitätsstandard etablieren, der eine ausreichende Testabdeckung und regelmäßiges Refactoring vorschreibt. Das hilft natürlich nur dann, wenn Sie die Einhaltung des Standards regelmäßig überprüfen und einfordern.

Darüber hinaus sind Schulungen für neue Mitarbeiter oder Freelancer auf jeden Fall sinnvoll. Eine interessante Technik, neue Mitarbeiter schnell in den Entwicklungsprozess einzuführen, ist übrigens die Paarprogrammierung. Dabei arbeiten Entwickler in Paaren zusammen. Kommt ein neuer Mitarbeiter hinzu, arbeitet er mit einem erfahrenen Entwickler zusammen und bekommt so währenddessen alle Informationen, die er für die Arbeit benötigt. Damit erübrigen sich Vorabschulungen bis zu einem gewissen Grad und man kann Teams schnell aufstocken, wenn es erforderlich ist.

Abschließend wünsche ich Ihnen noch viel Erfolg bei Ihren Sanierungsprojekten!

Als neugieriger Mensch bin ich natürlich an Ihren Erfahrungsberichten zu diesem Thema interessiert. Dazu habe ich eine Mailing List angelegt, um Fragen der Software-Sanierung mit Interessierten zu diskutieren und Lösungsvorschläge für Probleme auszuarbeiten. Schauen Sie einfach mal vorbei und senden Sie eine E-Mail, wenn Sie bei einer Sanierungstätigkeit auf Fragen stoßen:

- Gruppenname: software-sanierung
- Startseite der Group: http://de.groups.yahoo.com/group/software-sanierung
- Mail-Adresse der Group: software-sanierung@yahoogroups.de

A.2 Referenzen

A.2.1 Einleitung

- [Brooks 2003] Frederick P. Brooks: Vom Mythos des Mann-Monats, mitp-Verlag, 2003.

- [Sutherland 2006] Jeff Sutherland: Microsoft Vista: Scrum or Not Scrum, http://jeffsutherland.com/2006/06/microsoft-vista-scrum-or-not-scrum.html, 2006.

- [Su 2006] Philip Su, The World As Best As I Remember It, http://blogs.msdn.com/philipsu/archive/2006/06/14/631438.aspx, 2006.

- [C. Fowler 2007] Chad Fowler: The Big Rewrite, http://chadfowler.com/the-big-rewrite, 2007.

- [Hunt 1999] Andrew Hunt, David Thomas: The Pragmatic Programmer: From Journeyman to Master, Addison-Wesley Professional, 1999.

- [Ulrich 2002] William M. Ulrich: Legacy Systems: Transformation Strategies, Prentice Hall PTR, 2002.

- [Nagappan 2008] Nachiappan Nagappan, E. Michael Maximilien, Thirumalesh Bhat, Laurie Williams: Realizing quality improvement through test driven development: Results and experiences of four industrial teams, http://research.microsoft.com/en-us/projects/esm/nagappan_tdd.pdf, Springer Science + Business Media, LLC.2008.

- [Sanchez 2007] Julio Cesar Sanchez, Laurie Williams, and E. Michael Maximilien: On the Sustained Use of a Test-Driven Development Practice at IBM, http://www.agile2007.org/downloads/proceedings/006_On%20the%20Sustained%20Use_860.pdf, IBM Corporation, Department of Computer Science, North Carolina State University, 2007.

A.2.2 Teil 1 – Grundlagen

Objektorientierte Programmierung – diesmal richtig

- [Meyer 1997] Bertrand Meyer: Object-oriented Software Construction, Second Edition, Prentice-Hall International Series in Computer Science, 1997.

- [Booch 2007] Grady Booch, Robert A. Maksimchuk, Michael Engle, Jim Conallen, Kelli Houston, Bobbi Young: Object Oriented Analysis and Design with Applications, Third Edition, Addison-Wesley Longman, Amsterdam, 2007.
- [M. Fowler 2003] Martin Fowler: UML Distilled: A Brief Guide to the Standard Object Modeling Language, Third Edition, Pearson, 2003.
- [R. Martin 1999] R. Martin, J. Odell: Objektorientierte Modellierung mit UML: Das Fundament, 2. Auflage, Markt+Technik, 1999.
- [Larman 2005] Craig Larman, UML und Patterns angewendet, mitp-Verlag, 2005.
- [Abelson 1996] Harold Abelson: Structure and Interpretation of Computer Programs, 2nd Edition, Mit Pr, 1996.
- [Eckel 2006] Bruce Eckel: Thinking in Java: The definitive introduction to object-oriented programming in the language of the World Wide Web, 4th Edition, Prentice Hall International, 2006.

Automatisierte Tests

Debugging, Unit-Tests, Testgetriebene Softwareentwicklung, Wartung von Tests

- [Zeller 2005] Andreas Zeller: Why Programs Fail. A Guide to Systematic Debugging, Elsevier Ltd, Oxford, 2005.
- [Hunt 1999] Andrew Hunt, David Thomas: The Pragmatic Programmer: From Journeyman to Master, Addison-Wesley Professional, 1999.
- [Hunt 2003] Andrew Hunt, David Thomas: Pragmatic Unit Testing in Java with JUnit, Pragmatic Programmers, 2003
- [Beck 2002] Kent Beck: Test Driven Development. By Example, Addison-Wesley Longman, Amsterdam, 2002
- [Meszaros 2007] Gerard Meszaros: xUnit Test Patterns: Refactoring Test Code (Buch), Addison-Wesley Longman, Amsterdam, 2007
- [Meszaros 2007] Gerard Meszaros: xUnit Test Patterns: Refactoring Test Code (Wiki), `http://xunitpatterns.com/`, 2007.
- [R. C. Martin 2009] Robert C. Martin: The Craftsman (Artikelserie), `http://www.objectmentor.com/resources/publishedArticles.html`, 2002–2009.

Continuous-Integration

- [Clark 2004] Mike Clark: Pragmatic Project Automation: How to Build, Deploy, and Monitor Java Applications, Pragmatic Programmers, 2004.

- [Matyas 2007] Stephen M. Matyas, Nicholas Schneider, Mark Voit, Paul Duvall: Continuous Integration: Improving Software Quality and Reducing Risk, Addison-Wesley Longman, Amsterdam, 2007.
- Cruise Conrol: http://cruisecontrol.sourceforge.net/
- Anthill: http://www.cs.unibo.it/projects/anthill/

Code-Coverage-Werkzeuge

- EclEmma: http://www.eclemma.org/

Entwurfsprinzipien der objektorientierten Programmierung

- [R. C. Martin 2002] Robert Cecil Martin: Agile Software Development. Principles, Patterns, and Practices, Prentice Hall International, 2002.
- [Meyer 1997] Bertrand Meyer: Object-oriented Software Construction, Second Edition, Prentice-Hall International Series in Computer Science, 1997.
- Scott Hanselman: SOLID Principles with Uncle Bob – Robert C. Martin (Podcast), http://www.hanselminutes.com/default.aspx?showID=163, 2009.

Entwurfsmuster der objektorientierten Programmierung

- [Meyer 1997] Bertrand Meyer: Object-oriented Software Construction, Second Edition, Prentice-Hall International Series in Computer Science, 1997.
- [Gamma 2004] Erich Gamma, Richard Helm, Ralph Johnson, John Vlissides: Entwurfsmuster: Elemente wiederverwendbarer objektorientierter Software, Addison-Wesley, München, 2004.
- [Evans 2003] Eric J. Evans: Domain-Driven Design: Tackling Complexity in the Heart of Software, Addison-Wesley Longman, Amsterdam, 2003.
- [Venners 2005] Bill Venners: Leading-Edge Java. How to Use Design Patterns, A Conversation with Erich Gamma, Part I-III, http://www.artima.com/lejava/articles/gammadp.html, 2005.
- Ward Cunningham: The Portlant Pattern Repository, http://c2.com/cgi/wiki?PatternIndex.

Refactoring

- [M. Fowler 1999] Martin Fowler: Refactoring: Improving the Design of Existing Code, Addison-Wesley Longman, Amsterdam, 1999.
- [Wake 2004] William C. Wake: Refactoring Workbook, Addison-Wesley Longman, Amsterdam, 2004.

- [Mitchell 2000] Will David Mitchell: Troubleshooting for Programmers, McGraw-Hill Companies, 2000.

- Martin Fowler: Refactorings in Alphabetical Order, http://www.refactoring.com/catalog/index.html.

Fehlerbehandlung

- [Eckel 2006] Bruce Eckel: Thinking in Java: The definitive introduction to object-oriented programming in the language of the World Wide Web, 4th Edition, Prentice Hall International, 2006.

- [Bloch 2009] Joshua Bloch: Effective Java (2nd Edition), Prentice Hall PTR, 2008.

- Sun Microsystems: The Java Tutorilals, Lesson: Exceptions, http://java.sun.com/docs/books/tutorial/essential/exceptions.

A.2.3 Teil 2 – Weiterentwicklung bestehender Systeme ohne vorhandene Tests

- [R. C. Martin 2002] Robert C. Martin: Agile Software Development, Principles, Patterns, and Practices, Prentice Hall, 2002.

- [Evans 2003] Eric J. Evans: Domain-Driven Design: Tackling Complexity in the Heart of Software, Addison-Wesley Longman, Amsterdam, 2003.

- [Feathers 2002] Michael Feathers: The Humble Dialog Box, http://www.objectmentor.com/resources/articles/TheHumbleDialogBox.pdf, 2002.

- [Shore 2007] Jim Shore: Fail Fast, http://martinfowler.com/ieeeSoftware/failFast.pdf, 2004.

- [Meszaros 2007] Gerard Meszaros: xUnit Test Patterns: Refactoring Test Code (Buch), Addison-Wesley Longman, Amsterdam, 2007

- [Meszaros 2007] Gerard Meszaros: xUnit Test Patterns: Refactoring Test Code (Wiki), http://xunitpatterns.com/, 2007.

A.2.4 Teil 3 – Bestehende Systeme mit Tests absichern

- [Feathers 2004] Michael Feathers: Working Effectively with Legacy Code, Prentice Hall, 2004.

- [R. C. Martin 2002] Robert C. Martin: Agile Software Development, Principles, Patterns, and Practices, Prentice Hall, 2002.

- JDepend: http://andrei.gmxhome.de/jdepend4eclipse.

- Novell: LDAP Classes for Java, http://developer.novell.com/wiki/index.php/LDAP_Classes_for_Java.
- jGuru: Fundamentals of the JavaMail API, http://java.sun.com/developer/onlineTraining/JavaMail/index.html.

A.2.5 Teil 4 – Refactoring bestehender Systeme

- [Kerievsky 2004] Joshua Kerievsky: Refactoring to Patterns, Addison-Wesley Longman, Amsterdam, 2004.
- [M. Fowler 1999] Martin Fowler: Refactoring: Improving the Design of Existing Code, Addison-Wesley Longman, Amsterdam, 1999.
- [Roock 2004] Stefan Roock, Martin Lippert: Refactorings in großen Softwareprojekten: Komplexe Restrukturierungen erfolgreich durchführen, Dpunkt Verlag, 2004.
- [M. Fowler 2003] Martin Fowler, Patterns für Enterprise Application-Architekturen, mitp-Verlag, 2003.
- PMD Eclipse Plug-In: http://pmd-eclipse.sourceforge.net.
- FindBugs Eclipse Plug-In: http://findbugs.sourceforge.net.
- HSQLDB: http://hsqldb.org.
- Database Queries Made Easy Using Filters, http://www.jroller.com/sebastianKuebeck/entry/database_queries_made_easy_using, 2008.

Frederick P. Brooks

Vom Mythos des Mann-Monats

Nur wenige Bücher über das Projektmanagement bei Software haben sich als so einflussreich und zeitlos gültig erwiesen wie *Der Mythos vom Mann-Monat:* Fred Brooks bietet hier mit einem Mix aus harten Fakten und provokanten Ideen jedem tiefe Einsichten, der komplexe Projekte zu managen hat.

Die Essays in diesem Buch stellen die Quintessenz seiner Erfahrungen als Projektmanager erst für die Hardware der IBM/360-Computerfamilie, dann als Leiter der Entwicklung des – wahrhaft gigantischen – Betriebssystems OS/360 dar. Brooks hat nun, 20 Jahre nach Erscheinen des Originals, seine ursprünglichen Vorstellungen und Visionen noch einmal überdacht, sie um neue Erkenntnisse und Ratschläge bereichert.

Dieses Buch ist ein Muss sowohl für Kenner seiner Arbeiten als auch Leser, die Brooks nun zum ersten Mal entdecken.

Die zusätzlichen Kapitel enthalten erstens eine auf den Punkt gebrachte Zusammenfassung aller Gedanken und Beweisführungen des Originals, inklusive des Brooks'schen Gesetzes:"Das Hinzufügen von Arbeitskräften zu einem verspäteten Projekt erhöht die Verspätung."

Zweitens finden Sie hier eine kritische Würdigung seiner Argumentationen im Licht von 20 Jahren Weiterentwicklung nicht nur auf dem Gebiet des Software Engineerings.

Drittens enthält dieses Buch einen Reprint des zum Klassiker gewordenen, 1986 veröffentlichten Papiers: „Keine Silberkugeln" und schließlich die Antwort auf die Frage, was aus der 1986 aufgestellten Behauptung geworden ist, dass es „auch in den nächsten 10 Jahren keine Silberkugeln geben wird".

Frederick P. Brooks ist der Träger des A.M. Turing Award der ACM im Jahre 1999 – der Auszeichnung mit dem höchsten Prestige, die es im Computerbereich gibt. Er erhielt diesen Preis insbesondere für seine „bahnbrechenden Beiträge zur Architektur von Computern, Betriebssysteme und auf dem Gebiet des Software Engineering".

Ihr direkter Draht zum Verlag:
Internet: http://www.it-fachportal.de/1355

ISBN 978-3-8266-1355-5

Stichwortverzeichnis

A

Abfragekriterien 322
Abgegrenzter Bereich 40
Abhängigkeit 73
Abhängigkeiten 167
    Laufzeit 167
    statische 167
Abhängigkeitsgeflecht 204
Abhängigkeits-Injektion 74
Abhängigkeits-Inversion 75
Abhängigkeits-Inversionsprinzip 73
Abkürzung 24, 121
Ableitung 189
Abnahmetest 61
Abschotten 155
Abstract Factory *siehe* Abstrakte Fabrik
Abstrakte Fabrik 81, 82
Abstrakte Klasse 82
Abstrakter Datentyp 37
Abstraktion 32
Acceptance Test *siehe* Abnahmetest
Active Records 238, 301
Ada Lovelace 44
Adapter 91
Adaptor *siehe* Adapter
ADT 37
Akteur 31, 41
Algorithmus 103, 271
Alterung 25
Altsystem *siehe* Bestandssystem
Änderung 16
Änderungsgrund 78
Änderungsrichtung 77
Änderungsvektor 77
Anfangsbedingung 37
Anfangs-Pseudozustand 40
Anforderungen 62
Annotationen 169
Anonymes Objekt 39
Anwendung 48

Anwendung *siehe* Software
Anwendungsschicht 130
Anzeige 146
API 99, 174
Applikation *siehe* Software
Archiv 178, 301
Aristoteles 16
Array 70
Artikel 23
Assistent 168
Attribute 32
Aufrufkette 126
Aufspannvorrichtung *siehe* Fixture
Aufteilen 271
Aufteilung 71, 235
Aufwand 345
Ausnahmebehandlung 126
Aussagekräftiger Bezeichner 235
Auswahlmechanismus 280
Authentifizierungsmechanismus 103
Automatisierte Tests 43, 45, 46, 53
Axiom 37

B

Ballast 16
Barbara Liskov 71
Baukastensystem 79
Bedingte Logik 253
Beibehalten der Signatur 203
Benutzeraktivitäten 128
Benutzerkreis 26
Beobachter 91, 183, 285
Berechnung 273
Berechnungsfall 273
Berechnungsmethoden 18
Berechnungsmodell 76, 103, 281
Bestandssystem 23, 24, 137
Bestehendes System *siehe* Bestandssystem
Betrag 158
Betriebsmodus 205

353

Bibliotheken 16
Buchhaltung 24
Bug-Tracking-System 176
Business Value 23

C

Call Stack *siehe* Aufrufkette
Catch-Block 130
Charles Babbage 44
Code Review 44, 176, 345
Code-Coverage-Werkzeug 64, 176
Codefragment 221
Code-Generator-Techniken 221
Code-Qualität 152
Command *siehe* Kommando
Compiler-Fehler 210
Computer 16
Continuous Integration *siehe* Kontinuierliche Integration

D

Darstellung 148
Darstellungsdetails 146
Darstellungslogik 151
Data Transfer Object *siehe* Transferobjekt
Datei 262
Datenarchiv *siehe* Archiv
Datenbank 322
    -Ressource 249
    -Statement 248
    -Tabelle 320
    -Verbindungen 50
    -Zugriff 248
Datenkapselung 32
Datenobjekt 323
Datenquelle *siehe* Archiv
Datensenke 314
Datentyp 32, 35
Datenzugriffsobjekt *siehe* Archiv
Datenzugriffsschicht 301
Debugger 45
Debugging
    -Session 162
    -Zwecke 85
Defizit
    technisches 24
Delegation 72, 243

Dependency Injection *siehe* Abhängigkeits-Injektion
Dependency-Inversion Principle *siehe* Abhängigkeits-Inversionsprinzip
Deployment-Deskriptor 168
Deprecated 294
Diagramm 39
Dienst 95
Dispatcher 99
Display 145
Distingushing Name (DN) 189
Disziplin 346
Dokumentation 252
DOM 224
DTO (Data Transfer Object) *siehe* Transferobjekt
Dummy Object *siehe* Dummy-Objekt
Dummy-Objekt 60
Duplikat 29, 78, 120, 215, 243, 252
Durchgeschleift 322
Dynamic Analysis 44

E

Eclipse 221
Eigenschaften 37
Eingebettete Sprache 174
Einkommensteuerberechnung 20
Einkommensteuerrechner 17, 103, 271
Ein-Personen-Stück 41
Einweg-Generator 221, 228
Einzeltest 59
Einzelzuständigkeitsprinzip 41, 75
Elchtest 25
Elementare Refactorings 113
Enterprise Java Beans (EJB) 168
Entity-Beans 301
Entwanzer 45
Entwickler *siehe* Programmierer
Entwicklertests 61, 62, 64
Entwicklungsprinzip 69
Entwicklungswerkzeuge 16
Entwurfsmuster 81
Enumeration *siehe* Aufzähltyp
Erich Gamma 47
Ersatzklasse 206
Erweiterung 78
Erweiterungsprinzip 78
Exception 56, 126, 292

Exploratives Testen 53
Externe Tests 61, 64
Extract Class *siehe* Klasse extrahieren
Extract Interface *siehe* Interface extrahieren
Extract Method *siehe* Methode extrahieren
Extraktion 116, 120, 121
Extreme Programming 61

F

Fabrik *siehe* Abstrakte Fabrik
Façade *siehe* Fassade
Fachlogik 66, 138, 139
Fake Object *siehe* Fake-Objekt
Fake-Objekt 60
Faktorisierung 111
Fallunterscheidung 219, 273
Fassade 95
Fehler 22, 25, 26, 54
    -Auslösung 128
    -Behandlung 123, 285, 292, 300
    -Behandlungsprozess 128
    -Behebung 25, 131
    -Code 130
    -Information 130
    -Meldung 131
    -Protokollierung 128
    -Situation 125
    -Suche 25, 45, 46
    -Weiterleitung 128, 130
    -Zustand 123, 124, 130
Fehlfunktion 130
Felder 32
Filter 322
    -Logik 331
    -Test 339
Finanzwelt 24
FindBugs 45, 234, 235, 251
Finder-Methode 310, 322
Fitnesse 62
Fixture 50
Flexibilität 36, 75
Folge-Exception 130, 131
Folgefehler 25, 125, 175
FORTRAN 29
Fragiler Test 65
Fremdsystem 23
Front Controller 257
Funktion 29, 37, 41

Funktionale Duplikate 243
Funktionale Tests 62
Funktionalität 22, 36, 37

G

Gedankenexperiment 16
Generalisierung 39
Generator 224, 307
Generieren von Tests 221
Gesamtsumme 287
Geschäftsregeln 103
Getter- und Setter-Methoden 304
Grenzfälle 55, 272
Guard Clause *siehe* Wächter-Klausel
GUI-Anwendungen 141
GUI-Bibliothek 175
GUI-Prototyp 150

H

Haltepunkt 45
Hash-Tabelle 268
Hello-World-Programm 108
Hierarchie 236
Hochsprachen 16
HSQLDB 328
HTTPUnit 61
Hygiene *siehe* Quellcodehygiene

I

ID *siehe* Identifikationsnummer
Identifikationsnummer 117
Identische Duplikate 243
Identität 50, 84
ID-Generator 65, 74, 75
Immutable *siehe* Unveränderlich
Imperativ 99
Implementierung 85
Impliziter Test 155
Import-Anweisung 206
Import-Block 214
Infrastruktur 137
Infrastrukturkomponenten 128
Injiziert *siehe* Abhängigkeits-Injektion
Inline Method *siehe* Methode auflösen
Inner-Class 287
Integration Test *siehe* Integrationstest
Integrationstest 62
Interface 39, 41

Interface extrahieren 120
Interface Segregation Principle *siehe* Interface-Aufteilungsprinzip
Interface-Aufteilungsprinzip 69
Investitionen 23
ISO-Code 157
Iterator-Interface 69
IT-Manager 25

J
Java 30, 41, 47
    Package 51
    Standardbibliothek 69
Java EE 301
Javadoc 169
Java-Mail-API 203
Java-Reflection-API 173
JavaScript 46
JAXB 224
JDBC-Treiber 336
JDepend 168
JSP-Seiten 252
JSPUnit 61
JUnit 47, 61

K
Kapselung 31
Kartennummer 286
Kent Beck 46
Kindobjekt 33
Klasse 32, 39, 41, 235
Klasse extrahieren 120
Klassendiagramm 38
Klassenpfad 48
Kochrezept 40, 41
Kohäsion 76
Kommando 81, 99, 257
Kommunikation 31
Kommunikationsdiagramm 39
Kompensation 128
Komplexität 16, 22
    akzidentielle 16
    künstliche 16
    substanzielle 16
Komplexitätszuwachs 22
Komponente 79
Konfiguration 170
Konstruktor 32

Konsumententest *siehe* Externer Test
Kontinuierliche Integration 63
Kosten 23, 24
Kostenfalle 252
Kredit 24
Kriterium 324
Kunde 25, 61
Kundentest *siehe* Externer Test

L
Label 145
Ländercode 84
Lasttest 62
Lattenzaunproblem 54
Laufzeit 58
    -Abhängigkeiten 167
    -Überprüfung 44
LDAP-Fehlercode 227
LDAP-Server 242
LDAP-Verzeichnis 189, 295
Liskov Substitution Principle *siehe* Liskov-Substitutionsprinzip
Liskov-Substitutionsprinzip 71
Load Test *siehe* Lasttest
Lochkarte 47
Log
    -Ausgabe 90, 285
    -Buch 185
    -Daten 90
    -Handler 90
    -Information 131
    -Spalte 286
    -Zeile 286
Logging 87, 285
Logik 37, 103
Login-Mechanismus 103
Logische Funktion 339
Lohnverrechnung 76
Luhn-Checker 285

M
Mailserver 215
Mängel 23
Manuelles Testen 44
Maximum-Berechnung 43
Maximum-Bestimmung 53
Maximum-Test 64
Mehrfachimplementierung 78

Mehrfachvererbung 71
Member *siehe* Felder
Mengenlehre 37
Metainformationen 225
Metaphysik 16
Method Chaining *siehe* Methodenverkettung
Methode 31, 32
    auflösen 116
    extrahieren 114
    hochziehen 118
    verschieben 116
Methodenpolymorphie 35, 36
Methodensignatur 33, 89
Methodenverkettung 324
Mock Object *siehe* Testattrappe
Mod 10 Checker 285
Modellierung 37
Modifikation 78
Modularisierung 30, 284
Move Method *siehe* Methode verschieben
Musterkatalog 81

N

Nachricht 213
Nebenwirkung 159
Neuaufteilung *siehe* Refactoring
Nicht funktionale Anforderungen 62
Nicht funktionale Tests 62
Null Object *siehe* Null-Objekt
Null-Objekt 60, 85

O

Object Seam 189
Objekt 31, 37, 41, 253
    -Eigenschaft 333
    -Referenz 85
Objektorientierte Modellierung 37
Objektorientierte Programmiersprache 41
Objektorientierte Programmierung 29, 40, 41, 69, 81
Observer *siehe* Beobachter
Off-By-One-Fehler 54
Open-Closed Principle *siehe* Erweiterungsprinzip
Operation *siehe* Kommando
Original 89

P

Paarprogrammierung 346
Package *siehe* Java-Package
Paketzähler 181
Panik-Catch-Block 128
Paradigma 29, 322
Parameter 238
    -Objekt 33
    -Signatur 35
Passwortvorschrift 104
Performance 87, 88
Performance Test *siehe* Lasttest
Performant 64
Person 255
Personalnummer 85
PHP 46
PMD 45, 234, 235, 252
Polymorphie 33, 35
Position 262
Problem 16
Problembewusstsein 25
Produkteigner 61
Produktiv-Code 52
Produktivität 22, 25, 346
Produktivsetzung 19
Programm *siehe* Software
Programmieren 16
Programmierfehler 128
Programmiersprache 32, 36, 41
Projektstress 346
Property-Datei 170
Prototyp 32
Provider 170
Proxy *siehe* Stellvertreter
Prozedur 29, 41
Prozedurale Programmierung 29, 41
Prozess 127
Prozessorregister 123
Pull-Up Method *siehe* Methode hochziehen

Q

Qualität 25, 346
Qualitätsmängel 25
Qualitätsstandard 346
Quantor 339
Quellcode 24
    -Hygiene 234

Stichwortverzeichnis

-Verwaltung 122, 233, 329
-Zeilen 22
Quelltextfragmente 168
Quersumme 287

R

Realisierung *siehe* Implementierung 39
Reengineering 23, 24
Refactoring 24, 25, 47, 111, 234, 285, 301
Refactoring-Strategie 234
Reflection-Mechanismus 284
Regenerierende Generatoren 224
Relationale Datenbank 301
Repository *siehe* Archiv
Ressourcen 23
Ressourcenprobleme 251
Richtung 77
Risiken 22, 23, 24, 25
Rückgabeparameter 292
Rückversicherung 122
Rundungsfehler 50

S

Sanierung 24, 26
Sanierungsbedürftig 25
Sanierungsbedürftige Software 25
Sanierungsmaßnahmen 24
Schablonenmethode 81, 82
Schauspieler *siehe* Akteur
Schule 243
Sequenzdiagramm 39
Sequenzer *siehe* Sequenz-Generator
Sequenz-Generator 177
Servlet 257
Session 206
Sicherheitsproblem 24
Sichtbarkeit 235
SIMULA I 30
Simulationen 31
Single-Responsibility Principle *siehe* Einzelzuständigkeitsprinzip
Skizzieren 122
Skriptsprache 46
Smalltalk 46
Smoke Tests 67
SMTP-Host 213
Software 17, 20, 22, 23, 25, 37, 38, 60
Softwareprojekt 22
Software-Sanierung 17, 24
Sorgfältig 63

Spalte 287
Spezialisierung *siehe* Vererbung
Spezifikation 23
Spiel 16
Sprachmittel 41
SQL 335
Stabil 65
Stack Trace 54, 126, 294
Standardsoftware 23
Static Analysis 44
Statische Abhängigkeiten 167
Statische Überprüfung *siehe* Static Analysis 44
Stellvertreter 89
Strategie 103, 257, 271
Strategy *siehe* Strategie
Studien 25
Suchkriterium 322
Suchmuster 320
Suite *siehe* Test-Suite
SUnit 46, 47
Swing 138
Synchronisation 301
Syntaxfehler 121
System 23

T

Tabelle 39
TagLibs 252
Taschenrechner 141
Techniken 23
Technisches Defizit 24
Teilmethoden 114
Template Method *siehe* Schablonenmethode
Test 25, 54
-Abdeckung 24, 25, 345
-Attrappe 60
-Code 52
-Daten 60
-Fall 46
-Implementierung 57, 58, 73, 177
-Klasse 47, 50
-Lauf 56
-Methode 50
-Runner 47, 48
-Strunk 60
-Suite 50
-Tool 47
-Umgebung 61, 138
Test Double 58

Test Driven Development *siehe* Testgetriebene Softwareentwicklung
Test Stub *siehe* Teststrunk
Testbarkeit 78
Tester 22, 25, 44
Testgenerator 225
Testgetriebene Softwareentwicklung 46, 47, 64
Transaction *siehe* Kommando
Transaktion 179
Transaktionsisolation 179
Transferobjekt 304
Trivialimplementierung 89
Typcode 253
Typsystem 47

U

UML 39
Umlernen 40, 41
Unabhängig 65
Undo-Mechanismus 116
Unit 46, 61
    -Test 46
Universalsprache 36
Unternehmen 24
Unternehmensanwendung 248
Unterprogramm 29
Untersysteme 31
Untervorschrift 107
Unveränderlich 83
UTF-8 197

V

Value Object *siehe* Wertobjekt
Variable 29
Vererbung 31, 32, 37, 243, 244
Vergleichsfunktion 339
Vergleichsoperationen 344
Version 213
Verständigungsmechanismus 131, 132
Verteiler 257

Verzeichnisdienst 191
Verzeichnisstruktur 52
Vielgestaltigkeit *siehe* Polymorphie
Vista 22
(Voll-)Automatisch 63
Vorabspezifikation 64

W

Wächter-Klausel 130
Währungscode 157
Währungsexponent 157
Währungsobjekt 157
Warnungen 235
Webapplikationen 257
Wertobjekt 83, 238
Where-Klausel 335
Wiederholbar 65
Wiederverwendung 71
Windows 22
Wizard *siehe* Assistent

X

XML-Datei 344
XML-Dateien 252
XML-Schema 224
XP, Windows 22

Z

Zahlungsservice 158
Ziele 122
Zielobjekt 33
Ziffer 287
Zinsen 24
Zu testende Methode 78
Zu testendes Programm 60
Zu testendes System 51
Zufallszahlengenerator 57
Zustand 32, 40, 45
Zuständigkeit 78
Zweckentfremdung 41
Zyklomatische Komplexität 234

Martin Fowler
Patterns für Enterprise Application-Architekturen

Mit Beiträgen von:

- David Rice
- Matthew Foemmel
- Edward Hieatt
- Robert Mee
- Randy Stafford

Durch neue Technologien wurde die Erstellung von Unternehmensanwendungen revolutioniert. Plattformen wie Java oder .NET haben sich dabei etabliert. Mit Hilfe dieser neuen Technologien sind Sie zwar in der Lage, mächtige Applikationen zu entwickeln diese sind aber häufig nur sehr schwierig zu implementieren. Viele Enterprise-Applikationen sind fehlerhaft, weil der dahinter stehenden Architektur nicht genügend Aufmerksamkeit gewidmet wurde.

Patterns für Enterprise Application-Architekturen ist exakt aus diesem Grund geschrieben worden. Der Herausgeber Martin Fowler, eine Koryphäe des objektorientierten Designs, stellte fest, dass trotz des rasanten Wandels in der IT-Technologie – von Smalltalk zu CORBA zu Java zu .NET – dieselben fundamentalen Design-Prinzipien angewandt werden können. Mit der Unterstützung vieler erfahrener Experten arbeitete Fowler mehr als 40 wiederverwendbare Lösungen in Patterns ein, die plattformunabhängig zur Erstellung von Unternehmensanwendungen genutzt werden können.

Dieses beeindruckende Handbuch beinhaltet eigentlich zwei Bücher:

Der erste Teil bietet dem Leser ein Tutorial zur Entwicklung von Unternehmensanwendungen.
Im zweiten Teil finden Sie eine umfassende Referenz der behandelten Patterns. Zu jedem Pattern gibt es exakte Informationen bezüglich des Einsatzes und der Implementierung, sowie detaillierten Code in Java und C#. Zahlreiche erläuternde UML-Diagramme veranschaulichen den jeweiligen Lösungsweg. Dieses Buch vermittelt Ihnen das Wissen, welches Sie brauchen, um die passenden architektonischen Grundentscheidungen für eine Enterprise-Applikation zu treffen und das richtige, bewährte Pattern einzusetzen.

Probekapitel und Infos erhalten Sie unter:
www.it-fachportal.de/1378

ISBN 978-3-8266-1378-4

Craig Larman

UML 2 und Patterns angewendet –
Objektorientierte Softwareentwicklung

■ Mit einem Vorwort von Philippe Kruchten

■ UML 2.0, Use Cases, Gang of Four- und GRASP-Patterns

■ Umfangreiche Fallstudien und zahlreiche Praxistipps

Dieses Lehrbuch des international bekannten Autors und Software-Entwicklers Craig Larman ist ein Standardwerk zur objektorientierten Analyse und Design unter Verwendung von UML 2.0 und Patterns. Das Buch zeichnet sich insbesondere durch die Fähigkeit des Autors aus, komplexe Sachverhalte anschaulich und praxisnah darzustellen.

Der Leser erhält grundlegende OOA/D-Fertigkeiten sowie umfassende Erläuterungen zur iterativen Entwicklung und zum Unified Process (UP). Anschließend werden zwei Fallstudien vorgestellt, anhand derer die einzelnen Analyse- und Designprozesse des UP in Form einer Inception, Elaboration- und Construction-Phase durchgespielt werden.

Der Leser wird Schritt für Schritt mit Use Case- und Domänenmodellen vertraut gemacht und lernt, wie er diese mit UML-Diagrammen visualisieren kann. Darüber hinaus wird der Objektentwurf anhand von Patterns, insbesondere die „Gang of Four" Design Patterns und GRASP, erläutert. Zudem erfährt der Leser, wie er aus seinen Diagrammen Klassendefinitionen und Methoden ableiten und schließlich in Code umsetzen kann. Hierbei werden UML und Patterns im Kontext des Softwareentwicklungsprozesses nicht nur erläutert, sondern insbesondere auch konkret und praxisnah angewendet. Auch weiterführende Analyse- und Designthemen, wie z.B. Zustandsmodellierung, Paketdesign und Architekturanalyse, werden besprochen.

Aus dem Inhalt:
- Zwei Fallstudien, anhand derer die OOPrinzipien sowie der konkrete Einsatz von Patterns und UML gezeigt werden
- UML 2.0, Use Cases, agile Modellierung, Test-Driven Development, Refactoring
- Iterative Entwicklung und der Unified Process
- Diagrammnotation in UML und Umsetzung in Code
- Gang of Four Patterns und Objektdesign mit GRASP

Probekapitel und Infos erhalten Sie unter:
www.it-fachportal.de/1453

ISBN 978-3-8266-1453-8

Tom DeMarco

„Was man nicht messen kann ...

... kann man nicht kontrollieren"

Dieser viel zitierte Satz steht im Zentrum des Klassikers von Tom DeMarco, der im Original „Controlling Software Projects" heißt. Der Autor vertritt die Meinung, dass erheblich weniger Softwareprojekte aus dem Ruder laufen, wenn zu Beginn eines Projekts eine ehrliche Aufwandschätzung vorgenommen wird.

In diesem Buch erfahren Sie, wie Sie Ihre Softwareprojekte so organisieren können, dass sie messbar und somit besser kontrollierbar sind. Es gibt gute Schätzmethoden, mit denen Sie den Aufwand Ihrer Softwareprojekte ziemlich exakt vorab ermitteln und so erheblich besser im Griff behalten können.

Tom DeMarco zeigt, wie Sie mit Hilfe von Kennzahlen und Kostenmodellen exakte Zeit- und Kostenpläne aufstellen können. Weniger und geringere Überschreitungen des Zeit- und Kostenrahmens und frühzeitiges Erkennen von Fehlern sind das Ergebnis dieser Strategie.

Dass dabei – wider Erwarten – auch die Qualität nicht zu kurz kommen muss, sondern im Gegenteil durch einen Rahmen gerade ein Freiraum für Qualitätskontrolle entsteht, mag verwundern, ist aber letztlich eine klare Konsequenz.

Autor:
Tom DeMarco ist Consultant für Projektmanagement, insbesondere von Softwareprojekten. Er ist Autor zahlreicher Bestseller-Titel, u.a. „Der Termin", „Wien wartet auf dich" oder „Bärentango".

Mit zwei Vorworten von Barry Boehm, Professor für Software Engineering in den USA und Entwickler des COCOMO-Modells und Reiner Dumke, Professor für Softwaretechnik an der Otto-Guericke-Universität Magdeburg und Autor zahlreicher Publikationen über Softwaremetriken.

Probekapitel und Infos erhalten
Sie unter: **www.it-fachportal.de/1488**

ISBN 978-3-8266-1488-0

Tobias Wassermann

Versionsmanagement mit Subversion

Installation, Konfiguration, Administration

- Repository-Verwaltung und -Administration
- Serverkonfiguration von Apache und svnserve, grafische Oberflächen für Subversion
- Vollständige Befehlsreferenz

Versionsmanagement ist in den letzten Jahren immer wichtiger geworden. Versionierung ist für alle Daten sinnvoll, die sich ändern und die von verschiedenen Benutzern zugleich bearbeitet werden. Arbeiten mehrere Entwickler am selben Projekt, müssen sie ihre Quelltexte untereinander synchronisieren. Mit Subversion als Versionskontrollsystem ist es möglich, Dateien von verschiedenen Benutzern zugleich bearbeiten zu lassen und die verschiedenen Änderungen zusammenzuführen. Hierzu werden alle laufenden Änderungen erfasst und alle Versionsstände der Dateien in einem Repository gesichert. Auf diese Weise ist eine vollständige Historie der geänderten Daten einsehbar. Mit Subversion als Versionsmanagementsystem kann sichergestellt werden, dass jeder Benutzer mit dem aktuellen Stand arbeitet und bei Problemen jederzeit auf ältere Versionen zurückgreifen kann.

Tobias Wassermann bietet ein umfassendes Handbuch für die Arbeit mit Subversion. Der Entwickler findet hier alles, was er zum effizienten Arbeiten mit Subversion benötigt: angefangen bei der Installation, der Konfiguration und grundlegenden Arbeitsweisen über die Verwaltung von Repositories, Tags, Branches, Verzeichnissen und Dateien bis hin zur Serverkonfiguration und den Möglichkeiten des Subversion-Kommandozeilenclients. Das Buch wird abgerundet durch eine vollständige Befehlsreferenz sowie ein Kapitel, das sich speziell an CVS-Umsteiger richtet. Grundlage dieses Buches ist Subversion 1.4.

Aus dem Inhalt:
- Architektur und Funktionsweise von Subversion
- Installation und grundlegender Arbeitsablauf
- Verwaltung von Repositories
- Arbeitskopien, Tags und Branches
- Arbeiten mit Verzeichnissen und Dateien
- Grafische Oberflächen für Subversion
- Subversion als Server: Konfiguration von Apache und svnserve
- Repository-Administration
- Subversion als Kommandozeilenclient
- Arbeitserleichterung mit Properties
- Subversion für Umsteiger von CVS und Microsoft VSS
- Vollständige Referenz der Subversion-Kommandozeilentools und ihrer Befehle: svnadmin, svndumpfilter, svnlook, svnserve, svnsync, mod_dav_svn

Probekapitel und Infos erhalten Sie unter:
www.it-fachportal.de/1662

ISBN 978-3-8266-1662-4

William J. Brown et al.

Anti Patterns
Entwurfsfehler erkennen und vermeiden

- Ursachen, Symptome und Konsequenzen von Entwurfsfehlern
- Refactoring und Beispiellösungen
- Patterns für die Bereiche Entwicklung, Architektur und Projektmanagement

Dieses Buch vermittelt Ihnen, wie Sie immer wiederkehrende Hürden bei der Software-Entwicklung erkennen und vermeiden. AntiPatterns beschreiben typische Entwurfsfehler, die uns in der Praxis sehr häufig unterlaufen und die sich in den meisten Fällen vermeiden lassen. Sie verdeutlichen die negativen Muster, die die Entwicklung blockieren, und zeigen, wie Probleme bei der Software-Entwicklung in Chancen umgewandelt werden. Sie helfen beim Erkennen von Problemen und bei der Implementierung von Lösungen.

Die gebräuchlichsten dieser sogenannten AntiPatterns, die in der Praxis, in Produkten und in der Literatur immer wieder anzutreffen sind, werden in diesem Buch anschaulich dargestellt und ausführlich erklärt. Für jedes AntiPattern werden anhand eines Beispiels die typischen Ursachen, die Symptome und die Konsequenzen erläutert. Anschließend wird ein Refactoring mit einer geeigneten Lösung beschrieben, die auf praktischen Erfahrungen basiert.

Die Autoren haben die immer wieder auftretenden AntiPatterns der Software-Entwicklung für dieses Buch systematisch zusammengetragen und in drei Bereiche gegliedert: Software-Entwicklung, Software-Architektur und Software-Projektmanagement.

• **Software-Entwicklung**

Diese AntiPatterns behandeln Fehler, die während des Programmierens auftreten.
Beispiele sind:
Spaghetti-Code,
Cut-and-Paste-Programmierung
und Mushroom-Management.

• **Software-Architektur**

Hier werden Probleme des Systemdesigns, also Fehler in der Struktur von Systemen behandelt.
Beispiele sind:
Vendor Lock-In,
Swiss Army Knife
und Reinvent the Wheel.

• **Software-Projektmanagement**

Hier geht es um Probleme organisatorischer Natur, die während der Planung von Systemen auftreten.
Beispiele sind:
Analysis Paralysis,
Death by Planning und
Irrational Management.

Probekapitel und Infos erhalten Sie unter: www.it-fachportal.de/1774

ISBN 978-3-8266-1774-4

Robert C. Martin

Clean Code

Refactoring, Patterns, Testen
und Techniken für sauberen Code

- Kommentare, Formatierung, Strukturierung
- Fehler-Handling und Unit-Tests
- Zahlreiche Fallstudien, Best Practices, Heuristiken und Code Smells

Selbst schlechter Code kann funktionieren. Aber wenn der Code nicht sauber ist, kann er ein Entwicklungsunternehmen in die Knie zwingen. Jedes Jahr gehen unzählige Stunden und beträchtliche Ressourcen verloren, weil Code schlecht geschrieben ist. Aber das muss nicht sein.

Mit Clean Code präsentiert Ihnen der bekannte Software-Experte Robert C. Martin ein revolutionäres Paradigma, mit dem er Ihnen aufzeigt, wie Sie guten Code schreiben und schlechten Code überarbeiten. Zusammen mit seinen Kollegen von Object Mentor destilliert er die besten Praktiken der agilen Entwicklung von sauberem Code zu einem einzigartigen Buch. So können Sie sich die Erfahrungswerte der Meister der Software-Entwicklung aneignen, die aus Ihnen einen besseren Programmierer machen werden – anhand konkreter Fallstudien, die im Buch detailliert durchgearbeitet werden.

Sie werden in diesem Buch sehr viel Code lesen. Und Sie werden aufgefordert, darüber nachzudenken, was an diesem Code richtig und falsch ist. Noch wichtiger: Sie werden herausgefordert, Ihre professionellen Werte und Ihre Einstellung zu Ihrem Beruf zu überprüfen.

Clean Code besteht aus drei Teilen: Der erste Teil beschreibt die Prinzipien, Patterns und Techniken, die zum Schreiben von sauberem Code benötigt werden. Der zweite Teil besteht aus mehreren, zunehmend komplexeren Fallstudien. An jeder Fallstudie wird aufgezeigt, wie Code gesäubert wird – wie eine mit Problemen behaftete Code-Basis in eine solide und effiziente Form umgewandelt wird. Der dritte Teil enthält den Ertrag und den Lohn der praktischen Arbeit: ein umfangreiches Kapitel mit Best Practices, Heuristiken und Code Smells, die bei der Erstellung der Fallstudien zusammengetragen wurden. Das Ergebnis ist eine Wissensbasis, die beschreibt, wie wir denken, wenn wir Code schreiben, lesen und säubern.

Dieses Buch ist ein Muss für alle Entwickler, Software-Ingenieure, Projektmanager, Team-Leiter oder Systemanalytiker, die daran interessiert sind, besseren Code zu produzieren.

Probekapitel und Infos erhalten Sie unter:
www.it-fachportal.de/5548

ISBN 978-3-8266-5548-7

Chad Fowler

The PASSIONATE PROGRAMMER

Der leidenschaftliche Programmierer

Wie Programmierer ihre berufliche Laufbahn erfolgreich gestalten

Ein Buch, das für alle Programmierer ein Muss ist!

■ Eine bemerkenswerte Karriere als Softwareentwickler starten

■ Den eigenen Berufsweg Schritt für Schritt planen

■ Die eigenen Fähigkeiten als Produkt ansehen

In diesem Buch gibt Ihnen der Autor Tipps zum beruflichen Erfolg im Bereich der Softwareentwicklung. Nicht nur die technischen Fähigkeiten eines Programmierers, sondern auch die eigene Vermarktung entscheiden über die Richtung, die seine berufliche Laufbahn nehmen wird. Sie lernen, individuelle konkrete Pläne zu erstellen, um die eigenen Wünsche und Fähigkeiten zu erkennen und gut verkaufen zu können. So kann jeder Programmierer seine persönliche Entwicklung ganz individuell und bestmöglich gestalten!

Abgerundet wird dieser inspirierende Ratgeber durch die Lektüre beispielhafter Laufbahnen erfolgreicher Softwareentwickler.

Probekapitel und Infos erhalten Sie unter:
www.it-fachportal.de/5885

ISBN 978-3-8266-5885-3

Martin Spiller

Maven 2
Konfigurationsmanagement mit Java

- Lifecycles, Dependencies, Projektbeziehungen
- Repositories, Plugins, Properties und Filtering
- Profile, Reporting, Dokumentation, Qualitätsmanagement

Maven ist ein Build- und Konfigurationsmanagement-Tool der Apache Software Foundation und basiert auf Java. Mit Maven lassen sich Java-Projekte standardisiert erstellen und verwalten. Ziel hierbei ist die Automatisierung und Vereinfachung immer wieder anfallender Aufgaben.

Der Autor erläutert die grundlegenden Konzepte und Module von Maven und zeigt Ihnen, wie diese im Projektalltag eingesetzt werden können. Das Buch richtet sich an Softwareentwickler und -architekten, an technische Projektleiter und alle, die sich mit Konfigurationsmanagement beschäftigen.

Zunächst gibt Ihnen der Autor einen Schnelleinstieg in Maven und erläutert die elementaren Befehle und Konfigurationsschritte, so dass Sie sofort erste Projekte mit Maven erstellen und bearbeiten können. Die folgenden sechs Kapitel vermitteln Ihnen die grundlegenden Konzepte und Prinzipien z.B. zu Verzeichnis- und Namenskonventionen, Lifecycles, Dependencies, Projektbeziehungen und zum Projektmodell. Alle weiteren Kapitel behandeln einzelne Themen, die im Verlaufe eines Projektes eine Rolle spielen können wie u.a. Repositories, Plugins, das Veröffentlichen von Software, Reporting und Dokumentation sowie Qualitätsmanagement. So erhalten Sie einen umfassenden Einblick in Maven.

Dieses Buch eignet sich sowohl als Einführung als auch als Referenz und Arbeitsbuch für die tägliche Praxis.

Über den Autor:

Martin Spiller ist Diplom-Mathematiker und arbeitet als Softwareentwickler und Berater im Java-Umfeld für die NEUSTA GmbH. Seine Schwerpunkte sind Softwarequalität, Konfigurationsmanagement, Performance-Tuning und Vorgehensmodelle.

Probekapitel und Infos erhalten Sie unter:
www.it-fachportal.de/5937

ISBN 978-3-8266-5937-9